浙江大学教育学院实验学校/杭州市萧山信息港小学科研项目经费提供支持

国家级一流本科课程"教学理论与设计"

中国大学慕课"掌握教学设计"学习资源

梦山书系 | 当代前沿教学设计译丛（第三辑） | 主编：盛群力 刘徽

首要教学原理

（修订版）

［美］戴维·梅里尔（David Merrill）著

盛群力 刘 徽 钟丽佳 等译 盛群力 审订

First Principle of Instruction

(revised edition)

海峡出版发行集团 | 福建教育出版社

图书在版编目（CIP）数据

首要教学原理：修订版/（美）戴维·梅里尔 (David Merrill) 著；盛群力等译. —福州：福建教育出版社，2025.1. —（当代前沿教学设计译丛/盛群力，刘徽主编）. —ISBN 978-7-5758-0028-0

Ⅰ.G420

中国国家版本馆CIP数据核字第2024KF4705号

本书中文简体版由作者授权福建教育出版社独家出版并限于中国大陆地区销售。未经出版者书面许可，不得以任何方式复制或发行本书的任何部分。

当代前沿教学设计译丛（第三辑）
主编：盛群力 刘徽
Shouyao Jiaoxue Yuanli
首要教学原理（修订版）
[美] 戴维·梅里尔（David Merrill） 著
盛群力 刘 徽 钟丽佳 等译 盛群力 审订

出版发行	福建教育出版社
	（福州市梦山路27号 邮编：350025 网址：www.fep.com.cn
	编辑部电话：0591-83727542 83726908
	发行部电话：0591-83721876 87115073 010-62024258）
出 版 人	江金辉
印 刷	福建东南彩色印刷有限公司
	（福州市金山工业区 邮编：350002）
开 本	710毫米×1000毫米 1/16
印 张	18.5
字 数	311千字
插 页	2
版 次	2025年1月第1版 2025年1月第1次印刷
书 号	ISBN 978-7-5758-0028-0
定 价	54.00元

如发现本书印装质量问题，请向本社出版科（电话：0591-83726019）调换。

献给菲尔·哈里斯（Phil Harris）和
AECT 的朋友及同事

目　录

作者简介　1

序言　2

前言　5

致谢　10

中文版序言：教学内容尊为王，教学设计贵为后 \ 12

第一章　首要教学原理 \ 1
第二章　教学策略：示证新知原理和应用新知原理 \ 16
第三章　问题解决的教学策略：聚焦问题原理 \ 54
第四章　问题进阶的序列 \ 88
第五章　持续改进：激活旧知原理和融会贯通原理 \ 111
第六章　运用多媒体实施教学策略 \ 142
第七章　波纹环状教学设计模型 \ 167
第八章　依据波纹环状教学设计模式实施首要教学原理 \ 221
结语 \ 241

附录　首要教学原理的研究支持 \ 245

参考文献 \ 247

术语表 \ 251

译后记 \ 254

作者简介

戴维·梅里尔（M. David Merrill）于1937年3月27日出生。1961年，梅里尔从杨百翰大学获得中学教育学士学位；1964年在伊利诺伊大学获得硕士学位和博士学位。在50年的学术生涯中，梅里尔曾在南加州大学，犹他州立大学，杨百翰大学和佛罗里达州立大学等多所大学任教。梅里尔教授从犹他州立大学荣休，目前住在犹他州。

梅里尔的研究至少涉及三个重要的理论发展。"成分呈现理论"（Component Display Theory）将学习分为两个维度：内容类别和学业表现（content and performance）。前者包括四个类别：事实、程序、概念和原理；后者包括记忆、应用和发现三种水平。成分显示理论可用于设计认知领域任何水平的教学，为计算机辅助学习系统的课程设计提供了基础。

"教学交易理论"（Instructional Transaction Theory）是一种基于计算机的教学设计。教学交易是一组算法，也是学习互动的模式，旨在让学习者获得某种知识或技能。教学交易理论具有三个组成部分：知识描述理论，策略描述理论和教学设计描述理论。教学交易理论被认为是第二代教学设计理论，该理论扩展了加涅的学习条件理论。

"首要教学原理"（First Principles of Instruction）包括了一组相互联系的原理——聚焦问题/面向任务开展教学，依次经历激活旧知，示证新知，应用新知和融会贯通。首要教学原理发展了学习内容与学业表现分类，将内容维度（记忆联想、识别部分、分类概念、执行程序、理解过程）与教学方式（讲解、答问、示例、练习）进行匹配。首要教学原理还采用了"波纹环状教学设计"，突出了问题解决为中心的教学设计程序和以扶放有度为特征的教学活动序列。

梅里尔代表性著作是《教学设计理论》（Instructional Design Theory，1994）和《首要教学原理》（First Principles of Instruction，2013年第1版，2020年修订版）。梅里尔毕生致力于寻找效果好、效率高和参与度大的教学（e^3 Instruction），为教学科学与技术事业的发展作出了重大贡献。他是国际公认的教学科学与技术领军人物，用最基本的原理描绘出了教学设计最绚烂的彩虹！

序　言

戴维·梅里尔的《首要教学原理(修订版)》处处体现了详细的指导，将帮助您在教学和教学设计中实现首要原理。书中有多种实例说明了这一范围广泛的主题。这本书读起来很容易驾驭，可以遵循其自身建议，不只是对读者"讲解"关于**首要教学原理**是什么，而是"示例"在行动中如何能予以落实，并将其"应用到现实世界的问题"中。

2000年，在美国教育传播与技术协会（AECT）的会议上，我首次接触了**首要教学原理**。我记得，戴维·梅里尔和我差不多是在同一时间到达会议酒店用早餐。我们自然坐在一起，边吃边聊。戴维提到了他最近在五星教学方面的工作（后来改名为**首要教学原理**）。他对各种教学设计理论中普遍存在的五星教学原理充满了热情。我立即看到了其与学习理论和教学设计重要文献的联系。我记得令我印象深刻是，戴维得出如此清晰的综合结论——五星教学原理简明扼要且与促进学习者学习的实证研究相吻合。从一开始，五星教学原理对我来说就很有意义。我想到的是在20世纪60年代早期，有关学习者学习成绩的各种研究均与此有关。

五年后，我发现了**首要教学原理**在我自己的教学中也非常有价值。我已经把**首要教学原理**融入到我主讲的研究生课程"教学系统技术研究导论"（R690）中。在这门课程中，我将博士生研究团队与导师团队配对，协同开展相关研究。到了2005年，印第安纳大学布卢明顿校区教学系统技术系修订了博士生培养方案。该方案将博士生和导师联合组成研究团队的做法，作为贯穿于教学系统技术博士生培养的一项正式要求固定下来了。我想，这同学生和我在R690课程中取得成功是分不开的。学生要选择他们想一起共事的教员，教师也要招募学生。很重要的是参加研究小组的学生能获得学分（4个学期3学分）。这种结构也允许研究项目纵向跨越不同学期。这是一个重要的项目结构元素，因为研究项目很少能够完全适合单一的学期。

从2005年左右开始，我自己的一些研究团队开始考察**首要教学原理**的效果。我们对5星评分表进行了修改和扩展，形成了一种评估教学质量（Teaching and

Learning Course Quality，TALQ）新的9点评估量表。TALQ量表涉及5项首要原理（激活旧知、示证新知、应用新知、融会贯通和由简单到复杂的真实任务或问题进阶）中的每一个成分；学生学术学习时间（ALT，即成功参与时间）；学生对自己学习进度的自我评估；学生对课程和教师的满意度；以及课程和教师素质的综合评分。

有关TALQ的六项研究发表于2009年至2018年，涵盖了大一新生到研究生的广泛科目。根据40—45个随机排序的TALQ项目的评分，那些同意教师使用首要教学原理以及同意体验ALT的学生，与那些不同意教师使用首要教学原理和不同意体验ALT的学生相比较，前者掌握课程目标的人数高出3至5倍。2010年的一个研究中，教师在学期的结束前独立判断学生掌握课程目标程度，他们并没有事先了解学生TALQ评分情况。

现在，我只是分享一项重要研究的梗概，这项研究目前正在进行中。

如果您是一个投资者，您可以使用多出4到5倍的钱选择一个成功的公司，如果它比一个不成功的公司更有可能使用有效的经营策略，您会这样投钱吗？同样，如果您可以使用4到5倍的教育方法来帮助您的学生在学习上取得成功，您会愿意吗？

在这项重要研究中，我们使用了印第安纳大学预防学术不端教程和测试（Indiana University Plagiarism Tutorials and Tests，IPTAT）的示例，这是一个广泛使用的关于"如何识别抄袭"的网站，网址是 https://plagiarism.iu.edu。我们记录了如何重新设计IPTAT，如何采用梅里尔的**首要教学原理**，以及IPTAT在促进在线学习方面产生的非凡效果。我们的结果表明，与不成功的学习者相比，选择**首要教学原理**的教学活动的学习者，成功的可能性要高出4到5倍。这一发现是从来自全球205个国家的27.5万名学习者得出的，其主要年龄在14岁到44岁之间。IPTAT的设计是高度灵活的，以便学习者可以挑选和选择IPTAT不同部分的学习内容，最后通过一个有一定难度的认证考试。学习者可以自由地以多种不同方式浏览网站，包括嵌入的超链接导航菜单、站点地图和按顺序查看页面的链接。成功的学习者通过了随机的认证测试，而失败的学习者虽然注册学习了IPTAT，但没有通过认证测试。本书最后一章提供了更多关于IPTAT以及阐明**首要教学原理**的设计元素。

我是一个实用主义者。除非我自己先尝试过，而且我相信其是有价值的技能和想法，否则我是不会兜售给学生的。这是我过去 50 年来的一贯做法。换句话说，我不会因为别人做了什么我就会相信，或者因为别人做了什么我就要跟着去做。首先，我要自己琢磨琢磨，然后再自己去尝试一番。您可以叫我怀疑论者。如果我对某件事情深信不疑，我自然会乐意效仿；如果做不到这一点，我就会放弃。

根据我自己 20 多年的经验，**首要教学原理**是管用的。将这些原理应用到您的教学设计中，将带来优质教学，确保高质量学习。我建议您从小处着手，看看效果如何。选择一个可以在自己的教学或教学设计中轻松快速实施的要素，观察其实际效果如何，然后在您下次教同样的内容时，添加一些新的东西，并再次加以评估。换句话说，增量的变化不需要付出大力气或有什么风险。择善而从，集腋成裘，有一天您可能会突然发现学生的学习大有进步了；您可能还会注意到他们的学习积极性无比高昂。对此我深信不疑。

西奥多·W. 弗里克（Theodore W. Frick），

印第安纳大学荣休教授，

布卢明顿，印第安纳

https://tedfrick.sitehost.iu.edu

前　言[*]

　　我的教育生涯源于我的传教经历。和我们社会中的许多年轻人一样，我在 20 岁时被召去服务两年，传播有关教会创建和教义等知识。我的工作地点不在国外，而是在美国的印第安纳州、俄亥俄州和密歇根州。那时候，我们传教的做法是先挨家挨户自我介绍，混个脸熟；然后约个时间再回头去教一些简单的有关教会创建和教义的课程内容。我永远不会忘记我第一个星期的任务，这标志着我的教育生涯的开始。轮到我的小伙伴去敲门访问了，因为我还是个"环保热心人士"。一位绅士打开门，我的小伙伴先介绍说，我们是教会的代表。然后，他像往常一样做了介绍。"布朗先生，您有没有想过为什么当今世界上有这么多各种各样的教堂？""我一辈子都没想过这个问题！"布朗先生不高兴地回应道。"嗯，就像您一样，"我的小伙伴继续说，"许多人都会遇到这个重要的问题。"布朗先生关上了门。我吓坏了！很明显，布朗先生对这个问题不感兴趣，为什么我的小伙伴还要继续我们预先准备好的对话？一定有比这更好的教学方法。在我作为传教士剩下的两年里，我花了很多时间研究和尝试帮助其他传教士成为更好的教师。作为一个嘴上无毛的年轻人，我的尝试自然是非常低级的，但却产生了一种强烈的欲望，想要找出如何才能使教学更有效、更吸引人。今天，在我自己的经历过去了多少年后，教会在培训方面取得了惊人的进步，传教服务更加精心细致了。

　　我在参加传教服务之前，选修过一门电气工程的课程。我在物理、化学和微积分方面的成绩并不理想，基于我传教的经历，我决定从事中等教育的职业。我必须承认我所修的教育课程非常令人失望。我想学习如何让上课变得有效果和吸引人，但我学的内容却是学校法规和如何避免被起诉，这在今天的学校里是一项很重要的技能，但当时并没有帮助我理解有效的教学。我还学会了如何分发试卷以避免搞乱出错。我创建了一个资源文件夹，但后来再也没有打开过，多年后终于被丢弃了。我在实习教学中度过了一段美好的时光。虽然我的专业是心理学和数学，却被指派在犹他州的一个小镇初中里教美国历史和阅读。校长觉得我这种

---

[*] 本前言中的故事最早发表于 1994 年（Merrill，1994）。

非常规的教学方法并不符合他的期望，在这度过的六周时间里，他曾两次威胁要解雇我。一次是因为我在班上举行了一次政治集会（当时是肯尼迪和尼克松大选年）；还有一次是因为我让学生阅读《共产党宣言》，并将其与美国宪法进行比较。我认为这两件事对学生来说都是很棒的体验。

因为我的课堂教学非常令人失望，没有带给我任何想成为一个更出色的教师所需要的技能，因为很明显的是，我创新的教学方法显然是没有受到公立学校的待见。我觉得我犯了一个错误，我要去再找一个更好的职业。我向阿萨赫尔·伍德拉夫（Asahel Woodruff）教授表达了我的不满，决定转投到他的门下。我确实认为伍德拉夫教授的工作很有价值。他证实了我的担忧，但建议我不要放弃，鼓励我读研究生，拿一个更高的学位，希望我成为教育变革的推动者。他向我保证，作为一个敢于面对挑战的人，我可以在学士学位课程修完后直接进入博士课程学习，有奖学金或助学金，完全可以用来支付学费。于是我决定继续攻读博士学位。根据伍德拉夫教授的推荐，我申请了其中三个博士学习项目，幸运的是都被录取了。我选择在伊利诺伊大学攻读博士学位，并获得了为期三年的全额奖学金，足以支付我的所有费用。这可能是选择研究生在读学校的错误理由，但幸运占了上风，我有幸与教育心理学领域最杰出的几位教授一起工作。

在我本科学习的最后一个学期，注册主任查了一下我的辅修数学课程还缺一个小时（每周）的学分。没有单独每周一小时的数学课，所以必须去报名上每周三小时的课。伊利诺伊大学已经为我的博士学习提供了奖学金，因此完成额外的本科数学课程对我的未来具有相当重要的意义。

从表面上看，数论课程似乎是获得必要学分的最简单途径。当时是 1961 年，公立学校开设"新数学"课程还要假以时日。计算机刚刚出现，2 进制、8 进制、16 进制以及其他数字表示方式都不是一个小镇上的本科生为了完成学士学位所能掌握的。对这名学生来说，这门"数论"课程是一门独特的数学课程：没有解题，没有作业，只有一本很薄的教材。每次讲课结束时，教授都会说："动脑筋想想看啊！"思考这是什么？您是如何看待数学的？在绝望中，作为思考的替代品，我每周都要读一读教科书。这并不难啊，书只有 97 页，黄色的封面。然而，书中的概念就像天空中的云朵一样飘过我的头顶。我不知道这门课程讲的是什么，也不知道教科书上讲了些什么。每周我们都有另一节课，是强制性的"思考"课，再一次来通读教科书。到了期中考试，情况糟透了。试卷上只有一个题目："发明一个数字系统。"发明一个数字系统？这到底是什么意思？这真折磨人啊，我写了整整两个小时。然而，这样做可糊弄不了教授。班里有七名同学，期中考试全部不及格。我们大家都怨气十足，教授的唯一解释是："再动动脑筋想想吧！"

我的焦虑达到了前所未有的高度。我的研究生生涯将断送在一个令人不安的指令中——"再动动脑筋想想吧！"我试过了所有的逃避方法：再新选一门课？请求注册老师让我放弃学分？在家补习？没有其他路好走呐。我的学士学位，以及因此录取到研究生院，都将断送在一门我期中考试成绩不及格的课程，甚至更糟的是一个对我来说完全无法理解的课程！到了第十三周的某个时候，我的心结打开了。数字系统是一种发明，它不是自然现象。数字系统就像其他发明一样：一条装配线，一个组织。一个数字系统只是一个由前提和结论组成的逻辑系统。以 10 为基数只是许多可能的数字系统中的一种。以 10 为基数的数对许多日常事务都很有用，但其他系统可能也同样有用。期末考试的日子到了。我的焦虑程度还是很高，但至少我认为我理解了。您猜对了，只有一个问题："发明一个数字系统。"要么我搞懂了，要么就太晚了。我的未来研究生的学习取决于我发明一个数字系统的能力。所以，我写道："要有桨和胶靴。"我接着用两个元素定义了一个二进制数字系统，一把桨和一双胶靴。第二天，我去了教授办公室，想知道我是否能读研究生。他把试卷递给我，上面写着一个大大的红色"A"。我谢过他后，松了一口气，发誓一辈子再也不上数学课了。

我在研究生院的第一年学习是非常困难的。不仅有大量的课程要学，而且似乎还有太多自相矛盾的东西。学习心理学的内容挑战了我的许多基本信念。这里有许多互相争论的说法，大家都声称可以解释学习。我挣扎了好几天，试图解释一个人是如何只用 S—R（刺激—反应）模式来学习"绿色"这一概念的。我发现自己的学习是在心理学大楼的地下室里喂剥夺不同时间表的老鼠。我想知道怎么教孩子，但为什么要喂老鼠？我都准备放弃了，重新去找一份真正的工作！

有一次，B. F. 斯金纳来校讲学。像同学们一样，我跑去听了这位伟人的演讲。我现在已经不记得了他演讲的任何细节，但他在问答环节的答问改变了我的生活。有一名听众说："斯金纳博士，您在某某书中里说了这么多（斯金纳理论的一些细节），但今晚您说了这么多似乎自相矛盾。"他引用了斯金纳演讲的一部分内容。"见鬼，"斯金纳说，"您以为我会相信我写的一切吗？"这句话对我来说真是一个伟大的洞见。这是一个伟大的作家说他改变了主意，现在不同意他以前的自己了。然而，他接下来说的话改变了我的生活。斯金纳继续说道："我所尝试做的就是只做一些假设，然后看看我们能够用这些假设来解释多少人类学习。"他继续为自己的理论和在演讲中提出的观点辩护。他还没解释完，我就不听了。我想，天哪，心理学也不过是一把桨和一双胶靴而已。心理系统也不是现实，而是试图解释我们在现实世界中所观察到的逻辑系统。行为主义仅仅是一个逻辑系统，要检验其与现实的匹配程度如何。就像有很多不同的数字系统一样，也有很多不同的心理系统。每一种心理系统都会与现实进行比较，看看彼此有多接近，但没有一种完全就是现实，心理系统只是一种"发明"而已。

我带着新的热情回到了学习中。我把所有的理论都看作是人工系统，觉得它们都很吸引人。我不再试图把所有的理论统一起来，强迫它们形成一个伟大的真理。这就变成了一个游戏，看我能否识别理论家的假设和结论。观察到一些系统是精心构建和有逻辑的，而另一些系统则是非常松散的构建，经常违反逻辑准则。这是很吸引人的。我意识到，理论建设是一种微不足道的尝试，我们通过发明人工系统并尝试用它们来理解世界。后来在我的研究生生涯中，我又有了一个新的见解。我们在研究一些学习理论和教学理论。显然，学习理论倾向于解释人如何获取和储存知识，但对于教师应如何构建和排列知识以促进高效和有效的学习，它们却很少提及。我突然想到，有人可以建立一个逻辑系统，一个关于教学的理论。所以，我说："要有一把桨和一双胶靴。"这一认识促使我将教学设计理论的发展作为我学术生涯的首要关注点。"成分显示理论"是我建构教学设计理论的第一次尝试（参见 Merrill，1994），也是双向计算机控制信息电视（TICCIT）设计的基础理论，这是一种基于计算机的教学创作系统（Merrill, Schneider & Fletcher, 1980）。有一年我有机会担任查尔斯·赖格卢特（Charles Reigeluth）博士毕业论文答辩主席。在完成博士学位论文的同时，查尔斯为美国心理学协会年会组织了一个由著名教授组成的研讨会，名为"教学设计的理论与模式"。会议结束后，他担任了这本文集的主编，该文集收录了本次研讨会的所有论文（Reigeluth, 1983）。随后，他又主编了两本同名但作者不同的书（Reigeluth, 1999; Reigeluth & Carl-Chellman, 2009）。当第二本书出版时，查尔斯在前言中指出，有许多不同的教学设计理论和模式，设计师应该学习这些不同的方法，并使用最适合特定情况的方法。我认为这些不同的方法都基于相同的基本原理，它们主要在实施细节上不同。查尔斯要求我证明自己的假设。

我开始着手确定这些不同方法所共有的基本原理。这一努力的结果便是提出一组原理，我称之为"**首要教学原理**"（Merrill，2002a）。在接下来的几年里，我试图阐述、澄清和解释这些原理，并在其他教学设计理论和模式中展示其存在（Merrill，2006a，2006b，2007a，2007b，2009a，2009b，2013）。我还提出了一个内容优先的方案来替代经典的分析、设计、开发、实施、评价（ADDIE）教学设计模型，称为"波纹环状教学开发模型"（Mendenhall et al.，2006；Merrill，2002b，2007b）。

我在2013年出版了《**首要教学原理：鉴别和设计效果好、效率高和参与度大的教学**》一书。现在这个修订版是完全重写的，对第一版作出了重大修改。我力图让修订版比第一版更加趋近可亲，更加容易读懂，也更加简明扼要。修订版仍然提出并阐明了教学设计的五项原理和波纹环状模型，但我希望以一种效果好、效率高、参与度大的方式来实现这一宗旨。我希望您能发现修订版对您的教学设计库是一个重要的补充。

M. 戴维·梅里尔（M. David Merrill）
购买本书的所有收益将捐给AECT戴维·梅里尔基金会

致　谢

　　与第一版一样，这本书中的原理、处方和建议受到了许多来源的影响。虽然难以感谢每个人，但我还是想说明一些最明显的影响。我一直认为我是通过与世界各地许多教学专业人员交流，从理论、研究和实践中学到本领的。我很高兴能够在商业、政府、军队和各级各类教育的教学环境中展示和探讨效果好、效率高和参与度大的教学。这些互动塑造了我的思考，也影响了本书的内容。修订版受到了来自于第一版读者反馈的重大影响。

　　也许对我思想影响最大的是我与数百名学生之间的互动，能够指导学生并同时向学生学习，这是我的荣幸。经常有人问我，当我有很多机会进入商业培训领域，获得高得多的薪水时，为什么还留在高等教育行业。我的回答总是相同的：因为每学年都有机会与另一群非常聪明的未来领袖互动。

　　本书中有一些学生的作品。信件印刷软件（Letter Press Software）是一个获奖开发者的杰出教学材料。马克·莱西（Mark Lacy），莱斯顿·德雷克（Leston Drake），伊米克·彼得森（IMike Peterson）和他们的同事一直在应用、修改和试验我试图帮助他们理解的想法，当时他们还是我的学生，我还在他们的公司担任咨询工作。在"家具培训公司"（The Furniture Training Company）和"下载学习"（Download Learning）的版权下，他们开发的课程作为一些实例写进了本书中。

　　安尼·门登赫尔（Annc Mendenhall）是夏威夷杨百翰大学的一位教学设计师。她对开发"创业课程"的教师和学生提供了具体指导，这是本书所描述的聚焦问题的教学实例。杨百翰大学、犹他州立大学、佛罗里达州立大学、杨百翰大学夏威夷分校和夏威夷大学的学生和同事都设计了模块和课程片段，并提供了插图，其中的一些实例也包括在本书中。我只是希望有足够的篇幅包含所有这些优秀的实例供您探究。感谢大卫·拜比（David Bybee），迈克尔·切尼（Michael Cheney），贾斯汀·史密斯（Justin Smith），格雷格·弗兰科姆（Greg Francom），克里斯多弗·加德纳（Christopher Gardner），格里高利·吉布森（Gregory Gibson），罗斯·荣格（Ross Jung），达伦·米勒（Dallen Miller），米卡·默多克

(Micah Murdock)、迈克尔·肖曼（Michael Shoneman）和罗伯特·坦尼森（Robert Tennyson），允许我展示他们的一些作品作为 e^3 教学的实例。

我还列举了其他设计师的 e^3 教学的实例，这些设计师不是我的学生，但他们已经在自己的工作中实现了**首要教学原理**。感谢甘特集团的玛莎·莱格尔（Martha Legare）甘特图模块和罗伯特·布蒂（Robert Booty）奇妙的阀门齿轮动画。

由于这些想法在过去近 20 年里不断发展，我非常感谢在我的演讲和研讨会中来自参与者的许多问题、评论、讨论和通信。我也非常感谢 AECT 为我提供了展示我的想法的机会，感谢协会中许多倡导**首要教学原理**的成员。我特别感谢菲利·哈里斯（Phil Harris）邀请 AECT 出版《**首要教学原理(修订版)**》。在这项工作开始时，他建议我们可能需要作出 10% 的修订来获得新的版权。读过第一版的人会注意到，这个小小的修订成倍地增加了工作量，从而产生了一个新的、希望能更有效地表达的想法。

修订版的修订量名义上可能仅仅是第一版的 10%，但有来自特里·科特塞（Terry Cortese）的深刻建议，她被指派为本书的责任编辑。部分是受到她在编辑《写好学位论文》（*Write Your Dissertation First*）一书的启发，她建议作为一个讲故事的人，我应该采取一种更个性化的方法，从示证新知开始，在此基础上再做进一步分析讨论。这一修订版是我自身的努力和她非常敏锐的指导和宝贵的协助的结果。

我还要感谢我的同事露丝·克拉克（Ruth Clark）。虽然露丝没有直接参与写作，但她是第一版的评阅人。她自己写作的书能够对复杂的教学设计思想作出最易读的讲解。我们讨论了合作编写《**首要教学原理(修订版)**》的可能性。不幸的是，现实条件无法实现这一合作。不过，露丝的作品启发了我，让我尝试着写一本可读性更强的《**首要教学原理**》。

最后，我要感谢妻子凯瑟琳（Kathleen），感谢她的耐心和在我写书过程中严重忽视了她的"宝贝办事"清单。没有她的鼓励，2013 年的第一版和现在的修订版可能永远不会问世。我很感激她在我向大家承诺我要写一本书之后的温柔提醒。"您一直跟别人说您在写书，"她说，"但我没看到您在写什么，"然后又说，"您不再年轻了呢。"她的观察激励着我认真努力，奋笔疾书完成第一版。在最近的新冠肺炎大流行期间，我长困在家中，编写修订版让我有事可做了。对此，她也表示这实乃幸事。谢谢您，凯特，谢谢您的鼓励和耐心！

中文版序言

教学内容尊为王,教学设计贵为后[*]

引　言

在过去的 50 多年中,我一直致力于探索一个关键问题:"是什么促成了效果好、效率高和参与度大的教学?"我认为,"数字化学习"(e-learning)所追求的教学质量,不能仅仅局限于如何传递信息。所以,我把效果好,效率高和参与度大的教学称之为"e^3 教学"(effective, efficient & engaging instruction)。在本文中,我将简要介绍和分享其中的一些研究成果。或许,本文和我所有研究都只是想说明这样一句简单的话:"只是呈现信息不算是教学!"的确,教学内容尊为王,教学设计贵为后。

1964 年,在伊利诺斯大学的研究实验室中,我们通过阿帕网(ARPANET)把一台电脑的信息传送到另一台电脑。那时,我们几乎没有意识到,电脑之间的这种试验性通讯拥有多么巨大的潜力。遗憾的是,我们错失了一次机遇;我们之中没有一个人预见到因特网、互联网及这些发明将对通讯、信息获取、社会交往、商业、教育和几乎生活中的各个方面所带来的影响。

1963 年,我在一所初中进行教学实习;我任教的课程是美国历史。遗憾的是,我主修的专业是心理学,辅修数学。我从未在大学期间辅修过任何关于美国

---

[*] Merrill, M. D. If Content Is King then e^3 Instruction Is Queen. In Feng-Qi Lai, James D. Lehman (eds.). *Learning and Knowledge Analytics in Open Education:Selected Readings from the AECT-LKAOE 2015 Summer International Research Symposium*,Springer,2017,pp179-192. DOI 10. 1007/978-3-319-38956-1_14. 由作者梅里尔授权译为本书中文版序言。

历史的课程。学生所用的教材上信息少得可怜,所以我晚上都用来研读美国百科全书,所幸家中不缺此书。信息资源的匮乏使我的教学准备严重不足;不过,由于当时正进行着如火如荼的美国总统大选(尼克松和肯尼迪之间比拼),我就把两位总统竞选人的电视辩论当成一个跳板,在课堂上讲授了一些美国选举流程、选举团及美国政府的两党制之类的内容。

但是在当今社会,多亏了因特网,大家几乎可以找到世界上的任何信息,无论是时事热点还是历史活动。现在,给初中生讲授美国历史的教学工作,已经轻松多了,因为各种媒体信息,像音频、视频、动画和文本等,几乎取之不尽。然而,接触到海量信息就等同于教学了吗?鉴于我对此问题的研究成果,答案是大写的"不"!我再次重申,**只是呈现信息不算是教学**。

动　机

我们大家都曾听到过这样的说法:"学生不想学是因为缺乏动机","动机是学习中最重要的部分","我们要想方设法找到激发学生学习动机的路径"。那么,问题是"动机"是从哪里来呢?经常有人问我,"您的教学原理中包括了动机原理吗?"我的答案是否定的。动机不是我们能够随性驾驭的,它只是一种学习的结果。如果真是如此,那么是什么引发了动机呢?动机从学习中来;当人在学习时,人就产生了最强烈的动机。人生来就好学;我们大家都酷爱学习,所有的学生也都喜欢学习。此外,一般来说,那些我们所擅长的东西通常会激发出学习的积极性。比如,我几乎没有运动细胞。当我回忆过往时,我会问自己为什么成不了一个运动员。我记得自己小时候长得很矮小。读小学时,大家经常会在休息时分组玩垒球。每次我都孤孤单单,最后不得不分到女生组。这使我窘困不已,因此也慢慢对运动失去了兴趣,我不想当一名运动员了。于是,我从来没想过要在运动方面作出成绩。但是另一方面,在我小时候,有人送了我一个模型火车。就像所有小男孩一样,我对火车非常感兴趣。但是就在有一次,父亲的一个朋友向我展示了如何创建景观,以及如何制作一个模型轨道,让它看起来就像真的火车运行一样,我当时就对搭建模型轨道产生了浓烈的兴趣。所以,我毕生都没有放弃对模型铁路系统的兴趣爱好。它为什么激发了我的兴趣呢?因为我擅长做这个,因为我能从中学会如何搭建一个真实的模型。我学得越多,我的兴趣就越浓烈。我们需要找到一些方法去激发学生的兴趣，其来源于学习的促进过程。当我们应用效果好和参与度大的教学原理时，学习才真正发生。

典型的教学序列

就我的个人经验而言，我评估过许多课程。图1具体标明了我所观察到的常用教学序列。您自己可能也注意到了这种常用教学序列，而且您可能还在课程中运用了其变通序列。

这种课程或教学模块有一系列主题，这些主题代表着课程内容。教学时首先是呈现主题，图中用箭头表示。有时候在讲解的过程中，会要求学习者进行测验或练习，以便帮助理解主题，图中用方框表示。讲解时，教学内容以主题为序依次呈现。课程或模块结束时，通常会有一个最终测试，或者有时是完成一个最终项目，要求学生在完成任务或者问题解决时运用所学主题内容。

有时候，这种教学序列能有效促使学生掌握技能，或者学会解决某些问题。然而在绝大多数的情况下，这种组织形式往往低效乏力，而且无法让学生参与进来。这种教学序列的有效性和学习者的参与程度取决于学习活动的类型（图中以箭头和方框表示）。

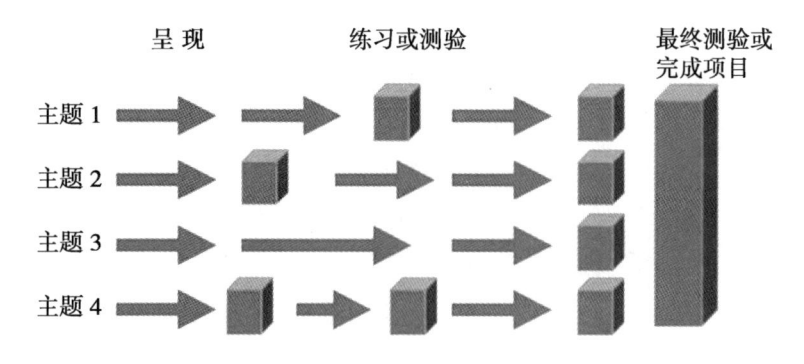

图1 典型的教学序列

教学活动

课堂中存在多种类型的教学活动或学习活动。或许，最常用的学习活动就是呈现信息或者是**讲解**。这里的**讲解**有多种不同的形式，如：讲座，视频，阅读教科书和呈现幻灯片（PPT）。

次常用的教学或学习活动是让学习者记忆所听、所读或所见的内容。我们把这种记忆式教学活动称之为**答问**。虽然**讲解**和**答问**是最常用的教学活动，但如果它们是课堂上发生的唯一教学活动，可以说，这种**讲解—答问**式的教学序列是最低效的教学策略。

如果图1中的箭头代表**讲解**学习活动，方框代表**答问**学习活动，那么这种模块的教学效果肯定是差强人意的，而且很多情况下，它难以帮助学习者利用所学知识去恰当地完成一个项目。如果最终的学习活动是**答问**式的期末考试，学习者可能会在考试中取得高分，然而，这种答问式的考试得到的高分几乎无法帮助他应用所学观点去解决一个复杂问题，或完成一项复杂任务。

讲解—答问教学的实例

我目前正与一所大学中来自不同国家和地区的教师合作共事。教学中各自所用的教学方法虽不尽相同，但就目前来看，大家最常用的教学策略就是刚才讨论过的**讲解**和**答问**。这里我用一个实例来说明部分教师当初使用的多种教学方法中非常典型的做法。

在征得老师同意后，我这里展示了其中的一页PPT（见图2）和期末考试中相应的问题，这个PPT当初用于讲授商业伦理课。很显然，这仅仅是商业伦理课程中的冰山一角，但它却是一个至关重要的学习活动。如果学习者无法掌握伦理问题和伦理困境之间的差异，那么他们也难以帮助企业解决伦理问题。该课程的教师也的确要求学生以小组形式完成任务，让学生评估指定企业的商业行为，以此判断学生是否有能力发现伦理困境或者伦理问题。之后，学生在全班面前做了分析报告。这种"发现实例"的作业比没有例证的作业要好得多，但是毫无实践经验的学生不大可能找到完美的实例，或者说即使有完美的实例，他们甚至都不会注意到。

> 伦理问题和伦理困境之差异
> ◇伦理问题比较具体，有时同法律法规牵涉在一起。
> ◇伦理困境更普遍。
> ◇伦理问题关乎是非观。
> ◇伦理困境存在多种选择，有时候这些选择都可能是对的，但就影响面来看，彼此之间会大相径庭。
> 但是，两者之间最大的差异是：针对困境，人们渴望选择正确的一面，但其实无法知道到底什么才是正确的。
> 期末考试问题是请评论下面这句话：伦理困境在本质上比伦理问题更加复杂。

图 2 商业伦理课程中一页 PPT 内容

在对这一实例做具体分析之前，我们先来了解下相关背景知识。1999 年，查尔斯·赖格卢特（Charles Reigeluth）曾主编了一本《教学设计理论与模式（第二卷）》的著作。他在该书的前言部分指出，存在许多不同类型的教学理论，广大教学设计者有必要了解这些不同的教学方法，从而能够择善而从，或者综合统筹，以适应特定的教学情境。我曾对赖格卢特的观点表示质疑，我认为，尽管这些不同的教学理论侧重于教学的不同方面，而且采用了不同的术语来表述各自的教学模式和方法，但是从根本上来说，其本质上都来源于一组相同的教学原理。赖格卢特温和地回应了我，他认为我的假设不对，但是如果我执意这么认为，或许应该试着为我的假设找到实证支持。

我接受了这个挑战，在接下来的一两年中，我一直在研读不同的教学理论。2002 年我发表了一篇论文，这就是我经常引用的《首要教学原理》（Merrill, 2002）。从那以后，我一直致力于通过一组系列论文和《首要教学原理》的章节内容提炼和完善观点。2013 年，我终于出版了《首要教学原理》（Merrill, 2013）一书。在这本书中，我详细说明了教学原理，并提供了一些建议，以便在各种教学模型中应用这些原理，同时，我还列举了大量的教学例证，以便说明它适用的各种不同的学科内容和教学环境，如培训机构、基础教育和高等教育。

首要教学原理

原理是陈述一组关系，这些关系在适当的条件下是真实存在的。在教学中，这些关系存在于多种不同的学习活动，所涉及的教学互动将对掌握问题解决技能产生直接影响。我认为，首要教学原理可包括五个基本原理。由于前面我已回顾了教学设计理论和模式的研究现状，现在我将简明扼要地选取几个基本原理，以说明目前最为普遍的学习活动，这些活动是学习效果好、效率高和参与度大的教学所必备的。

激活旧知（Activation）：当学习者激活了已有知能的心智模式，并将其作为新技能的基础时，才能促进学习。教育中经常流传着这样一句格言：学生在哪里，教学起点就在哪里。激活旧知原理试图激活学习者先前形成的相关心智模式，这能帮助他们调整已有心智模式，从而学习新技能。

示证新知（Demonstration）：当学习者观察到对新技能进行示证时，才能促进学习。我刻意避免使用"呈现"（presentation）这个词语。许多教学大都或基本上都是在"呈现"而已，但却经常忽视了示证，亦即"展示"（show me）。因此，示证新知策略可通过**讲解—示证**（Tell-Show）式的学习活动予以完美实施；教学时教师讲解适当的知识时配有适当的实例。

应用新知（Application）：当学习者运用新掌握的知识或技能，且与所教的内容种类相一致时，才能促进学习。各种各样的教学都把记忆信息当作主要的评估手段。然而，记住新知并不足以让学习者在真实情境中发现特定物体或活动的新例证。记住新知也同样不足以让学习者应用特定程序中的一系列步骤，或者掌握特定过程中发生的活动。学习者需要在真实情境中应用新学到的技能完成特定**任务**，或者解决具体问题。

融会贯通（Integration）：当学习者通过同伴合作和同伴评鉴分享、反思和巩固新学知识时，才能促进学习。深度学习需要学习者把新学知识融合到已有的心智模式中。能确保发生这种深度加工的一种方式是：学习者之间要通过合作的方式来问题解决或者完成复杂任务。此外，当学习者能自豪地展现新学知识，并认真地评鉴其他学习者的学习成果时，或者当他人评鉴自己的学习成果，学习者能进行勇敢地加以辩护和辩护时，这种方式也有助于深度加工。

聚焦问题（Problem-centered）：当学习者参与到聚焦问题的教学策略中去解决真实情境中一组由易到难的完整**任务**时，才能促进学习。所有教学活动的最终目的是让学习者学会解决复杂问题或者完成复杂任务，无论是由学习者独立完成还是与其他学习者协同努力。当学习者一开始就能在教学序列中识别和观察到有待解决的问题或有待完成的**任务**的示证时，最终目标才能成功实现。只有当学习者尝试解决真实情境中的问题或者完成现实任务时，他们才能成功学会问题解决或完成复杂任务中必要的组成技能。

首要教学原理的实证支持

首要教学原理是否真能名副其实地促成效果好、效率高和参与度大的教学呢？

NETg 公司曾对此做过一个实验（Thompson Learning，2002），这家公司主营电脑应用软件方面的教学培训，它对现有的电子表格（EXCEL）教程（主题中心）和依据首要原理开发的教程（聚焦问题）的教学效果进行了对比研究。该实验的参加者都选自 NETg 公司中各个不同的客户，他们被分为两组，并要求参加者分别针对三个现实的 EXCEL 问题制作一份电子表格。聚焦问题组的得分遥遥领先，在完成时间上也要比另一个组（主题中心）快得多，而且产生了更大的满足感。两组的显著差异具有统计学意义（$p<0.001$）。

弗罗里达州立大学一位博士生的毕业论文曾就动画编程的教学效果做过研究，他对比了主题中心和聚焦问题的教学策略之间的差异（Rosenberg-Kima，2012）。由于该研究进行了严格控制，因此唯一的变量是在技能教学的安排上究竟是聚焦问题还是技能传授。两个组的学习活动基本相同，但在教学内容的先后顺序和教学情境上各不相同。随后，针对动画的学习迁移问题，要求两组学习者都要把所学的动画编程技能应用到新问题上；聚焦问题组的得分远远高出了主题中心组，同时感觉到当时的教学更有针对性，因而也对自己的表现更加充满信心。在完成最终项目的用时方面，两组并无差异。

印第安纳大学的一位教授曾设计了一份学生评估问卷，要求学生识别被评估课程是否应用了首要教学原理（Frick et al.，2010）。相关分析表明，首要教学原理同课程的联系程度与学生对教师教学质量评分及自身对该课程的满意度挂钩。此外，当课程应用了首要教学原理时，学生会花更多的时间专注任务，而且教师也认为，这些学生在学业上有了更大的进步。该数据是在三个不同的研究项目上收集得到的。

以上对首要教学原理的三个研究各不相同，并且互相独立；其清楚地表明，基于首要教学原理的课程的确促成了效果好和效率高的教学，而且学习者的满意度高。

示证新知原理

当有人请我评估教学材料时，我会直接跳到教学材料的第三个模块。因为那个时候课程也差不多涉及了关键内容，课程导论部分已基本结束。我会最先关注哪部分内容呢？例证部分。课程是否包括了例子、示证、或者是所教新知内容的模拟？在课程中增加示证新知，将极大地提高课程效果。

那大部分课程都有此类示证新知部分吗？慕课是时下一种新兴的教学形式。这些大规模开放式线上课程在多大程度上对接了首要教学原理？针对这个问题，阿努什·马尔加良（Anoush Margaryan）和她的几位同事（Maragaryan et al., 2015）发表了一篇题目为《大规模线上课程（慕课）的教学质量》的研究论文。他们认真仔细地分析了76门慕课，以便判断首要教学原理在这些课程中的应用程度。这些慕课出自各个不同机构，内容涉及各个领域。最后的结论是，大部分课程都未能应用这些原理。

示证原理要求提供新知的实例，它是促进效果好和参与度大的教学之本。那么到底有多少慕课应用了示证原理呢？在76门慕课中，只有3门慕课提供了恰当示证。如果给这些慕课增加针对性强和适切性好的示证，那么其有效性和参与度将得到大幅度地提升。

应用新知原理

当有人请我评估课程时，我还会关注其中的第二种学习活动，亦即它在应用时是否紧扣和符合当前的学习类型。记住一个概念或一系列步骤并不能称为应用新知。接下来要介绍的两种应用新知类型虽然至关重要，但它们经常被冷落和忽视。第一种叫"识别练习"（DO identify），它要求学习者能在现实生活中辨认出特定物体或活动的全新的不同例子。此外，当学习者学习程序中的一系列步骤时，最先用到的应用新知类型就是"识别练习"。必要时，学习者必须先辨认出练习步骤的正确性，然后再识别练习该步骤后的最终结果。一旦他们有能力辨认出这些适切步骤及其形成结果，应用新知的第二个类型，"应用练习"（DO execute）随之登场。"应用练习"要求学习者在现实生活中实施或练习特定程序的一系列步骤。如果缺乏恰当的应用新知，那么该课程在增加了合适的应用新知这一学习活动后，其有效性将提到大幅度提升。

慕课通常用来传授新技能。上述提到的研究中的 76 门慕课是否为这些新技能准备了恰当的应用新知？比起示证新知，这些慕课在应用新知上表现更好。其中，至少有 46 门慕课确实包括了一些应用活动。不过即便如此，还是有 30 门慕课缺乏任何形式的应用新知。然而，在详尽地分析了这些应用新知的充足性和适切性后，研究者认为，46 门慕课里面，只有 13 门提供了恰当和充分的应用新知。

学习活动

虽说**讲解**和**答问**是最为常见的学习活动，就我们所知，只有讲解和答问的教学策略既不会有好的教学效果，也不会有高的学习参与度。当**讲解式**教学策略增加了示证新知或者**示例性**学习活动时，其教学策略效能水平才会提高，从而帮助学习者学会问题解决和完成复杂任务。**讲解—示例**式教学序列要比单纯的讲解有效得多。

但讲解—展示式的教学策略增加了练习的教学活动时，其教学策略效能水平将进一步提升。当这些练习性学习活动（DO learning events）要求学习者识别一个物体或活动的全新实例（"识别练习"的学习活动），并且还要求他们练习一个程序的一系列步骤或者观察一个过程中的许多步骤时（"应用练习"的学习活动），它们才会恰到好处地发挥最大作用。比起**讲解—答问**式教学序列，"**讲解—示例—练习**"式教学互动会更加行之有效。

如果目前的许多教学能恰如其分地增加**示例**和**练习**等学习活动，那么，教学效果将会明显提高。如果图 1 中的箭头包括了讲解和展示式的学习活动，而其中的方框包括了应用型学习活动，并且，最后的项目不仅仅是再现式或答问式评估，而是提供学习者一次应用技能的机会，以便让他们利用在"**讲解—示例—练习**"中学会的技能去解决一个更加完整的问题或者任务，那么，由此产生的学习才会更加有效果、更有效率和有更大的参与度。如果把图 1 这个典型的教学序列中的**讲解—提问**式学习活动转换成"**讲解—示例—练习**"式学习活动，那么，目前的许多教学还能得到进一步提升。

"讲解—示例—练习"的实例

在上文中我们提到了商业伦理困境模块，它最初采用的是**讲解—答问**式教学序列；为了改进教学效果，我们先抽取分析了当初教师上课用的一张幻灯片，它从定义上区分了伦理困境和伦理问题。为了完善这个模块内容，我们在因特网上搜索了伦理困境和伦理问题的说明例子。让我们出乎预料的是，网上竟然有这么多丰富的例子，而且这些例子既有文本格式的，也有视频格式。我们在这一模块分别添加了伦理问题的解说视频和伦理困境的解说视频。这样一来，教师可在阐释这些例子的过程中做到有的放矢，他们可明确指出伦理困境的本质内涵时，或者说明这个例子为什么它属于伦理问题，而非伦理困境。修改后的模块包括了多个伦理困境和伦理问题的例子，而且这些例子涵盖了各种不同情境，每一个例子都对其中涉及的伦理困境或伦理问题的本质进行了详尽说明。最后，我们还对该模块增加了更多其他例子，并要求学习者识别出这些例子中涉及的伦理问题或者伦理困境。同时，学习者还需要解释这些伦理问题或者伦理困境的本质内涵。

如何改进目前的教学现状

目前的许多教学基本上都采用了**讲解—答问**式教学策略。这种教学策略如果增加了恰当的示证新知的实例（**示例**式学习活动），其策略效能水平将会明显提高；如果增加了恰当的应用新知活动（**练习**式学习活动），其策略效能水平还将得到进一步提升。

要改善目前的教学现状，其实有一个非常直观的基本教学设计步骤。首先，识别出特定模块的各个主题。创建一个矩阵，并把这些主题列在矩阵的左栏。在矩阵的上方列出基本的学习活动类型：**讲解**、**提问**、**示例**和**练习**。

其次，识别各个主题的**讲解**部分，并在矩阵的讲解栏上做记录。再次评估这些讲解，以便确保每个话题都紧扣教学目标，内容足够充分。

第三步，识别各个主题中已有的**示例**式学习活动。如果该教学对其中的概念、原理、程序或者过程没有提供恰当或者充分的例子，则需要另外找出一些适当的例子，并添加到这个模块中。在识别或者增加例子的过程中，您可能还需要再次采用这个矩阵对新的内容例子进行鉴别和评估。

第四步，识别各个主题中已有的**练习**式学习活动。如果该教学没有提供恰当或者充分的练习式学习活动，则需要另外找出一些适当的"识别练习"或"应用练习"的学习活动，并添加到这个模块中。

最后，给您的课程增加新的示证新知和应用新知，力求让它变成一个效果好、效率高和参与度大的教学。

情境问题

有时候，即使给传统的教学序列增加了恰当的示证和应用型学习活动，它依然有可能无法走向效果好、效率高与参与度大的教学之路。这是因为，在教学序列中，教学内容是以主题为序依次呈现的。而讲解序列中增加的示证新知和应用型学习活动通常是只适用于单一组成技能的事例，而且仅仅是解决一个完整问题的一小部分。很多时候，学习者一旦脱离学习情境就无法发现一些单个技能之间的相关性。我们都曾听到过这种训诫："虽然您现在还无法理解，不过以后就会发现它对您来说很重要。"事实是，过不了几天或者几周，学习者还没开始把该技能应用到现实世界中的完整问题或者任务时，他们很有可能已经忘记了该组成技能。又或者，如果学习者无法明白特定技能与现实中的联系，他们可能无法扎实地掌握这个技能，或者他们无法将这个技能整合到一个心智模式中。由此，当他们需要解决一个完整问题时，无法提取相应技能，因为他们只是记住技能，而非理解了技能。此外，如果把解决一个完整问题或者完成一个完整任务作为一个模块或课程的最终考查项目，那他们有可能没有机会了解到教师的反馈，也无法调整项目。

那么，比起传统的教学序列，我们是否可以找到一个更好的教学序列，从而走向效果好、效率高与参与度大的教学之路呢？

聚焦问题

当学习者需要学习一个新的问题解决技能时，为了保证其充分参与，往往需要在问题情境或者任务情境中加以掌握。如果能在一开始就激活学习者相关的心智模式（激活旧知原理），然后再展示一个问题的实例，并展示如何解决该问题，那么他们很有可能就会识别这些正在学习的单个组成技能之间的联系，并且他们将会创建一个融合了新技能的心智模式；当他们面对问题的新的实例时，这将极大地增加技能提取和技能应用的可能性。

那么，时下的教学都采用了聚焦问题的教学序列吗？即使很多慕课都旨在帮助学习者解决问题，马尔加良（Margaryan）和她的几位同事发现，在76门慕课中，只有8门课程采用了聚焦问题的教学策略。在此之前，也有别的研究者对目前不同教学情境中的教学现状展开过研究。研究表明，大多数课程都没有采用聚焦问题的教学序列，甚至都没有要求学生在最终项目中解决一个现实问题。

典型的教学序列是以主题为中心的，也就是说，教师依次轮流教授一个主题；等到教完了所有主题，教师会要求学习者应用所学主题内容，解决一个最终问题或者完成一个最终任务。图3向我们展示了如何利用聚焦问题序列，来改进传统的教学序列。教师与其向学生讲解（讲解也是一种信息传达手段）教学目标，还不如遵循以下步骤：（1）第一项教学活动是要学习者展示将要解决问题的所有完整情境。而且，此时示证新知也同样能帮助学习者从宏观的角度了解到问题的解决办法或者任务的执行步骤。（2）第二项教学活动要向学生讲解相关组成技能，这些技能是解决该问题的必备要素。（3）同时要具体描述这些组成技能如何可以帮助学习者解决问题。（4）当教师通过**讲解—示例**式教学活动完成了第一个问题的实例展示之后，接着教授学习者识别并展示第二个问题情境。（5）接着，教师要求学习者把刚刚学会的组成技能应用到第二个问题情境（**练习**）。（6）有时候，学习者可能不仅需要应用刚刚学会的一些组成技能，还需要补充其他的技能或者是采用一种新颖的手段才能解决第二个问题情境中的事例。这时候，教师要向学习者讲解需要补充的技能。（7）展示如何把这个技能应用到当前问题的全新事例中。教师需要注意到，在每个组成技能或主题中，"**讲解、示例和练习**"的教学策略要分布到问题的各个不同事例中。第一个问题情境通常采用**讲解—示例**式的教学活动；第二个问题情境的实例则整合了讲解—展示教学活动（呈现每个组成技能的补充要素）和练习教学活动（应用已经学会的组成技能）。（8）识别该问题的其他情境。在这个过程中，学习者识别一些组成技能（**讲解—示例**）并把这些技能应用到新的问题情境中（**练习**）。当教师要求学习者在无额外指导的情况下解决全新的问题情境时，教学序列才顺利画上了句号。

聚焦问题的教学序列使学习者更容易看到每个新学的组成技能之间的联系，而且提供了多次在真实问题情境中应用这些新学组成技能的机会。聚焦问题的教学序列使学习者在每一个全新的问题情境中看到了每个组成技能之间的关系，而且它会逐渐减少辅导机会，直到学习者在此种方式的指导下掌握解决全新的问题情境的技能。

如果教学中增加了"讲解—示例—练习"的学习活动，并且完成了一组由易到难的完整的问题情境或者任务时，那这种完善不仅提供了优质有效的教学活动，还促进了学习者参与度最大化。

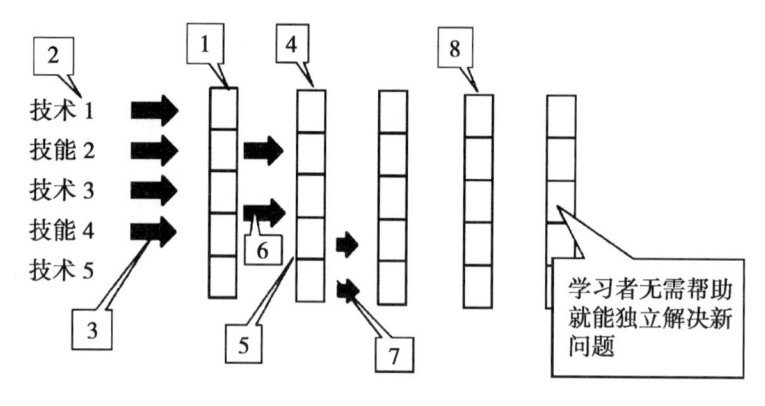

图 3　聚焦问题的教学序列

聚焦问题的实例

美国杨百翰大学夏威夷分校设计并开发了一门"创业课程"，该课程旨在向发展中国家的学生讲解如何学会创业，它诠释了聚焦问题的教学序列。商务部门给来自第三世界的学生设计了这样一个口号："返乡不甘当员工，回国努力做雇主。"该课程介绍了创业和经营企业过程中必需的六个关键组成技能。每一个主要的组成技能下面还包括了子技能。

课程依次介绍了发展中国家和地区创办的四个小微企业项目，它们是：养殖业项目（柬埔寨的肉猪饲养场）、服务业项目（蒙古的地毯快洗服务项目）、零售业项目（夏威夷乡下的移动电话商店）和餐饮业项目（俄罗斯的墨西哥餐厅）。当学习者了解了这四个创业项目后，他们需要根据自己国家和地区的情况设计一份小微企业创业计划书。应该说，课程介绍了小微企业的完整创业问题，从易到难，由浅入深。每一个小微企业创业都包括了一组相同技能；所介绍的小微企业项目在难度上逐步加深，因此后面的企业项目虽然会用到相同的技能，但需要学习者补充更多的细节。大家可在网络上搜索到这个课程，如果有需要，欢迎发邮件到我的邮箱 professordavemerrill@gmail.com，我将乐意与您分享该课程的地址链接。

建　议

总而言之，您可能需要分析和评估自己的课程。或许，当您增加了恰当的示证新知、应用新知并采用了聚焦问题的教学序列时，课程的效果、效率尤其是参与度可能会得到提升。那么，您的课程是否具备了恰当和充分的示证新知？是否具备了恰当和充分的应用新知？教授组成技能时，是否在问题情境中层层推进，并遵循了由易到难的步骤？

结　论

动机是一种结果，而非诱因。是什么促成了课程的参与度，从而产生了激励效应呢？当然是效果好、效率高和参与度大的教学。那又是什么促成了效果好、效率高和参与度大的教学呢？当属首要教学原理：激活旧知、示证新知、应用新知、融会贯通和聚焦问题。我们在本文中多次强调了示证新知原理、应用新知原理和聚焦问题的教学序列。

我的《首要教学原理》英文书既有纸质版，也有电子版。该书韩语版已经在韩国发行，中文译本正在印刷中，不久就能出版发行。①

如您有任何建议，欢迎发邮件，我的电子邮箱是：professordavemerrill@gmail.com。

参考文献

Frick, T., Chadha, R., Watson, C., & Zlatkovska, E. (2010). Improving course evaluations to improve instruction and complex learning in higher education. *Educational Technology Research and Development*. 58. 115-136.

Margaryan, A., Bianco. M., & Littejohn, A. (2015). Instructional quality of massive online courses (MOOCs). *Computers & Education*, 80, 77-83

Merrill, M. D. (2002). First Principles of Instruction. *Educational Tech-

---

① 《首要教学原理》中文版已由福建教育出版社于 2016 年 7 月出版。——译者注

nology Research and Development. 50(3). 43-59.

资料来源：Merrill, M. D. If Content Is King then e³ Instruction Is Queen. In Feng-Qi Lai, James D. Lehman (eds.). *Learning and Knowledge Analytics in Open Education: Selected Readings from the AECT-LKAOE 2015 Summer International Research Symposium*, Springer, 2017, pp179-192. DOI 10.1007/978-3-319-38956-1_14.

第一章　首要教学原理

> **本章速览**
>
> 本书讨论和展示了五条教学设计基本原理。这五条原理将推动效果好、效率高和参与度大的教学。五条原理分别是"示证新知原理""应用新知原理""聚焦问题原理"、"激活旧知原理"和"融会贯通原理"。本书第一章对五条原理作了概述；第二章说明和展示"示证新知原理"和"应用新知原理"；第三章说明和展示"聚焦问题原理"；第四章说明和展示"问题进阶教学排序"；第五章说明和展示如何强化"示证新知原理"，如何强化"应用新知原理"，以及说明和展示"激活旧知原理"与"融会贯通原理"；第六章说明和展示如何运用多媒体实施首要教学原理；第七章说明和展示波纹环状教学设计模式；第八章借助讨论、说明和评价印第安纳大学"**预防学术不端**"慕课课程，以此为例来说明**首要教学原理**怎样在一门课程中得以实施。世界各地数千名学习者已经或者正在注册学习这门课程。
>
> 第一章对每一条原理作了概述，并且介绍了得出这些原理的推论（corollaries）。一条推论便是一条原理的扩展或者实施。本章还介绍了增强示证新知原理和应用新知原理的"指导"和"辅导"工作。您在学习本书的时候可以参照本章"关键术语"中列出的原理、推论和增强措施。

关键术语

示证新知原理(Demonstration principle)：当学习者观察某一个将要学习的知识与技能（与所教的技能类型相一致）时，才能够促进学习。

◇**善用媒体**(Relevant media)：当多媒体实施了规定的教学活动时，才能够促进学习。

◇**指导**(Guidance)：当学习者得到指导将一般信息与具体描述联系起来时，从示证新知中学习才得以增强。

应用新知原理(Application principle)：当学习者参与到运用新掌握的知识与技能（与所教的知识与技能相一致）时，才能够促进学习。

◇**反馈**(Feedback)：只有当学习者接受内部反馈或矫正性反馈时，从应用新知中学习才是富有成效的。

◇**辅导**(Coaching)：当学习者得到学习辅导并且这种辅导在后续的问题序列中逐渐撤除时，从应用新知中学习才得以增强。

聚焦问题原理(Problem-centered principle)：当学习者在现实世界问题或者任务中通过问题解决策略掌握知识和技能时，才能够促进学习。

◇**问题进阶**(Problem-progression)：当学习者获得技能去解决一组不断增加复杂的问题实例时，问题解决能力才得以增强。

激活旧知原理(Activation principle)：当学习者激活原有知识与技能的心智模式作为新学习的基础时，才能够促进学习。

◇**框架**(Framework)：原有知识激活后起到学习者学习新知识与技能的组织者作用。

融会贯通原理(Integration principle)：当要求学习者反思、讨论、或者辩护其新掌握的知识与技能，将新知识整合到日常生活中时，才能够促进学习。

◇**同伴协作**(Peer-collaboration)：一种学习互动方式。学习者在一个小组内共同解决问题。

◇**同伴评鉴**(Peer-critique)：一种学习互动方式。学习者评鉴同伴的问题解决活动并提供改进建议。

引论

教育技术领域涌现了大量的教学设计理论和模式。题为《**教学设计的理论与模式**》(Reigeluth, 1983, 1999; Reigeluth & Carr-Chellman, 2009)这一重要的多卷本书，给许多不同的教学设计理论工作者提供了一个总结各自教学理念的机会。这些书中提到的教学设计理论，有的来源于对学习的基本规律作出说明，也有的来源于聚焦教什么而不是如何教的总体课程方案。这些设计理论和模式是否具有共同的基础性原理？如果是，那么这些基础性原理是什么？本书确定了一组教学设计的原理，这些原理在多种设计理论和模式中已经获得普遍认同。虽然这些原理并不是全新的东西，但奇怪的是，它们并没有得到广泛运用。

基于本书的目的，我们将**原理**界定为学习结果与教学策略之间的一组关系，不管实施这一原理的方法或者模式如何变化，在适当的条件下这种关系总是确凿无疑的。原理本身并不是教学的模式或方法，而是一组关系，正是这种关系能够为任何其他教学模式与方法奠定基础。例如，一条教学原理可以这样作出陈述：如果学习者在现实世界问题或者任务中掌握知识和技能，那么将能够促进学习。

这些原理可以以多种不同的教学模式和方法进行实施。但是，是否实施了这些原理，将会决定一个特定的教学模式或方法的效果、效率和参与度。

近些年来，我回顾了一些教学设计的理论、模式和相关研究，从中概括出了一组相互关联的教学设计处方性原理（Merrill，2002，2009）。不是所有引用的文献都能够为这些原理提供实证支持。也许还缺乏足够的理由，但是我认为：如果一条原理存在于几种不同教学设计理论中，并被许多成功的教学设计者运用，那么无论从经验上看还是经过实证检验，这条原理都是有效的。

要作为"首要教学原理"加以推出，还必须同时讨论我所回顾的一些教学设计理论。首要教学原理必须有助于学习效果好、效率高与参与度大。当我们需要对首要教学原理进行仔细研究时，它必须得到相应的研究证实。首要教学原理必须具有普适性，从而能适用于任何传递系统或"教学架构"。这里的**"教学架构"**（instructional architecture）指的是教学方式，包括直接教学法，指导教学法，体验教学法和探究教学法（R. C. Clark，2008）。首要教学原理应该是设计取向的，即它们是关于教学的原理，与教学如何设计才能促进学习直接相关，而不是学习者在学习中自己采取的活动。首要教学原理应该与鉴别和创造学习环境和学习结果相关，而不是描述学习者如何从这些学习环境和学习结果中获取知识和技能。

虽然首要教学原理可以在大量教学设计理论中找到，但是用来陈述这些原理的术语与本书使用的术语也许有所不同。尽管如此，我们依然可以假设：这些理论的倡导者都一致赞成，首要教学原理对实施效果好、效率高与参与度大的教学是非常必要的。如果这一假设成立，那么，我们可以进一步推测当一个特定的教学项目和教学实践实施了一条或几条首要教学原理时，学习者的学业表现将得以提高。很明显，能否支持这一假设，既要看对特定的教学成果进行评价研究，也要看对这些教学原理的使用与误用进行比较研究。本书第八章说明的课程方案对这一假设提供了实际支撑。

当前许多教学理论和模式都认为最为有效的学习成果或学习环境是主张聚焦问题，并包含以下四个不同的学习阶段：（1）**激活**原有经验，（2）**示证**技能，（3）**应用**技能，（4）在现实生活中将学到的这些技能**融会贯通**。大量的教学实践主要关注的都是示证新知阶段，而忽略了学习循环圈中的其他阶段。

为了鉴别首要教学原理，我们对大部分教学理论进行检阅后发现：它们都强调了**聚焦问题**教学，即便没有包括有效教学的全部四个阶段，也肯定会包括其中几个阶段。图1-1为说明**首要教学原理**以及厘清各项原理之间的关系提供了一个概念框架。这张图应该按照顺时针的方向依次解读，分别代表了教学循环圈的四个阶段：激活旧知、示证新知、应用新知和融会贯通。聚焦问题原理表明，这样的教学循环在解决现实世界问题或完成现实世界任务的学习环境中是最有效的。以下对五条原理中的每一项作简要说明。

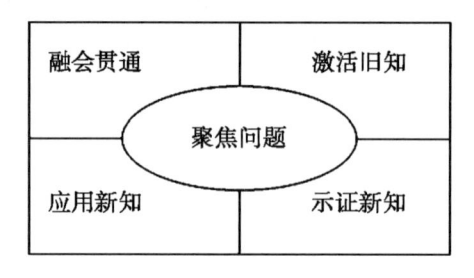

图 1-1　首要教学原理

示证新知(Demonstration)：当学习者观察某一个将要学习的知识与技能（与所教的技能类型相一致）时，才能够促进学习。

应用新知(Application)：当学习者参与到运用新掌握的知识与技能（与所教的知识与技能相一致）时，才能够促进学习。

聚焦问题(Problem-centered)：当学习者在现实世界问题或者任务中通过问题解决策略掌握知识和技能时，才能够促进学习。

激活旧知(Activation)：当学习者将激活原有知识与技能的心智模式作为新学习的基础时，才能够促进学习。

融会贯通(Integration)：当学习者反思、讨论、或者辩护其新掌握的知识与技能时，才能促进学习。

有些教学理论对"问题"和"任务"进行了区分。问题解决最后会得出一个解决方案；完成任务最后会得到一个人工制品。虽然问题和任务是有差异的，但在本书中我将使用"**问题**"一词来表示需要解决的复杂问题和需要完成的复杂任务。

还有些教学理论对"知识"和"技能"进行了区分。知识指的是知道什么，技能指的是运用知识来完成任务或解决某些问题。本书中，我将用"**技能**"来统一指称知识和技能。

教学策略效能水平

经常有人问我，**首要教学原理**中的哪一条最重要。如果我不能实施全部的首要教学原理，那么哪一条原理是我设计时首先应该用到的，这些原理都具有相同的重要性吗？它们对于学习的效果或效率是否发挥同样的作用？其中有些原理是不是比另外一些要来得更为基础？这些原理彼此之间是如何相互联系的？这些原理对于掌握解决复杂问题所必须的知识和技能又有什么相应的助益？本章后续部分将说明每一个原理，并就这些原理对于解决复杂问题来说各自有什么效用提出建议。**首要教学原理**中的各项要求如果能够一一得到落实，那么，教学策略的效能水平肯定会逐渐提高。贯彻了**示证新知**原理，效能水平将达到第一级水平；贯彻了**应用新知**原理，效能水平将达到第二级水平；再加上贯彻了**聚焦问题**原理，效能水平将达到第三级水平；如果再加上**激活旧知**原理和**融会贯通**原理，那么，会使教学效能水平更上一层楼。

只呈现信息（教学策略效能水平 0）

只呈现信息（presenting information-only），教学策略的效能水平为 0，勉强达到基准线。太多的教学都是以信息呈现为导向的。如果运用得当，有许多工具可以有助于实现亮丽的乃至非常有效的信息呈现。几乎任何人现在都能利用如 PowerPoint 等办公软件工具完成多媒体演示。如今，包含了音乐、音频、图片、视频和动画的呈现已经不再像过去那样遥不可及。但是，令人不解的是，仍有大量的信息呈现依然采用罗列几个要点和口头讲授。也许我们可以假设，如果教学只是提供信息，那么，人人都能理解信息、记住信息，更重要的是，能使用这些信息来解决复杂的问题。可惜，事实并非如此。

只呈现信息包括了两种方式。一种是采用单独呈现，另一种采用呈现附带回忆问题。信息呈现（**讲解**）能告诉学习者两个或者更多信息片段之间的彼此联系；一个或几个部分的名称和描述；一类物体、情境或过程的主要特点；实施一个程序的步骤和序列；某个过程中的各种活动应具备的条件和后果。回忆（**答问**）要求学习者记住已经呈现的信息。只呈现信息（**讲解—答问**）的教学策略无论在学校、工厂还是政府机构等教育环境中都是司空见惯的。只呈现信息的教学策略对于传递大量信息来说是很有效率的,但教学策略效能水平 0 的教学中获得的知识遗忘起来也很快,对用来掌握解决复杂问题的技能来说则并不奏效。

示证新知（教学策略效能水平 1）

效能水平 1 的教学策略包括了呈现信息与示证新知。太多太多的教学仅仅是**讲解**,再加上一点点或者根本就没有**示例**。"**示证（示例）**"新知这个词是精挑细选的,用来反映这样一个事实——不是指呈现信息,而是要向学习者展示该如何在具体的情境中运用信息做什么事情。**示证新知**就是采用部分或整个问题中的一个或多个案例,以此向学习者展示在具体的情境中如何运用信息。示证新知原理主张:

当学习者观察将要学习的知识与技能的示证时,才能够促进学习。

紧扣目标（施教）

我们需要学习各种不同的技能。每一种技能要求独特的内容元素,每一种技能要求独特的互动策略。不同类型的技能需要不同的示证。为了增加效果,示证的内容要素必须与问题的类型保持一致:找到部分在整体中所对应的位置（**记住部分**）；不同种类概念所对应的实例（**分类概念**）；展示实施程序所对应的执行步骤（**执行程序**）；通过展示条件和结果联动来具体描述、说明一个特定的过程（**理解过程**）。只有当示证新知的方式与将要获得的技能类型相**一致**,即紧扣目标施教,才能促进学习。坚持贯彻紧扣目标施教这一要求至关重要,这是因为如果信息呈现无法与学习技能的类型保持一致,那么是否向学习者提供亮丽的媒体或者悦目的模拟手段,都不那么要紧了。示证新知更完整的主张是:

当学习者观察某一个将要学习的知识与技能（与所教的技能类型相一致）时,才能够促进学习。

提供指导

呈现信息和展示其在具体情境中的应用,这是教学策略中最为基础的教学活动。然而,某个一般信息与其具体应用的关系,对学习者来说也许是并不清晰的。提供指导为学习者加工信息指明了方向,也为学习者在有关具体情境的示证中聚焦重要方面提供了路径。指导也为学习者将信息及其应用与先前获得的技能和知识结构挂钩提供了方向。在示证中给予学习者适当的指导能促进学习。提供指导的主张是：

当学习者得到指导将一般信息与具体实例联系起来时，从示证新知中学习才得以增强。

善用媒体

在教学产品中使用多媒体，大家都已经习以为常了，但使用多媒体常常没有起到促进学习的效果，有些甚至干扰了学习。在教学中使用的大量图片与学习内容本身并没有多大的关系，大量的视频和动画仅仅使教学看起来似乎更加生动形象一些，以此吸引学习者对学习材料本身的兴趣。合理使用多媒体是为了实施规定的教学活动。如果多媒体仅仅只能引起学习者的兴趣或是让教学更富魅力，很可能没有达到促进学习的效果，反而会分散了学习者的注意力。善用媒体这一推论的主张是：

当多媒体实施了规定的教学活动时，才能够促进学习。

如果您有机会调整只呈现信息的教学策略（效能水平 0，**讲解—答问**），通过恰当的示证新知方式（**讲解—示例**）来具体说明已经呈现的信息，那么，学习的效果将得到明显提升。

应用新知（教学策略效能水平 2）

教学策略效能水平 2 是在"呈现信息"与"示证新知"的基础上（**讲解—示例**），增加了"应用新知"（DO）策略。令我感到诧异的是，尽管将知识应用到现实世界的重要性已经得到了大家的普遍认可，但大部分人的教学仅仅包括了多项选择题之类所谓的"练习"。"再现性教学（**答问**）"对于促进学习几乎不起作用。当学习者有机会来练习，并将所学的技能应用到各种具体问题中，技能水平才会得到提高。记住信息（答问）并不是应用新知，也无法为学习者在真实情境中应用自己的技能提供多少帮助。**应用新知**要求学习者能运用技能解决具体问题。所谓紧扣目标应用，就是在针对**分类概念**问题时，将能够识别具体实例并归类到适当的类别（**识别实例**）；在针对**执行程序**的问题时，执行一系列的步骤（**执行实例**）；在针对**理解过程**的问题时，预测给定一组条件能得到什么样的结果（**预测结果**），或者面对一个出乎意料的结果时，找出其中有缺陷的条件（**发现条件**）。

给定的信息加上紧扣目标的示证（**讲解—示例**），能帮助学习者形成一个有关所学技能的恰当的心智模式。**心智模式**是有关现实世界中的现象及其运作方式的一种内部心理表征（R. E. Mayer, 1998）。当学习者需要应用技能来解决一个新的问题时，他们就要检查自己的心智模式是否能够保证解决方案的完整性和适切性。当结果是错误时，随之而来的是矫正性反馈，要求学习者调整自己的心智模式。这一初步的应用新知通常都会对心智模式作出许多调整。如果心智模式是不完整或者不适当的，学习者就会难以解决问题。如果学习者面对的问题同示证过的问题非常相似，则学习者可以轻而易举地解决问题，但这样做对心智模式的再建构却没有多大益处。因此，这里的挑战就是我们需要发现应用新知中所面临的新问题，这些问题要有一定难度但也不至于难到让人束手无策的地步。应用新知原理主张：

当学习者运用新掌握的知识和技能来解决问题时，才能促进学习。

紧扣目标（练习）

紧扣目标对于应用新知的重要性与其对于示证新知的重要性是一样的。正如不同的信息呈现包括各种内容元素，不同的技能学习需要不同的学习指导，那么，对于不同技能的应用来说，也要有许多不同的内容元素。当应用新知与预期的教学目标不一致时，就难以改进学习者的学业表现。只有当应用新知和所要学习的技能类型相一致时，才能促进学习。紧扣目标练习的标准至关重要。如果应用新知与预期的教学目标不一致，那么效果就会差强人意，接下来是不是有合适的辅导或反馈，也就变得无关紧要了。紧扣目标练习更完整的主张是：

当学习者参与到运用新掌握的知识与技能（与所教的知识与技能相一致）时，才能够促进学习。

运用反馈

反馈长期以来一直被认为是练习的重要方面。没有反馈的练习对于改进学习者的学业表现毫无益处。对于应用新知来说，也是一样的。现实中有许多类型的反馈，但是当学习者应用新知来解决具体问题时，仅仅给予正确与否的反馈是不够的。最有效的反馈形式是"**内在反馈**"，这种反馈能帮助学习者去发现自己的行为所带来的结果。另一种有效的反馈形式是"**矫正性反馈**"，这种反馈为学习者提供了有关如何表现某种行为的示证。反馈往往也被认为是做出某种事情之后给予指导，或者当学习者努力应用新知来解决具体问题后给予指导。反馈的推论主张是：

> 只有当学习者接受内部反馈或矫正性反馈时，从应用新知中学习才是富有成效的。

学习辅导

辅导意味着由教学或者教师为学习者做一些认知加工。这样的辅导通常采取"提示"的形式。一个简单的问题一般只有一个简单的提示，但是复杂的问题就需要一组越来越完整的提示。

辅导能帮助学习者在应用新知时筛选信息中相关的部分；能帮助学习者回忆那些能够用于解决问题的旧知；能帮助学习者运用心理框架来解决问题。在应用新知之后不久就运用辅导是最有效的，但随着学习者在问题解决中获得更多的经验时，这种辅导应逐渐减少，此时学习者将独立解决而不再提供任何额外的帮助。辅导的主张是：

> 当学习者得到辅导并且这种辅导在后续的问题进阶中逐渐撤除时，从应用新知中学习才得以增强。

当您处在教学策略效能水平 1 时——呈现信息加上示证新知（**讲解—示例**），在此基础上再添加合适的应用新知（**讲解—示例—练习**），学习效果将会获得到一个明显的改进。

聚焦问题（教学策略效能水平 3）

教学策略效能水平 3 是在示证新知和应用新知的基础上增加了问题解决教学策略。**问题**这个词包括了各种各样的活动，其最重要的特征是它面向完整问题，而不是仅仅限于问题的某一部分，这些问题代表了学习者在走出课堂后的现实世界中将会碰到的许多问题。聚焦问题的教学策略涉及了许多传统教学中用于问题解决时所需要的技能，包括向学习者展示解决方案，并具体教会其解决问题所需的技能，然后提供机会将这些技能应用到新问题中。

聚焦问题的方法（problem-centered approach）与一些教学文献中所提到的"基于问题学习"或者"基于案例学习"（problem-based learning or case-based learning）并不相同。聚焦问题的方法较后者更具结构性。它包括给学习者呈现一个具体的完整的复杂问题、示证一个成功的问题解决的案例、针对解决该问题所需的组成技能来提供信息、示证新知、应用新知、以及向学习者展示如何将这些组成技能应用到问题的解决中。

当教学的某些成分缺乏相应的情境时，教师往往会这样告诫学习者，说："虽然您现在还无法理解为什么要学习这些内容，不过掌握与否对您以后来说是十分重要的。"结果导致学习者学习这些材料的动机显著降低。此外，当学习者必须要记住许多缺乏使用情境的组成技能时，他们必须经常求助于联想性记忆，这会导致当学习者面对一个完整问题时，经常忘记或者无法识别信息之间的联系，在需要这些信息时也无法加以提取。即使在最好的情况下，学习者也只能为个别的技能构建一个心智模式，但是在面对一个完整的复杂问题时，却无法将这些组成技能整合到一个心智模式中。当学习者需要应用技能来解决某一个复杂问题时，如果教学内容能够及时地予以呈现，那么对知识或技能的需求就会非常明确，同时学习者学习这些技能的动机也会增加。如果技能的组成部分能立即应用到某一个复杂问题，那么学习者就能为一个完整问题建构一个心智模式，而不会零敲碎打和顾此失彼。聚焦问题的原理主张是：

当学习者在现实世界问题或者任务中通过问题解决策略掌握知识和技能时，才能够促进学习。

问题进阶

如果聚焦问题的教学策略只面向单一的复杂问题时，它或许会是一个有效的策略；但是，单独一个问题比起越来越复杂的一组问题序列来说，肯定是远远不够的。一类复杂问题尽管会有用许多相似性，但他们依然存在细微的差别。当学习者只解决一个单独问题时，只有一种视角，在面对一个同类但却和所学有所差异的问题时，可能会难以识别出这两个问题出自同一类型，或者无法有效地转变自己的心智模式来调整解决方案以适应新问题与原问题之间的差异。当面对的新问题比所教过的问题更加复杂时，学习者可能没有能力来对心智模式做出细微调整，从而应对这个更加复杂的问题。只有当学习者尝试去解决一系列越来越复杂的问题时，他们才会不断地改进自己的心智模式。所以，当面对来自同一个大类，但表现有所不同或者更加复杂的问题时，学习者更有可能接近完整的解决方案。问题进阶的主张是：

当学习者参与到一组由易到难的问题进阶教学序列时，问题解决能力才得以增强。

教学策略效能水平 2 包含了呈现信息、示证新知和应用新知，通常被认为是非常有效的教学策略，贯彻了意义学习。然而，学习者在现实世界问题不断进阶的情境中学习组成技能，将会实现由教学策略效能水平 2 推进到聚焦问题的教学策略效能水平 3，从而更加提升学习效果，尤其是会增强参与度。

激活旧知

从儿童时期开始，教育就相伴而生了。小学教师了解这种现象，并花费了相当多的时间来为学习者提供各种体验，作为后续学习的基础。随着学习者不断成熟，教育系统似乎认为已经不再需要为学习者提前安排相关的经验。结果，正是因为缺乏以经验为基础的原有心智模式用于建构新的知识，学习者必须靠死记硬背来记住已呈现的材料。对学习者来说，缺乏稳固的基础，教学直接跳到一个新的学习材料已经成为常态。如果学习者有过相关经验，那么第一阶段的学习就是激活这些相关信息，以便作为新知的基础。如果学习者没有足够的相关经验，那么学习一项新技能的第一阶段就是提供真实的或模拟的经验，为新知识奠定基础。我们看到在很多时候，教学往往会以抽象的表征作为切入口，搞得学习者无从下手。

当学习者感觉自己已经了解了部分教学内容时，在一个适当的机会让他们示证已知，就能激活现有经验。当学习者认为自己对材料并不了解时，要求它们完成一个相关内容前测，则会让人感到沮丧，也无法激活先前经验。只是简单的回忆信息几乎无法激活先前的经验（Andre, 1997）。

如果学习者从其先前的经验中已经形成了一个相关的心智模式，那么在呈现信息的基础上加入激活旧知策略，能改进学习者的学业表现。此时激活的心智模式可以作为后续学习中建构一个调整完善的心智模式的基础。新问题与原先学习过的问题越相似，激活旧知所起到的影响作用就越大。当面对并不熟悉的新问题时，与先前的经验毫无关联，激活旧知的效果就很小了。在效能水平 1，水平 2 或者水平 3 教学策略基础上，再激活对相关心智模式的回忆，能够帮助学习者在已有模式的基础上作出进一步调整并构建新的心智模式。另一方面，激活无关经验而生成的不恰当的心智模式，可能会对学习产生不利效果。激活旧知原理主张是：

当学习者激活已有知识和技能的心智模式，并将其作为新学习的基础时，才能够促进学习。

联想记忆是一种通过概念之间的相互联系来记忆的方式，比较容易遗忘。然而，心智模式则能表征现实世界如何运作，帮助学习者理解自己所处的世界。联想记忆在处理复杂问题时效果较差，这是因为复杂问题要求学习者在一些先前获取的心智模式基础上学习新技能，这些原有的心智模式将各种各样的技能整合成一个相互关联的整体。当教学时教师一味撒手不管，学习者经常激活的是不恰当的心智模式，这样反而要花更多的精力来获取一组综合技能用以问题解决。当学习者尝试解决新问题时，不恰当的心智模式总是表现为理解错误。指导学习者回顾过去的相关经验并检查这些回忆同解决当前问题之间的相关性，有利于激活一个合适的心智模式来促进学习者获取一组相互关联的新技能（Mayer，1992）。

激活不仅仅能帮助学习者回顾先前的经验或者提供相关的经验，而且易于构建可调整的心智模式，从而帮助学习者将新知识与现有知识整合。这种内部表征能用来作为新内容的组织框架。如果学习者已经拥有一个可以用于组织新的知识和技能的心智模式，那么就应该鼓励他激活该心智模式。不过，学习者往往难以有效建构框架来组织新近获取的技能。所以在教师放手让学习者自学时，经常会使用一些无效甚至不恰当的组织结构。如果学习者的心智模式不足以合理地组织新知识，那么，必须由教学提供一个框架，让其用于建构学习新知识所需要的心智模式，如此才能促进学习。明晰框架的主张是：

当学习者为组织新知识回忆或者获取一个框架，并且为如下环节——示证新知中的指导、应用新知中的辅导、融会贯通中的反思——奠定基础时，才能够促进学习。

融会贯通

学习不仅仅限于掌握预期的技能。学习要求学习者对已有的心智模式进行调整，还要求将新的技能与原有的技能相整合。有效的教学为学习者提供了相应的机会，帮助他们反思新技能是如何与自己已知内容相互联系的。有效的教学还为学习者提供机会，向他人解释新技能以及在面临挑战时如何为自己作出合理辩护。反馈、讨论、辩护新观点为学习者整合新技能提供了一种方式，而且这种方式确保了知识的保持率和后续应用。融会贯通原理的主张是：

当学习者反思、讨论和辩护新掌握的知识和技能时，才能够促进学习。

经常有人问我："动机原理去哪儿了？"本书提出的原理主要涉及设计以及考虑如何实施教学，而动机是学习者本身的一种状态。精心设计的教学必然会带来激励效应，在本书中称其为**参与度大**。动机经常被人误解。虽然炫目的媒体以及高质量的视频可能会获得关注，但是这些并不是激发动机的因素。动机只是学习的结果。人生来就是好学的。

当人们发现自己能解决以前不能解决的问题，或者在某个任务中表现出以往没有的能力时，这便是所有活动中最具有激励因素的。当学习者看到了自身的进步时，学习就成为最鼓舞人心的活动。每当学习者获取了一项新的技能之时，他们最想做的就是将这项新技能向他人展示。电脑游戏最具魅力的一个亮点就是向玩家清晰地展现不断进阶的等级。有效的教学必须为学习者提供足够的机会来展现他们新近获得的技能，就像这样的赞叹："快来看呐，看看我能做什么了！"

精心安排的同伴协作和同伴评鉴就需要学习者彼此分享各自所学到的内容。有效教学要求学习者与同伴分享学习成果，而不是仅仅向教师呈现解决方案或任务表现。分享的第一层次往往发生于协作团队共同解决问题或者完成任务之时。如果合理设计，那么这种合作就需要学习者对最新获得知识和技能进行反思以及讨论。分享的第二层次是选择同伴来评判他们的工作。精心安排的同伴评鉴要求学习者辩护新习得的技能及其应用。在学习者为自己的成果自豪并展现新获得的技能时，同伴协作以及同伴评鉴是最有效的。e^3教学就是要推动学习者获取这种技能。同伴协作和同伴评鉴的主张是：

当学习者通过同伴协作和同伴评鉴的方式开展反思、讨论或者辩护，将新学习到的知识整合到日常生活中时，才能够促进学习。

解决复杂问题之评价

我们认为，本书中所界定的原理在绝大多数的教学情境中都能起到促进学习的作用。然而，仅仅通过回忆信息的评估手段无法衡量**首要教学原理**对学习的增量。在解决复杂问题时，首要教学原理对学业表现的促进作用才得以凸显。复杂的问题需要学习者制作人工制品或者形成一份解决方案，这样的问题要求学习者能将不同类别的知识和技能以相互联系的方式进行整合。处理复杂问题时会有不同等级的表现。起初，学习者或许只能够完成该问题的一个简单版本，随着技能的提升，学习者可以完成该问题越来越复杂的版本。在问题解决方面，早期的解决方案或许不够细致或者只考虑了部分因素，随着学习者不断积累技能，解决方案也会变得更加完美、更加综合，并能将越来越多的因素考虑在内。对问题解决的学业表现进行测量时，必须反映知识技能不断累加的过程（参见 Bunderson, 2006）。

针对解决复杂问题的不同表现水平，该如何设计合理有序的测量呢？以下是几点建议：

1. 明确问题序列，按照由少到多或者由易到难的顺序排列。对于一组序列中的每一个问题，都需要提出一个可接受表现水平的考评表。学习者不断地依次完成各种问题，直到最后束手无策为止。恰当的评分手段测量的是学习者在这一组问题中达到的最高等级，在这一等级中，学习者以一种可以接受的方式解决整个问题。

2. 学习者在解决问题时将得到不同程度的辅导。当学习者感到学习受挫时，就会得到了第一层次的辅导。如果学习者依旧感到有困难，就会得到第二层次的辅导，以此类推，直到学习者能自己解决问题为止。这时候学习者的成绩就与他们解决这个问题所需要的越来越精细的辅导层次相反。在这种情况下，不再是测量一组问题的难度有多大，而是考虑解决问题时所需的辅助力度有多大。

3. 或许还可以通过使用一个层层嵌套的复杂问题来评估其学业表现水平是否能不断提高。这和刚才提到的问题序列较为相似。但现在的情况是，解决问题或者完成问题是逐渐深入的。走向提出终极解决方案的每一个阶段，都体现了专业技能的增长。教师通过学习者完成解题步骤中的阶段数量来进行评分。

本书为您依据**首要教学原理**提供设计和开发聚焦问题的课程提供指导。本章提出的原理将在后续章节得以进一步具体说明和示例。

本章小结

本章开始的关键术语中列出了**首要教学原理**和重要的推论和增强措施。本书后续章节将进一步讨论每一条原理，展示每一条原理在各种不同教学实例中的应用，为运用这些原理来设计新的教学提供指导。此刻，您已经初步了解了这些原理，但是当您阅读后续章节之后，理解和运用这些原理来识别 e^3 教学和设计 e^3 教学的能力将会更加强大。首要教学原理看上去似乎较为简单，在参加了我开设的首要教学原理工作坊或者听了我的讲座后，有些人会说："啊呀，我自己就是这样做得嘛。"不过，在进一步深入学习之后，有些人常常会意识到："我现在知道了该怎样做到效果好、效率高和参与度大的教学。"我希望您读了本书之后有同样的领悟。

本章应用

选择一门您执教或者设计的课程，分析一下这门课程是不是实施了本章所描述和讲解的首要教学原理。这门课程中教学策略效能水平处于什么位置？如何才能加以改进提升教学效能水平？保留您的课程分析材料，等到您在学完本书其他章节后，在应用首要教学原理方面更有经验时，再将这份课程分析材料拿出来看看比较一下。

第二章　教学策略：示证新知原理和应用新知原理

> **本章速览**
>
> **教学策略**是引导学习者获得某一特定技能的一组教学活动。**教学活动**是学习者与包含技能的内容元素的互动。这些内容元素可以表征为"一般信息"（information）或"具体描述"（portrayal）。学习者可以通过四种主要的方式与内容元素进行交互：**讲解信息、展示描述、答问信息**以及将一般信息应用到具体描述或做某事。**内容元素**是可以展示给学习者或学习者可以识别或操作的主题项目（对象或活动）。当学习者以这四种主要方式与内容元素互动时，他们获得了各种类型的技能。**首要教学原理**提出了五种主要的技能类型：**记忆联想、识别部分、分类概念、执行程序**和**理解过程**。联想记忆技能是回忆与主题相关的特定信息。识别部分技能是识别和定位物体的部分。分类概念技能是识别定义物体的特征。执行程序技能是指参与改变物体外观或功能的活动。理解过程的技能是认识过程的条件和结果。

关键术语

示证新知原理(Demonstration principle)：当学习者观察某一个将要学习的知识与技能（与所教的技能类型相一致）时，才能够促进学习。

应用新知原理(Application principle)：当学习者运用新掌握的知识与技能（所教授的技能类型相一致）时，才能够促进学习。

教学策略(Instructional strategy)：引导学习者获得某一特定技能的一组教学活动。

教学活动(Instructional event)：学习者与内容元素之间的互动——讲解一般信息、示例具体描述、答问一般信息、练习将一般信息应用于具体描述。

内容元素(Content elements)：可以展示给学习者的主题项目（讲解—示例）或学习者通过识别实例或执行实例互动可以识别或操纵的主题项目。

技能类型(Types of skill)：记忆联想，识别部分，分类概念，执行程序，理解过程。

引论

首要教学原理为效果好、效率高和参与度大（e³）① 的教学提出了五条处方性原理：激活旧知、示证新知、应用新知、融会贯通和聚焦问题。原理是非常普遍的，可以通过多种方式实施。本章详细阐述了示证新知原理和应用新知原理的各个方面，并就如何通过适当的教学策略来实施这些原理，为促进最大限度的 e³ 教学提供了建议。聚焦问题原理将在第三章和第四章进行阐述；激活旧知原理和融会贯通原理将在第五章中详细阐述。教学效果好体现在学习者掌握所教授的知识和技能；教学效率高体现在尽量减少必要的教学时间；教学中参与力度大体现在学习者有学习动机，能坚持不懈学习并寻求拓展教学继续提高自己的技能。

示证新知原理

当学习者观察要学习的知识和技能的示证时，才能够促进学习。

首要教学原理在两个维度上规定了基本的教学互动：（1）为学习者提供内容（示证）；（2）要求学习者对内容做出反应（应用）。作为年长者一员，当我看到年轻人在滑板上耍"把戏"时，我总是感到有点惊讶。图2—1描述并展示了这些惊人的技巧之一。这个简短的教学环节是由我的两个学生准备的，展示了一个叫做"奥利"的滑板动作，并解释了它是如何发挥作用的（**讲解**）。图片也**展示**了一组逼真动作图像（**示例**）。一个更有效的**呈现**是一个慢动作或停止动作的视频。本书规定了两种为学习者提供内容的互动方式：**讲解**(Tell，就是呈现，present) 和**示例**(Show，就是示证，demonstrate)。

为了促进交流，我选择了常用的术语"**示例**"和"**讲解**"来表示这些互动。然而，有一种危险，因为这些术语，以及本书中将要介绍的其他术语，一般读者常常以为他们自己知道其意思。所以要小心！尽管我用的是非常普通的词——**讲解，示例**——但在描述教学互动时，这些词的含义比它们的日常用法更受限定。

---

① 在本书的后面部分，我们将使用符号"e³"来代替"效果好""效率高"和"参与度大"。e³ 这个词，发音为 e 的三次方，或者更简单地说是 e−3，是在 e 教学或 e 学习成为流行时创造出来的。我们的团队认为数字化学习应该不仅仅是数字化本身，数字化学习应该是效果好，效率高和参与度大。

重要的是，当您钻研这些得以描述和说明的教学互动时，您应密切注意这术语在本书使用时的限定意义。

注意，在图2—1中，"奥利"的内容以两种方式表征：文本和图片。这个例子中的文本是通用的，也就是说，它描述了任何人的奥利。另一方面，这些图片则非常具体。它们展示了一个特定的人在某一场合表演的奥利。在本书里，一个一般的内容要素叫做"**一般信息**"。"一般信息"适用于许多情况。如本章后面所述，每一种内容都有独特的信息元素。虽然"一般信息"这个词有很多意思，但在本书中它指的是这些信息元素。特定的内容元素称为"具体描述"。"具体描述"是对特定活动、人物或事物的说明、表现、描述或图示/图像。一个具体描述是有限的，它指的是一种案例或单一情境。每种类型的内容都有独特的具体描述元素。效果好、效率高和参与度大的教学必须包含两种类型的内容元素——"一般信息"和特定活动或对象的"具体描述"。通常，如果教学仅限于一般信息，那么，学习者就没有足够的内容来真正理解所教授的内容。

滑板豚跳与牛顿定律
下列教学活动来自于讲解滑板运动原理的课程，由学生设计。这里的**示例**采取了图片的形式，但是**示例**也可以通过视频轻松呈现。

讲解	示例
在滑板运动中，依据牛顿第二定律，如果您前脚向前上方滑动，那么滑板也会跟着向上前进。这是学滑板豚跳的关键。为了腾空而起，您必须有一个向上和向前的动作，也就是说您的脚要向前滑动，同时您要向空中跳起。	
	注意滑板是如何跟着前脚移动并向上跃起。

学生项目，杨百翰大学夏威夷分校，迈克尔·肖曼（Michael Shoneman）和克里斯托弗·加德纳（Christopher Gardner）。

图2—1　"讲解与示例"教学互动——滑板豚跳

一个教学活动是一种互动方式和一个内容元素的组合（图 2—2）。示证教学活动发生时，一种互动方式——**讲解**或**示例**，同内容元素——一般信息或具体描述相结合。**首要教学原理**认为有两种示证性教学活动：**讲解**一般信息和**示例**具体描述。

互动方式 ＋ 内容元素

图 2—2　教学活动示意图

讲解一般信息①

讲解一般信息为学习者提供信息元素；**讲解**总是与信息内容元素而不是具体描述内容元素结合使用。**讲解**通过教师语音、音频信息、视频信息、文本信息或其他多种方式向学习者提供信息。**讲解**并不局限于语音或声音；也不局限于教师主导。**讲解**不应该只是被动地分发信息。讲解也可以采用疑问句，也可以通过反问句而不是简单的陈述句来表达。反问句的设计目的是让学习者思考问题的内容，而不是教师期望得到答案的问题。

展示具体描述

示例具体描述为学习者提供特定对象或活动的例子；**示例**总是与具体描述内容元素而不是与一般信息内容元素结合使用。**示例**可以用图示、视频、动画、图表和其他各种方式来完成。在讲解—示例或示例—讲解教学活动中，讲解之后确保有示例，那么，此时的示例是最有效的。

应用新知原理

学习者参与到应用新掌握的知识和技能时，才能够促进学习。

首要教学原理规定了两种需要学习者对内容做出反应的互动：**答问**(Ask，即回忆或识别，recall or recognize）和练习（DO，即应用，apply）。

---

① 卡通图片经 Presentermedia.com 授权。

答问一般信息

互联网上有无数的免费课程。当从手术中恢复时，我在寻找有关疼痛管理的信息，发现了一门影响面非常广泛的课程，图2—3是具有代表性的。这门课程信息丰富，不像其他课程那样没有任何形式的评估或自我练习，这门课程还包括了一些与内容相关的多项选择题和对错题。这张图包含的几个问题，代表了这门课程中包括的问题类型。

注意，这两个问题都要求学习者记住阅读过的信息，要求学习者回忆或识别内容信息元素。许多典型的测试形式，如多项选择题、是非题、简答题和匹配题，往往要求学习者回忆或识别信息元素。

成年人急性疼痛处理
下面这个简略的教学片段来自于在线护理培训课程。第一部分摘录了呈现中的一小片段，主要是对相关程序作出文字说明。在这个教学片段之后，会进行一个小测验，所以，第二部分呈现了几个测验题。该课程的实际教学内容有好几页，测验还包括一些附加问题。实际课程中还包括其他教学方式。

疼痛处理和重新评估

术后疼痛处理，包括与患者进行沟通，应在手术前就完成。

疼痛是一种复杂的主观反应，带有多个可量化特征，包括强度、时程、性质、影响和个人感受。研究表明，在术前向患者提供信息可能有助于减少术后对止痛剂的需求并缩短住院时间。

了解病人疼痛病史

设计疼痛控制策略的早期步骤之一是了解患者的疼痛病史。麻醉师或麻醉护士应该在术前访视时了解病史。在病患与临床医生间建立良好的沟通机制能对疼痛进行准确评估，并对疼痛予以更好控制。

1. 未缓解的疼痛可能会：
◇加速机体组织衰竭
◇持续水肿
◇降低免疫功能
◇以上全部

2. 判断对错：
需在术前开展个人疼痛管理，因为在疼痛形成之前对其加以阻止，将更容易控制疼痛？
◇正确
◇错误

依据某在线课程的原始材料改编。

图2—3 通常使用的"讲解与答问"教学互动形式

对于**首要教学原理**来说，答问几乎总是与一般信息内容元素一起使用，而不是同具体描绘内容元素发生联系。有时，**答问**可以让学习者记住一个特定描述的细节。请注意，虽然这些测试方式常要求学习者回忆或识别信息，但它不是用来决定一个项目是否需要学习者回忆或识别信息内容元素，而是要求他们应用描述内容元素的一般信息。

练习具体描述

练习这一互动方式要求学习者将一般信息应用到具体描述中。**练习**总是与具体描述一起使用的。**首要教学原理**提出了四种**练习**：

1. 识别实例（DOid）——这张图片是针叶松还是阔叶松。

2. 执行实例（DOex）——平衡支票簿。

3. 预测结果（DOcq）——把光圈调到22，这张照片能对焦吗？

4. 发现缺失的或有缺陷的条件（DOcd）——哪些相机设置导致了照片模糊不清？

练习这一互动方式可以通过各种各样的活动来实现，通过特定的内容描述来吸引学习者积极参与学习。**练习**是学习者获得技能所必需的。学习者通过练习来学习，练习时还要有适当的反馈。

反馈

只有当学习者得到内在反馈或矫正性反馈时，从应用中学习才是有效的。

每个学习者都经历过这样的挫折：参加考试，只知道分数，而不知道他们遗漏了什么题目或原因。正确或错误的反馈是第一步，但往往无助于帮助学习者改正错误。更好的反馈是在指出正确和错误的回答之后，向学习者提供信息告诉他们正确的回答，并解释为什么这个回答是正确的或错误的。矫正性反馈是反应之后的信息，指示正确的反应以及为什么它是矫正性反应。矫正性反馈通常对于记忆联想、识别实例和分类概念的技能是足够的，但是对于执行程序或理解过程的技能是不够的。

在计算机时代，我们都已经习惯了对行为作出即时反馈。这种内在反馈能显著提高技能的习得。**内在反馈**是对学习者行为结果的一种描述。内在反馈（因为它是自然发生的活动）是**执行程序**或**理解过程**技能的最佳反馈。

技能类型

当学习者观察将要学习的技能的示证或参与新获得的知识和技能的应用（与所教授的技能类型一致），才能够促进学习。

首要教学原理是基于以下前提的：存在不同类型的技能，对 e^3 教学而言，每种技能的教学需要不同的教学策略（Gagne, 1985; Gagne, Wager, Goals, & Keller, 2005）。如果教学体验不包括最适合获得所需技能的教学策略，那么 e^3 学习就不太可能发生（Merrill et al., 1996）。教学策略的基本架构是一组教学活动，它们适合特定类型的技能并与其相一致。

知识（我们所知道的东西）和技能（我们用自己所知道东西去做事）之间是有区别的。大多数主题内容可以描述为一些基本类型的知识和技能的结合。在这本书中，我用**技能**这个词来指知识和技能的结合。**技能**是解决复杂问题或完成复杂任务所需的一种知识和技能的组合。解决一个复杂的问题或执行一个复杂的程序需要这些不同技能的结合。首要教学原理确定了五种主要的技能类型：记忆联想、识别实例、分类概念、执行程序和理解过程。每一种类型的技能都需要不同的内容信息和描述元素。

记忆联想

当我还是个孩子的时候，我最喜欢的冒险活动就是到离家不远的一个旧磨坊的废墟里去探险。磨坊是由早期摩门教先驱威拉德·理查兹（Willard Richards）于1857年建造的。到了20世纪60年代，在它建成一百多年后，被改造成一个受欢迎的德国餐馆，名为海德堡。该餐馆在1989年关闭。1992年，该建筑被人购买并改建为独栋住宅。

记住这些关于理查兹古堡的信息是一种"记忆联想"技能。此技能的内容元素包括一些对象、活动或过程和特定的相关信息。在这个例子中，对象就是旧磨坊（图2-4），或者说是旧磨坊的一种表征，还有关于犹他州理查兹旧磨坊是谁建的，什么时候建的，后来又发生了什么。对于记忆联想来说，事实是独一无二的，无法作出概括。联想只能被记住；它们不能从定义的属性中派生出来。联想记忆技能就是记忆与对象、活动或过程相关的特定信息。

图 2—4　犹他州理查兹旧磨坊

识别实例

在我家楼上，我建了一条大型铁路模型。我的铁路模型是 20 世纪 30 年代建造的。所以它只能用蒸汽来拉动机车。我经常有机会向游客解释蒸汽机是如何工作的。参观者一般不熟悉产生蒸汽的锅炉，所以，为了解释锅炉是如何发挥作用的，有必要了解蒸汽机的各个部分。图 2—5 是我有时用于解释的一张图。

有两个层次的学习与识别部分技能相关。讲解蒸汽机工作原理的时候，只需要有一张显示各部分的图就足够了。大家没有必要记住所有的部分，因此可以在蒸汽机图上加以辨认；而且永远不会要求他们中的大多数人在一个实际的蒸汽机中识别这些部分。另一方面，一个学习解剖学的人，为了准备成为一名医生，需要学习身体所有骨骼的名称和位置，并能够在另一张图和实际的人体中识别这些身体部位。在这种情况下，部分的位置和部分的外观是将要学习的概念，以便这些部分可以在不同的图表和许多不同的人体中予以识别。

任何特定的对象、活动或过程都可以分为不同部分。识别部分技能是定位和找寻这些部分的能力。这些唯一部分的名称、描述和位置是识别部分技能的内容信息元素。如果某些部分是确定特定对象、活动或流程的类成员关系的定义属性，那么能够识别、定位、描述或命名这些部分是识别类成员关系的必要前提。如果执行程序涉及某些部分，那么能够识别、定位、描述或命名这些部分对于执行程序也是必要的。要识别一个条件或结果，可能需要能够识别和定位条件或结果，以便确定条件或结果是否适合于过程发生。识别部分技能是根据内容项的描述识别和定位不同部分。

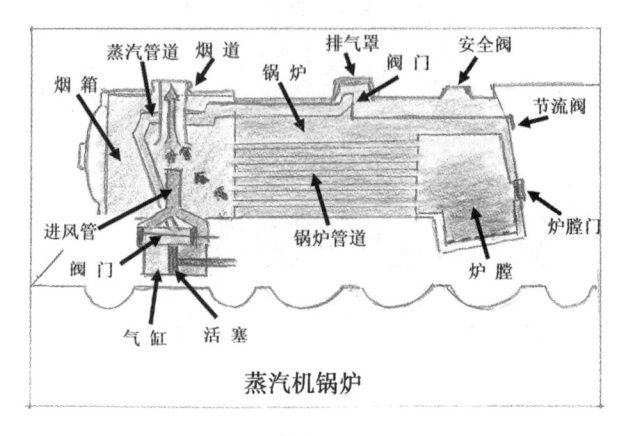

图 2−5　蒸汽机锅炉示意图

分类概念

我有许多不同类型的蒸汽机车模型。20 世纪初，弗雷德里克·麦特万·怀特发明了一种有关蒸汽机车的分类方法。该分类的关键特性是机车的车轮布局。在蒸汽机车上操纵动力轮的人被称为司机。一种火车头的布局是驾驶员在前方是无动力的车轮，或是驾驶员在后方是有动力车轮。车轮的排列由一组数字表示，如 2-8-0，这意味着两个先导轮，每边一个；8 个驱动轮，每边 4 个；没有后轮。2-8-0 的配置被称为整合机车。图 2−6 是我的一辆整合机车，82 号。关于许多不同的整合机车的图片见：https://www.classicstreamliners.com/lo-2-8-0-consolidation.html.

图 2−6　第 82 号 2-8-0 型蒸汽机车

在任何语言中，几乎所有的词，除了专有名词，都是称为**概念**的范畴词。这些概念是执行程序、理解过程或解决复杂问题的基本构件。通过学习从一类对象或活动中识别实例来获取分类概念技能，对于执行程序、理解过程或问题解决是非常重要的。分类概念技能的内容信息元素由**名称**、**属性**（定义）和**实例**组成。概念的示例由确定类成员关系的公共属性予以定义。特定对象、活动或流程类的所有成员共享这些公共属性。**实例**是共享所有公共属性的正例，反例是不共享所有公共属性的实例。学习者所面临的挑战是能够识别出某个概念的实例，哪些是正例，哪些是反例。

分类概念内容通常包含一组并列概念类别，而不是单独的一种。每组并列概念分享同样的属性，但是这些属性的量值却彼此不同使得各个类别成员得以区分。上面机车的例子就是属于并列概念。2-8-0 代表集合机车，0-6-0 代表调车机车，4-4-2 代表大西洋等等。另一个例子是组成并列概念的不同类型的帆船。双桅帆船和单桅帆船很相似。决定帆船类别归属的属性包括：桅杆的数量（属性赋值为 1 或 2）、桅杆的位置（属性赋值为在船尾或在船中间）、最高的桅杆（属性赋值为♯1 或♯2）、帆的数量（属性的值为 1 或＞1），以及舵杆的位置（属性赋值为桅杆在船尾♯2 或者桅杆在船头♯2）。通常分类概念内容需要将对象、活动或过程分类为并列概念或概念类别。

分类概念技能是识别定义内容项的属性。

执行程序

生活中很多时候都需要大量的执行程序技能。作为一个孩子，一个很难掌握的步骤是系鞋带。这些步骤是用正确的方式移动鞋带，这样鞋带就会打结而不会松开。我的牙医经常告诫我要掌握一个更广泛的程序来刷牙和用牙线清洁牙。这些步骤是我如何拿刷子、刷子与牙齿的夹角，以及我刷了多长时间。目的是改变我牙齿的属性，即去除牙菌斑和食物颗粒，防止蛀牙。

记忆信息、识别部分和分类概念都是描述我们环境的方式。**执行程序**技能为学习者提供了在环境中做事的方法。程序是学习者为完成一项任务或完成某一目标而进行的一系列活动，这些活动改变了某一内容的功能或外观。一个程序的内容元素包括一系列要完成的步骤（活动）。

执行程序技能是指参与改变某些内容项的外观或功能的活动。

理解过程

了解蒸汽机的工作原理是一种理解过程的技能。请看图2-7。要使蒸汽推动机车的轮子有几个必要条件。燃烧室里必须有火，锅炉里必须有水，锅炉里的水必须有足够热量才能产生蒸汽。蒸汽聚集在锅炉的顶部和机车的圆顶中，司机打开节流阀允许蒸汽进入管道，蒸汽进入管道后推动活塞靠向一边，然后节流阀打开了另一边的气缸，推动活塞在另一个方向排出蒸汽中的烟雾和废气。活塞与驱动杆相连接，驱动杆带动驱动器转动，这样机车就移动了。

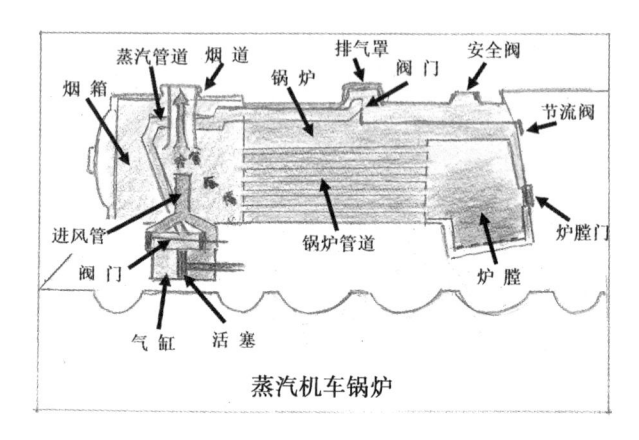

图2-7 蒸汽机车如何产生蒸汽

1. 锅炉里装满了水。
2. 火中的烟和烟雾通过锅炉管道流动。
3. 锅炉管加热水直到产生蒸汽。
4. 司机打开节流阀，使蒸汽流入蒸汽管道。
5. 锅炉阀门允许蒸汽进入锅炉的一侧。
6. 蒸汽推动连接在驱动杆和轮子上的活塞。
7. 汽缸另一边的蒸汽被推到排气管上。
8. 锅炉阀门允许蒸汽进入另一侧，然后重复这个过程。
9. 汽缸排出的蒸汽是产生间隙爆破声的原因。

由于一种情境条件的变化而引起的结果的变化称为过程。**条件**是一种可以假定有不同值的情境的属性。**结果**是情境的一种属性，当条件发生变化时，结果也会发生变化。理解过程技能是能够识别导致结果的条件。在蒸汽锅炉中，一个条件是火，火的热量必须足够高，才能把水烧开。另一种是水的温度必须升高，直到产生蒸汽。还有蒸汽的压力值必须高到足以推动活塞。"理解过程"技能使学习者能够观察到，当所涉及内容的属性值被改变时，从而产生了导致结果的条件（在此例中是轮子的转动推动机车）时发生了什么。"理解过程"技能的内容通常由"如果—那么"命题表示：如果条件为真，那么就会产生一个结果。"理解过程"技能最适用于当内容涉及具有以下性质的过程时：(1) 一系列条件导致某种结果；当条件发生变化时，结果也会发生变化。(2) 条件的变化可以是自然发生的活动，也可以是学习者的某些行为引起的活动。

理解过程的技能是识别条件和过程的最终结果。

记忆联想的教学策略

教学策略是一组引导学习者获得特定技能的教学活动（参见图 2—8）。

讲解 + 示例 + 答问 + 练习 = 教学技能

图 2—8 **教学策略示意图**

记忆联想的示证——著名的总统

您在小学的时候需要记住自己国家的总统吗？我做到了。信件印刷软件 (Letter Press Software) 的工作人员为小学常见的学习任务创建了一系列简明而又简短的课程，著名的总统就是其中之一。这个简短的课程是记忆联想策略的一个很好的例子。

图 2—9 提供一个有关**是什么**组成技能的教学示例，包含了 12 位著名美国总统的信息。每一位总统的教学都包含了四类教学活动：一次**讲解**和三种不同的**答问**互动。三种答问教学活动是随机出现的。其中，呈现（**讲解**）在本教学中被称为"**探究**"，只要学习者需要，他们可以随时核对每位总统的信息，也可以点击返回到任一总统的信息。同时，教学中也列出了每位总统的其他具体信息（只要求了解不要求记住），只不过这些信息不会在练习的时候出现。练习（**答问**）有三种不同的形式：(1) **他是谁**(根据提供的姓名，指出相应的图片)；(2) **他做了些什么**(提供图片，再认相应的成就)；(3) **这是谁做的**(根据提供的事实，再认总统的名字)。学习者回答之后出示正确的答案（**正确的答案反馈**）。练习时要**避免**

序列线索：每次练习中的内容都要随机出现。如果学习者要重复练习同一内容的时候，每次的内容都应该以不同的顺序出现。**掌握程度**则是对学习者每次练习的分数进行记录，同时要这样鼓励学习者："认真检查，争取每次都能拿满分。"

这个简短的课程是记忆联想教学策略的一个很好的案例。本课是记忆联想教学的一个单独例子。在很多情况下，联想记忆技能是一种解决较复杂问题的技能。

	著名的美国总统
	以下内容是有关**"记忆一般信息"**教学示例，用于让学习者了解一些有关美国总统的概况。示证新知部分先出示一张总统的照片，并讲解其任期及其主要成就，还包括其他的一些事实。接下来进行三种不同形式的练习：姓名与图片配对，姓名与主要成就配对，将给出的有关总统的事实与姓名配对。
呈现	乔治·华盛顿，作为美国的第一任总统选举时全票通过，任期为 1789 年到 1797 年。 这位总统拒绝了世袭的君主制，开创了选举的总统制，并且全票通过当选为美国第一任总统。他成立了第一届总统内阁，通过了《权利法案》，也是美国独立战争时期的主将。
练习	下面哪幅图是詹姆斯·门罗？   
练习	下列哪一点是詹姆斯·门罗的最著名成就？ 1. 作为美国的第一届全票通过的总统 2. 确立了"门罗主义" 3. 任职期间股票市场崩溃 4. 是第一个获得诺贝尔和平奖的人
练习	下面的介绍来自于哪一位总统？ 这位总统是一个发明家、政治家、自然主义者、音乐家、会说六种语言，并且起草了《独立宣言》。他在总统选举的时候，是被众议院第一个投票确定的总统。他发起了刘易斯和克拉克远征考察活动，并且负责路易斯安那购地案。 A. 乔治·华盛顿 B. 詹姆斯·罗门 C. 伍德罗·威尔逊 D. 托马斯·杰弗逊

版权属于 Download Learning Inc.，使用已经授权。

图 2—9　记忆联想的示证——著名的总统

记忆联想的教学策略

e^3 教学所要求的记忆联想的教学策略包括：讲解名称和相关信息，并答问名称和相关信息（参见图2—10）。

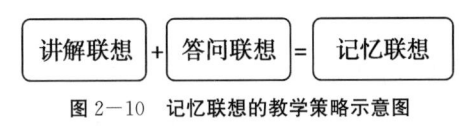

$$\boxed{\text{讲解联想}} + \boxed{\text{答问联想}} = \boxed{\text{记忆联想}}$$

图2—10 记忆联想的教学策略示意图

记忆联想技能需要以下内容元素：信息的**名称**、与名称关联的**信息**以及与名称关联的任何**图示信息**。在"著名的总统"课的内容元素是：总统的姓名、照片、任期和成就。记忆联想是每一种技能的组成部分，但这一内容的属性因每种技能不同而不同。记忆联想技能所需的内容信息具有以下属性：信息与特定的单个实体、活动或过程相关联，无法作出概括。**记忆联想**技能通常不是课程的主要目标，但可能起辅助作用。对于**分类概念**技能来说，了解与特定实体、活动或过程的记忆联想可能是识别的必要条件。对于**执行程序**技能，了解步骤的**记忆联想**对于能够在特定程序中执行步骤可能是必要的。对于**理解过程**技能来说，记住一个条件的联想可能是必要的，以识别特定过程中条件的充分性。

做到以下几个方面时，可以增强记忆联想：

1. 其他类型的教学策略，如**分类概念**、**执行程序**、**理解过程**等策略实际运用时，学习者也需要记忆联想作辅助。

2. 在该教学允许学习者**探究**一些项目时，应允许控制要观察的项目，并允许学习者**重复**示证。

3. 当出现令人感兴趣的信息时，应该告诉学习者这只是为了感兴趣，不要求他们去记住这些信息。

4. 有时给学习者提供**助记符**来帮助记忆信息是有益的。助记符是一种帮助学习者记住联想的记忆辅助工具。演示也应该让学习者清楚地了解信息的上下文。上面这节课（图2—9）没有使用助记符。

5. 有效的**记忆联想**练习要求**立即**作出反应，很少或没有延迟反应。

6. 如果学习者每次练习时都与自己竞争以获得更高的分数，他们就会有更大的动力去练习直到掌握为止。

7. 重复练习时应该通过使用随机顺序来**避免序列线索**。当序列不是教学本身的目标时，**序列线索**表示总是以相同的顺序显示条目。

8. 无论是正确的回答还是错误的回答，都应该立即向学习者提供**正确答案的反馈**。

识别部分的教学策略

识别部分的示证——犹他州的县区分布

我记得当我还是小学生的时候，我们学习了自己所居住的州的各种知识。我还记得我试着去了解犹他州所有的县。也许您也有一个类似的任务来熟悉自己的居住地。这是 Letter Press Software 开发的又一节短课。图 2—11 所示的记忆部分说明是关于犹他州 29 个县的情况。示例包括一张州（全州）地图，每个县都有轮廓，并用不同的颜色显示（部分）。29 个县中每一个县都有 5 项教学活动：示例/讲解和四种类型的答问。向学习者示例/讲解的手段是将鼠标放在州地图上的某个县图片上，了解其为之探索每个县（**示例位置**）。然后，向学习者讲解县的名称、县城、人口和县的简要情况（**讲解名称和信息**）。学习者可以在这个展示模式下尽可能多地探索不同的县。这节短课也包括两到三段关于整个州的信息，但不要求学习者记住这些信息。**避免位置线索**：当学习者指向一个县时，它会在地图上高亮显示，但是这个县的记忆联想总是出现在地图旁边的面板上，每个县都在同一个位置。一共有 29 个县，如果要求学习者一次只学习几个县（组块），而不是同时学习所有的县，那么教学效果可能会更好。

图 2—11 的第三行和第四行所示，有四种不同类型的应用程序或**答问**：（1）识别高亮显示的县的名称（给出位置，识别名称）；（2）指出与描述相匹配的县（给出部分信息，找到其位置）；（3）指定某个县，说出其名称（给出部分的信息，找到它在整体中的位置）；（4）给出县的某个地方，说出其位置（给出某部分的位置，识别该部分的一些信息）。这些类型的应用程序可以通过让学习者认识名称、县所在地和县的有些特定位置等来组合。**反馈**：如果学习者说错了，要告知他们正确的位置或信息。**重复**：学习者也可以根据自己的需要练习任何一种不同的练习模式。**随机顺序**：每次学习者练习时，项目的顺序是不同的。**评分要求**：鼓励学习者在每个小测验中获得满分的成绩。

这节课要记住的部分是一系列的联想记忆技巧，每个县一个技能。在许多情况下，要识别的每个部分都需要分类概念技能。

犹他州
下面设计的内容是要求学习者了解犹他州的各个县区

	喀什 位置：洛根 人口（2000）：91,391 犹他州立大学所在地，也是犹他州最大的奶制品生产基地。
在地图上高亮显示的是哪个县区？ 　A. 派尤特 　B. 萨米特 　C. 摩根 　D. 达盖特 　E. 加菲尔得 当学习者点击其中一个县区时要进行反馈，而不是仅给出答案：错误！地图上高亮显示的地方是萨米特县。	在地图上指出以下文字中描述的县区。 几十年来，帕克城（犹他州的一个城市）一直处在变成废墟的边缘，该地区崎岖的地形和厚厚的积雪使其重获新生，成为冬季运动中心。 当学习者点击了正确的县区，给予反馈：正确！萨米特是正确答案！
指向里奇县： 当学习者点击另外一个非正确答案的县时，进行反馈：错误！然后在地图上高亮显示里奇县。	喀什县的政府所在地在哪？ 　A. 洛根 　B. 摩崖 　C. 纳布 　D. 章克申 当学习者点击到正确的城市名称时，进行反馈：正确！洛根是喀什县的政府所在地。
版权属于 Download Learning Inc.，使用已经授权。

图 2—11　识别部分的示证——犹他州的县区分布

识别部分的教学策略

识别部分的教学策略包括：展示物体或活动，展示每个部分的位置，讲解名称和相关信息；答问名称、关联信息和/或位置（如图 2—12 所示）。

$$\boxed{\text{讲解名称}} + \boxed{\text{示例位置}} + \boxed{\text{答问名称/位置}} = \boxed{\text{记住部分}}$$

图 2—12 识别部分的教学策略示意图

识别部分技能涉及各种联系，需要以下内容元素：（1）整个对象或系统的**图示**；（2）每个部分的**位置指示**；（3）每个部分的**名称**；（4）与每个部分相关的**信息**。大多数实体、活动或流程可以划分为多个部分。**识别部分**技能几乎与任何实体、活动或过程相关联。识别部分技能所需的内容具有以下属性：要记住的部分的名称、位置和描述与单个特定实体、活动或过程相关联，这些都无法作出概括。与**记忆联想**技能一样，**识别部分**技能通常不是课程的主要目标，但也可能扮演支持角色。

在这个例子中，要记住的部分涉及记住每个部分的联系。通常要记住的部分是概念。学习身体的肌肉可能是按摩理疗师需要的一种识别部分技能。除了学习每一块肌肉的名称和位置之外，用心的理疗师还必须学习在显示与他们所训练的肌肉不同的图示时识别给定的肌肉，还必须学习识别出现在不同人体中的每一块肌肉。如下面所述，识别部分如果是一个概念，那就不仅需要部分的名称和位置，还需要用于标识每一块肌肉的属性。理疗师必须有机会在几个不同的图示中以及在几个不同的人体中识别肌肉。对于**分类概念**技能来说，了解各个部分可能是一个特定实体、活动或过程的基本属性。对于**执行程序**技能来说，了解特定程序中执行步骤的各个部分可能是必要的。对于**理解过程**技能来说，了解各个部分可能是必要的，以确保具体过程中条件的充分性。

在以下情况时，识别部分的教学策略得到增强：

1. 只有当学习者指向或点击某个部分确保能予以关注该部分时，才弹出名称和描述。

2. 只有在突出显示某一部分时，才在其位置旁出现标签，防止学习者只记住标签的位置，而没有记住部分的位置。

3. 要求学习者立即作出反应，尽量减少延误活动或没有延误。

4. 正确答案的反馈在指出每个回答正确与否后才提供。
5. 各个部分以随机顺序显示,以防止学习者仅仅按照某个序列死记硬背。
6. 合格成绩的标准是100%正确,只包括学习者必须知道的部分。
7. 备有替换的案例,当学习者遗漏了某个部分,就把它放回序列中再试一次。
8. 部分应分成7个或少于7个一组。

分类概念的教学策略

分类概念策略的示证——三分构图法

在我的教学设计课程中,学生项目最常用的内容之一是"摄影技能"。正是通过这些学生项目,我了解了三分构图法。在准备这本书的展示课时,我开始检查自己的照片,看看自己是从什么时候开始或是否使用了这种构图技能。这个简短的片段是我的摄影实例,用来说明三分构图法。这是分类概念教学策略的一个很好的例子。图2—13告诉我们三分构图法的构图原理。该部分的教学策略包括以下教学活动:**讲解特征**(第1行);展示匹配的正例/反例(第2、3、4行);要求学习者确认未曾见过照片是否采用了三分构图法(第5和6行)。在第2和3行,**提高注意力**的指导①采用了图表的形式,用于帮助学习者注意力集中在感兴趣图片的关键位置与边框关系。第4行是一组**不同的**例子,使用的是风景照片而不是人像。将三分构图法应用于风景比人像更难。此时注意力聚焦指导不太明显,先提供一些说明,然后建议学习者点击查看网格线。

第5行和第6行中出现了**未曾见过**的全新照片,内容各不相同,有些是人像,有些是风景,有些是既有风景又有人像。先让学习者选出哪些照片应用了"三分构图法",并说明理由。回答之后,教师可以通过覆盖网格线来进行**反馈**。第5行中的说明可以用来**辅导**②学习者,在回答前通过点击照片以查看网格线。在接下来的应用中,就撤除了这种辅导方法。在第6行照片中,学习者回答之后再显示网格,这就提供了**反馈**。图2—13中的实例贯彻了**分类概念**的 e^3 教学策略提出的大部分建议。

---

① 参见第5章有关提高注意力指导和不同实例的讨论。
② 参见第5章有关辅导的讨论。

拍摄专业照片——"三分构图法"		
	以下内容来自于摄影课程的**分类概念**教学片段，待学的**概念**是一种被称为"三分构图法"的构图原理。该教学片段包括定义（属性列表）、正例和反例以及应用，应用过程即要求学习者识别采用该原理拍摄出来的照片。		
1. 属性	"三分构图法" 　　"三分构图法"是将取景均匀地横竖分成三块，形成一个井字虚拟格。将感兴趣的拍摄对象安排在交叉点上，会使照片更有趣味性且更专业。	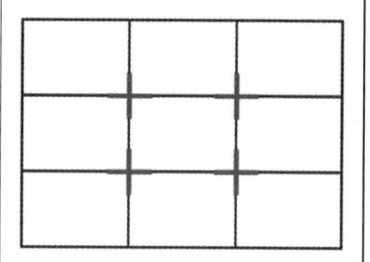
2. 正例和反例	"三分构图法"的应用 　　在人物照中，兴趣点是人的眼睛。 　　如果没有应用"三分构图法"，那么人物看起来会很呆滞，看照片的人很难决定要聚焦到哪一点（如第一张照片）。 　　第二张照片则是很好地应用了"三分构图法"，交叉线刚好落在姑娘的眼睛上。	 

3. 正例和反例	点击照片以查看网格线 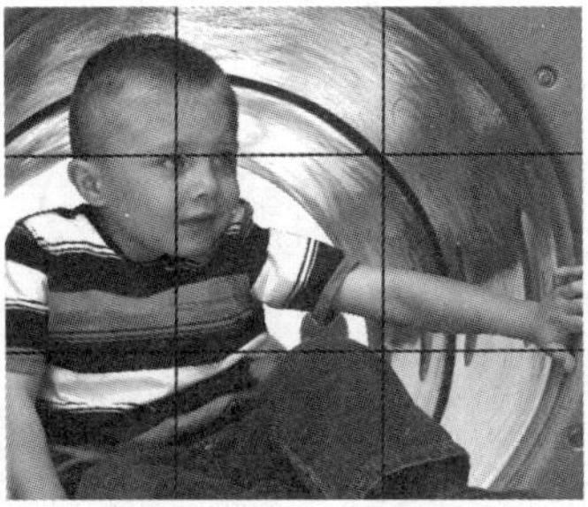 
4. 正例和反例	在下面每组图中,哪一幅是最有趣的?为什么? 没有运用"三分构图法",兴趣点不在线条交叉处。  　　运用"三分构图法",岩石和大树就成了兴趣点,有助于吸引观众的注意。  
	点击照片以查看网格线

第二章　教学策略:示证新知原理和应用新知原理

36　首要教学原理

5. 应用	下面哪一张照片正确地使用了"三分构图法"？请说明理由。如果需要，点击照片以查看网格线。    
6. 应用	下面哪张照片使用了"三分构图法"？请说明理由。     反馈：在您回答之后，点击照片以查看网格线。

本课由作者原创。

图 2-13　分类概念的示证——摄影"三分构图法"

分类概念的教学策略

分类概念的 e³ 教学策略的教学活动包括：**讲解**名称和定义属性、展示正例和反例以及识别实例是否属于该概念类别。在分类概念任务中，经常使用答问定义，但这样做不能代替识别正例和反例，因此我们认为这个教学活动作为分类概念的教学策略来说是备选的，见图 2-14。

| 讲解属性 | + | 展示实例 | + | 答问属性 | + | 识别实例 | = | 分类概念 |

图 2-14　分类概念的教学策略示意图

在任何语言中，几乎所有的词，除了专有名词，都是称为**概念**的范畴词。这些概念是解决复杂问题的基本构件。通过学习从一类对象或活动中识别实例来获得**分类概念**技能对于解决复杂问题非常重要。分类概念技能的内容包括：(1) 类别**名称**；(2) 决定类别成员的**区分属性**及其值（定义）的列表；(3) 正在教授的对象、符号或活动类的一组**实例**，包括展示区分属性值的图示或描述。定义**属性**是由类别成员共享的给定类别的对象、活动或过程的特征或属性。给定的属性可能有不同的值。如果大小是一个属性，那么它的值可以大也可以小；如果颜色是属性，那么它的值可能是红色或绿色。一个或多个属性的值，决定了某个实例是否属于该类别。概念内容可以是具体对象，也可以是符号对象。**分类概念**技能是**执行程序**和**理解过程**技能的基石。

执行程序的教学策略

执行程序策略示证——电子表格

在互联网让函授课程淘汰之前，我曾有机会在一家销售函授课程的大公司担任咨询工作。联邦通信委员会规定，如果一个学习者注册了一门课程，然后放弃了，那么公司必须退还注册费。该注册费与他们完成的课程数量成比例。在这一规定生效之前，公司可以保留这笔钱，但现在他们面临着确保学习者不会退课的压力。下面是我们帮助他们开发的课程。

图 2-15 展示的是有关电子表格入门课程的若干教学活动。在教学活动中的具体描述中运用的是通用型电子表格，只教授基本公式，不介绍类似 Excel 这样

复杂的真实表格。第 1 行展示了教学任务的第一个例子——销售表。每一行都介绍了不同的教学任务,而且每行任务的难度是递增的:第 2 行是关于支票登记表;第 3 行是关于降雨量表;第 4 行是关于工资支付表;第 5 行是关于项目成本和工资表。第一个问题中具体描述的教学活动包括:**讲解—示例**问题;**讲解—示例**第一步并提供个别按键来指导学习者完成第一步,"点击 D3,输入=B3*C3";第二步的操作同上;以同样方法完成其他各个步骤,最后以结果的总数($157.05)的形式提供内在反馈并鼓励学习者自己检查(确实有用吗)。第一个问题是对加法运算的步骤进行示证,包括个别按键的指导,不过还是要让学习者进行实际操作。

使用电子表格

以下教学活动是来自电子表格入门课程。在本课中教授的是电子表格的基础功能而不是像 Excel 那样有专门功能和快捷功能的商业电子表格。而且电子表格是可以拆分的,其中的指导语能够引导学习者参与到实际计算中。

问题 1:销售总额

确定各项商品的总销售量然后再把所有的销售总额相加。

步骤 1:把物体的数量与单价相乘

　　点击 D3,输入=B3 * C3
　　点击 D4,输入=B4 * C4
　　相同步骤完成 D5 和 D6

不要忘记输入"="符号,这个符号表明了您在单元格内输入的是公式计算而不是数字或字母。把单元格的地址(在单元格中输入的数字)代入该公式中,这样您在第二天使用同一张表格的时候,就只要变化一下单元格中的数字就行了,而不需要改变整个公式。

步骤 2:把所有出售的数量都相加起来

　　点击 D7,输入=总和(D3:D6)

"总额"功能表明了您要把圆括号内单元格中的数量都加起来。D3 和 D6 之间的冒号则表明了您要把这两个单元格之间的所有数字相加。不要忘记添加圆括号。

总额应该是 $157.05,算出来了吗?

	A	B	C	D
1		销售清单		
2	品名	货号	单价	总额
3	三明治	23	$3.75	
4	饮料	32	$1.25	
5	土豆片	17	$0.75	
6	饼干	19	$0.95	
7			总额	

问题2：支票登记

列出账户中余额，核对支票本上的每一笔支出。

步骤1：从账户中扣除支票的数目，输入账户余额

点击 D4，输入＝D3－C4

您只要点击单元格就等于直接输入单元格地址，不用打字输入。

点击 D5，输入"＝"符号；点击 D4；输入"－"号；点击 C5。然后在 D5 的单元格中就输入了公式"＝D4－C5"。

在 D6 的单元格中输入"＝D5－C6"。

在 D7 和 D8 的单元格中输入相应的公式。

最后您在 D8 里得到的余额应该是 $2,712.39。算出来了吗？

	A	B	C	D
1	支票登记			
2	支出项目	编号	金额	支票余额
3	存款金额			$3,650.00
4	电费	231	$32.63	
5	电话费	232	$48.12	
6	网络电视	233	$49.65	
7	食品杂物	234	$49.65	
8	租金	235	$750.00	

问题3：每月的降雨量

以两个月为一个时间段，确定每个时间段在年降雨量中的百分比。

步骤1：确定年度总降雨量

G3 是把 6 个时间段相加得到数量。

步骤2：确定每两个月占全年总降雨量的百分比。将每两个月的降雨量除以全年降雨量。

点击 A4，输入＝A3/G3

点击 B4，输入＝B3/G3

同理完成 C4 到 F4

步骤3：核对结果，把每个时段的百分比相加等于 100%。

点击 G4，把从 A4 到 F4 中的百分比相加。

结果是 100% 吗？

	A	B	C	D	E	F	G
1	降雨量（月份）						
2	1—2月	3—4月	5—6月	7—8月	9—10月	11—12月	总计
3	4.3	6.2	5.1	1.2	2.8	4.1	
4							

问题 4：工资支付单

◇D 栏确定付给每个雇员的工资。

◇第 8 行确定全部雇员的工资总额，总的工作时间以及实际要付给全部雇员的工资总额。

◇第 9 行是全部雇员单位时间的平均工资，平均工作时间及平均的工资总额，即工资总额除以雇员人数。

◇D9 中最后得出每个雇员的平均工资数是 $303.59。您算对了吗？

◇在您提交了结果之后，会得到一份完整的电子表格复件。

	A	B	C	D
1	姓名	工资	小时	数量
2	约瑟	$7.35	23.0	
3	艾伯特	$7.65	19.0	
4	乔安妮	$8.95	31.0	
5	藤原浩	$9.12	19.0	
6	艾丽西亚	$15.34	40.0	
7	吉姆	$12.30	36.0	
8	总计			
9	平均			

问题 5：项目成本和工资

顾客想知道每个项目完成的时间和所需成本。但是员工都同时在做多个项目，所以他们在不同项目上的工作时间以及工资必须分别列出。

◇第 9 行：每个员工的工资总额。

◇第 F 列：每个项目的所需总时间（小时）。

◇第 G 列：每个项目的成本。该项目中每个员工的工作时间乘以每小时工资，然后把 G 列中每格的数字相加。

◇G9 格（第 G 列 9 行）：给所有员工付的所有项目的工资总和。

◇G10 格（第 G 列 10 行）：检查在第 9 行算出的工资总和。G9 格里的数字应该和 G10 格是相同的。这个数字应当是 7189.90 美元。您算对了吗？

◇在提交完成的结果后，您会获得这份电子表格的完整版。

	A	B	C	D	E	F	G
1				项目成本与工资			
2		杰克	赛丽	德翁	陈	小时	成本
3	工资/小时	$23.45	$26.87	$53.40	$62.98		
4	项目 1	10.3		24			
5	项目 2	5.1	6.4		31		
6	项目 3		15.2		29		
7	项目 4	4.6	8.4	16			
8	总计小时						
9	总计工资						
10							

本课为作者原创。

图 2—15　执行程序的示证——电子表格

第二个问题的教学活动包括：**讲解**问题；**讲解**步骤 1 并辅以按键指导；**讲解**输入公式时的其他方法；以计算最终余额的形式为学习者提供内在**反馈**。而且第二个问题也使用了减法运算和逐笔结记余额制来示证相似步骤。

第三个问题的教学活动包括：**讲解**问题；**讲解**步骤 1 但不提供按键指导；**练习**步骤 1；**讲解**步骤 2，同时运用了个别按键辅导和除法运算法则；**练习**步骤 2；提供**内在反馈**，指出最后所有的百分比相加刚好得到 100%。第三个问题是示证新知与应用新知的结合，它既给学习者提供了各种不同的公式，也要求他们应用自己已学的内容。

第四个问题的教学活动包括：**讲解**问题及必要信息；**练习**问题；算出 D9 中的数据作为内在反馈；在他们完成作业后提供一份需要补全的表格作为外在反馈。第 4 个问题是内外反馈的应用。

第五个问题的教学活动包括：**讲解**问题及必要信息；**练习**问题；提供内在反馈和外在反馈。第五个问题是本模块内容的应用。

您应该注意的是在这五个问题中，指导与帮助是如何慢慢撤除的，还有当得出不同结论时，怎样提供信息来进行内在反馈从而帮助学习者自己检查作业。这是关于**执行程序**技能 e^3 教学的一个出色实例。

执行程序的教学策略

执行程序教学策略的教学活动包括以下几个方面：**示例**有待完成的程序的具体实例，**讲解**完成程序所需要的步骤和**执行序列**。**展示**每个步骤的执行情况。如图 2—16 所示，有时要求学习者记住步骤和顺序，这是**执行程序**教学策略中的备选的教学活动。

讲解步骤/顺序 + 展示步骤/顺序 + 答问步骤/顺序 + 执行步骤 = 执行程序

图 2—16　**执行程序教学策略示意图**

如果在描述特定步骤时，教学同时在任务的具体描述中展示了执行该步骤的结果，那么学习就能得到最好的促进。一种方法是教师为学习者执行每一个步骤，同时引导学习者注意正在发生的行为和这个行为的后果。**指导**[①]是用来引导

[①] 第五章将对指导作更充分讨论。

学习者的注意力，聚焦到正在执行步骤的名称、任务的相关部分、正在发生的行动，以及这一行动的后果。然而，如果可能的话，最好的示证是让学习者按照真实任务或模拟任务中所描述的步骤去做。这样做的好处是让学习者的注意力集中在与任务相关的部分上，实际去做与这部分相关的事情。如果这个实际操作的示证是针对任务的真实实例或模拟任务进行的，那么其优势是可以立即向学习者展示其行动的结果；还可以允许学习者在完成这个任务时，探索当他们没有执行正确的步骤时会发生什么。如果任务比较复杂，则要重复示证该任务的几个新实例。

要求学习者在**未遇到过的**真实或模拟的任务具体描述中执行每一个步骤。一个适当的应用程序是要完成整个任务。对于复杂的任务，有许多步骤要完成或会出现一些困难的步骤，应用程序应该从指导性练习转移到不带任何指导的完整任务。如果不能使用实际的设备或系统执行任务，那么学习者应该有机会在一个探索性环境或模拟设备或系统进行练习。模拟应该允许学习者以一种类似于用实际设备或系统做程序的方式执行任务。功能上的保真度，也就是行为上的真实性，比外观保真度更重要。外观保真度只是看起来像真的，实际上并非如此。当学习者看到自己行为的结果时，这种**内在反馈**是最有效的，但**外在反馈**(告诉学习者一个或一组行为的恰当性)也有其用处。有时，让学习者把步骤和顺序作为单独的教学活动来记住是有帮助的，但由于这是备选而非必选，所以我们用虚线表示这个教学活动。

理解过程的教学策略
理解过程示证——摄影曝光

我的一个学生米卡·默多克（Micha Murdock），在摄影课程中准备了一段关于摄影曝光的精彩片段（图2—17）。这是理解过程教学策略的一个很好的例子。这个过程就是一张照片的曝光。图2—17（1）第3行所示的条件（四个变量），用如下几张图来做具体说明：光圈［图2—17（2）］、快门速度［图2—17（3）］、感光度［图2—17（4）］和白平衡［图2—17（5）］。每个条件都有定义、解释和说明。其结果就决定了照片的质量。这些条件中的一个或多个值的变化会影响结果或生成的照片。

1	定义：曝光是指所有穿过镜头投射到胶片上的光的总量。曝光量决定了一个图像的许多特质。 关于控制取景曝光的重要因素，下列投影片提供了一些实例。
2	首先，让我们看一看您已经知道了哪些有关曝光的知识？ 这里有一个图像的实例，很多人认为这是一张曝光很好的照片。运用已有的知识，说说哪些理由让您认为这是一张曝光很好的照片。 参考答案： 图像的色彩明亮、鲜艳； 图像的明暗对比度很合适； 图像中的主体对焦良好，背景则相对虚化，特别能够吸引观看者； 看起来像是在蝴蝶运动时抓拍的。
3	**曝光四要素** 在拍摄人像或景物时，多种要素综合在一起决定了图像的质量。其中一个最重要的要素就是曝光。我们首先需要深入理解影响曝光的四个具体变量，在不同的灯光条件下，看这些变量如何在创作优秀的摄影作品时发挥作用。这四个变量是： 1. 光圈； 2. 快门速度； 3. 感光度； 4. 白平衡。

图 2—17 (1)　摄影曝光四要素

4	**曝光定义如前述** 　　光圈：用镜头内的开孔来减缓进入镜头的光量。 　　快门速度：相机的内在机制，能够控制允许到达照相机传感器或胶片的光的总量。 　　感光度：照相机传感器的相对光敏度的测量。 　　白平衡：相对于纯白色，不同光源的色彩在图像中显示出的色差。
	光圈 　　光圈通过缩小或扩大镜头内部的孔状光栅，能够控制到达传感器的通光量。 　　光圈也同样会对照片的景深产生影响。景深是能够取得清晰成像的焦点前后距离范围。一般而言，光圈越小，景深越深。
5	**光圈的作用** 　　虽然两张口香糖机的图片看起来总体曝光是一样的，但是它们之间存在一个主要的差异。左边的图片使用了较大的光圈。这对图像产生了如下影响： 　　光圈较小意味着镜头的开孔越小，因此，这就需要更长的时间积聚等量的光来达到理想的曝光效果（光圈级数越大，光圈就越小）。 　　左边的图片的背景比右边的图片更模糊。这就意味着图像的景深较浅。光圈越大（左边的图片）景深越浅。 　　在本例中，两张图片的曝光都是恰当的，因为光圈更大的图片通过降低快门速度而得到了补偿。 光圈：f5.6　　　光圈：f25 快门速度：1/16秒　　快门速度：1.3秒 感光度：100　　　感光度：100 白平衡：自动　　　白平衡：自动

图 2—17（2）　　摄影曝光：光圈

6	**快门速度** 　　快门速度用来调节快门曝光传感器的速度。我们可以通过调解快门速度控制到达传感器或胶卷的光量。 　　以右图为例，图片中使用了一个迅疾的快门速度来创造定格动画的效果。照相机只用了很短的时间曝光来捕捉图像，使得摄影师能够抓住冲浪运动员的清晰而聚焦的瞬间动作，看起来像在半空中静止一样。 　　以右图为例，快门时间较长，使得行驶中的火车变得模糊。这种技巧可以用来营造一种运动的感觉或时间感。
7	**快门速度的作用** 　　在本例中，除了感光度以外所有的条件都是相同的，我们可以看到右边的图片严重的曝光不足。然而，这并不是因为光圈或快门速度所导致的。 　　在本例中，我们可以看到左边图片的感光度已经设置到最大，而右边图片的感光度设置则是最小值。 　　调整感光度较为容易，但是却可能会牺牲照片的画质。 光圈：f13　　　　　　光圈：f13 快门速度：1/40 秒　　快门速度：1/250 秒 感光度：100　　　　　感光度：100 白平衡：自动　　　　　白平衡：自动

图 2—17（3）　　摄影曝光：快门速度

8	**感光度** 　　请记住，感光度是用来调节照相机对光的敏感度的装置。在胶卷照相机中，感光度完全是由所用的胶卷所决定的。如果您想改变照片的感光度，则必须更换胶卷。幸运的是，在数码相机中，可以通过简单地调节照相机的相关设置来调整感光度。 　　调整感光度的主要原因是在光照不足的条件下提升照相机合理曝光的能力。 　　调整感光度的缺点是它会对照片的画质产生影响。感光度调整过高会在图片上产生"噪点"或颗粒。结果就是图片放大有困难，因为放大后只会加粗颗粒感。
9	**感光度的作用** 　　在本例中，除了感光度以外所有的条件都是相同的，我们可以看到右边的图片严重的曝光不足。然而，这并不是因为光圈或快门速度所导致的。 　　在本例中，我们可以看到左边图片的感光度已经设置到最大，而右边图片的感光度设置则是最小值。 　　调整感光度较为容易，但是却可能会牺牲照片的画质。	光圈：f5.0 快门速度：1/10 秒 感光度：1600 白平衡：自动	光圈：f5.0 快门速度：1/10 秒 感光度：100 白平衡：自动

　　　　　　图 2—17（4）　　摄影曝光：感光度

第二章　教学策略：示证新知原理和应用新知原理　　47

10	**白平衡** 　　不管您信不信，白色系的确也分很多种类。至少从您的照相机中就可以看到这些差别。右边是一组说服力很强的实例，表示白色系的种类。调整白平衡可以改善曝光，使图片表现出不同的氛围或感觉。	自动白平衡　日光　阴影 多云　荧光　白炽灯
11	**白平衡的作用** 　　由于光照颜色的不同，白色本身也可以千变万化。这里有一个很好的例子来展示这种变化。为了补偿白色的色差，大部分的数码相机都有白平衡设置。 　　在本例中我们可以看到一个白色的电话机在四种不同的白平衡设置条件下如何变换颜色。这里唯一真正改变的要素是不同的色温条件下照相机如何反映真实的白色。每一张图片的白平衡设置都已经标识出来。 　　这些图片都是在一个主要由自然光照的屋子里拍摄的，因此第一张图片（自动白平衡）和第四张图片（自然光）的曝光最恰当的。 　　其他设置 　　光圈：f5.0 　　快门速度：1/12 秒 　　感光度：400	自动　荧光 白炽灯　自然光

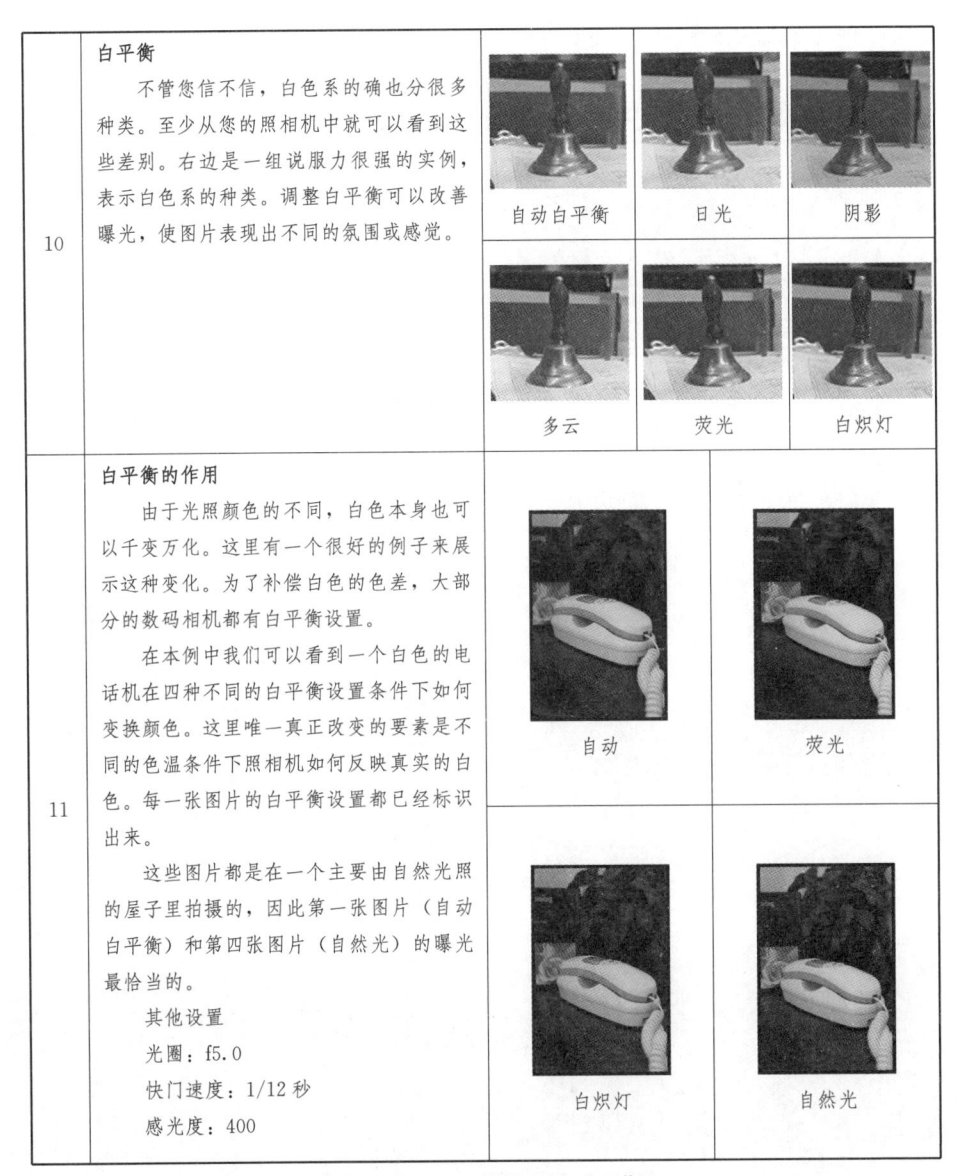

图 2—17（5）　　摄影曝光：白平衡

应用程序在图 2—17（6）第 12 行启动。第 13 行第一个应用程序项目要求学习者根据结果确定给定条件的值。第 14 行给出了一个不合适的结果，要求学习者确定导致这个结果的错误条件，并指出这些条件的值必须如何改变才能得到想要的结果。

12	**尝试练习** 现在我们已经了解了影响曝光的四个要素的特性，让我们来做一些练习。 在下面的投影片里将呈现一组图片。请观察这些图片，考虑如何调整相关设置能够改进曝光水平，或者判断所呈现的照片效果是在什么样的条件下实现的。 首先阅读图片的说明，了解摄像者做了什么或者意图，并写下您的答案。当您写下了这些答案，就可以按下按钮查看参考答案。
13	这张图片是在一天正午阳光充沛的时候所拍摄的，也是体现"动画定格"技术较好的实例。如果您要复制这样一张图片并且要减少物体快速运动时的模糊感，您会如何进行曝光设置？ 
14	吉尔的床头柜有一大束鲜花。这是丈夫给她的惊喜，因此她想在这些花枯萎之前拍个照留念，放在16×20海报大小的相框里。但是照片的曝光效果很差，真是令人扫兴。想一想，要如何调整才能有充分的曝光，让图片上的花朵更加明艳通透。 
15	在徒步旅行时偶遇了一条美丽的山涧，流水注入生机，川溪焕发活力，我希望捕捉这一美好的景色。当我看到这张图片时备感振奋，明晰醒目的树枝勾勒了图片的边框，水波温婉丝滑。什么样的曝光设置可以达到这样的效果？ （提示：您可能需要一个三脚架。） 

图 2—17（6） 摄影曝光：尝试练习

图2—17 (7) 第16行给出了一幅带有期望结果的图片，要求学习者指出导致这个期望结果的条件的值。第17行在一个困难的情况下提出了一个不受欢迎的结果，要求学习者指出适当的条件值，以纠正在这个结果中观察到的问题。

16	我想记录令人惊叹的日落美景，希望确保照片总能看到山脉和绿色的草地。但是我发现，如果对太阳进行恰当的曝光以后，前景就变得很暗，如果对前景进行了恰当的曝光，太阳就过度曝光了，这时候该怎么办呢？ **参考答案** 　　如上所述，这是一个非常难处理的情况。大部分摄影师经常要做的一件事就是做出选择。拍摄时希望在图片中更多地展示晚霞染红的天空还是交相辉映的前景，只能两者选一。 　　还有另一种选择，就是等到太阳完全落山后再拍摄。这样尤其可以减少过度曝光的概率。 　　最后，您可以预先调节白平衡到多云或阴影的状态（如果可以的话），这样可以对阳光进行准确的曝光。
17	**恭喜您** 　　您已经完成了有关曝光的课程。 　　学的不错，希望您在今后拍摄中能够合理利用曝光。

图 2—17（7）　摄影曝光：有期望结果的图片

学生项目，米卡·默多克（Micah Murdock），犹他州立大学。

理解过程的教学策略

　　理解过程技能包含以下内容元素：(1) **过程**适用的特定情况（**问题**）；(2) 过程的**名称**；(3) 导致后果的一组**条件**；(4) 条件造成的**结果**。**理解过程**技能让学习者能够理解自己所处的环境，这是问题解决的主要组成部分。**理解过程**技能的内容通常由"如果—那么"命题表示：如果条件为真，那么就会产生一个结果。**条件**是一种情境的属性，可以假定不同的值。**结果**是情境的一种属性，当条件发生变化时，情境也会发生变化。由于一种情形条件的变化而引起的结果的变化称为**过程**。**理解过程**技能最适用于当内容涉及具有以下性质的过程时：(1) 一组条件导致某种结果；当条件发生变化时，结果也会发生变化。(2) 条件的变化可以是自然发生的活动，也可以是学习者的某些行为引起的活动。

讲解条件/顺序	+	讲解条件/顺序	+	答问条件	+	预测结果发现条件	=	理解过程

图 2-18　理解过程的教学策略示意图

　　理解过程的 e³ 教学策略的教学活动包括**讲解**条件和结果，**展示**过程示证用以指明条件和结果，**预测**给定条件的结果，或**发现**和/或**纠正**缺失或错误的条件。**答问**条件和结果有时用于理解过程任务，但不能代替预测结果或发现错误的条件，因此我们用虚线框表示其只是备选的教学策略。

本章小结

　　首要教学原理确定了四种主要的教学互动：**讲解**、**答问**、**示例**和**练习**；还确定了五种类型的内容或技能：**记忆联想**、**识别部分**、**分类概念**、**执行程序**和**理解过程**。内容元素是某种内容类型的单独部分。教学活动是教学交互与内容元素的组合。教学策略是针对特定技能类型的 e³ 教学所需要的一组教学活动。

本章应用

　　如果您设法在现有的教学材料中找出这些策略，就会理解本章中所阐述的教学策略。选择一些您正在学习、设计的课程，或者您可以在互联网上找到的课程，检查这些课程，看看您是否能识别每一种教学策略——**记忆联想**、**识别部**

分、分类概念、执行程序和**理解过程**。这些教学策略是否包括规定的教学活动？如果一些规定的教学活动缺失了，看看是否可以予以补充设计。

第三章　问题解决的教学策略：聚焦问题原理

> **本章速览**
>
> 第二章阐述了五种技能的教学策略。这些技能作为问题解决策略的组成部分协同发挥作用。当教授问题解决时，重要的是要把这些技能的内容元素和策略都包括进来，并以一种综合的方式施教。本章说明了如何将这些技能的内容元素整合到问题解决的活动中。本章还说明了组成问题解决 e^3 教学策略的一组问题解决活动。

关键术语

聚焦问题原理(Problem centered principle)：当学习者在现实世界的问题或者任务中通过问题解决策略掌握知识和技能时，才能够促进学习。

问题解决的活动(Problem-solving event)：一个恰当的步骤，导致一个恰当的条件以及步骤的属性和相应条件的属性。

问题解决策略(Problem-solving strategy:)：一组问题解决活动，带来问题的解决和结果。

内容元素(Content elements)：可以向学习者讲解—展示的主题项目，或者学习者可以通过识别实例或执行实例加以鉴别/操作的主题项目。

技能类型(Types of skill)：记忆联想，识别部分，分类概念，执行程序，理解过程。

理解过程(Comprehend process)：从一组条件中确定一个结果。

执行程序(Execute procedure)：执行导致某个条件的步骤。

分类概念(Classify concepts)：运用属性来鉴别某个具体描述是否归属于类别成员。

引论

当学习者在现实世界的问题或者任务中通过问题解决策略掌握知识和技能时，才能够促进学习。

您可能买过家具或有其他需要促销员提供帮助的经历。我们很多人都因为各种各样的原因害怕同销售人员打交道，主要原因是因为我们在做决定的过程中遇到一个陌生人会感到不舒服，以及害怕自己会被人算计。当然，我们可能也有过与销售人员交流的积极经历，感觉自己得到了帮助，以合适的价格找到了心仪的家具。购物中我们感觉良好，是什么让这种体验变得心情愉快？部分原因可能是我们自己的心理状态。不过，积极的购物体验很大程度上受到销售人员所用方法的影响。

"促销力：服务之上"是某个家具培训公司运用**首要教学原理**开发的一门如何促销家具的短期课程（参见图3-1）。用顾客满意的方式促销家具，这是一项问题解决的任务。问题解决需要结合在第二章中描述过的至少三种教学策略：理解过程、执行程序和分类概念。

问题解决活动1：热情招呼迎客 	旁白：观察大卫是如何热情招呼顾客的。要注意他说了些什么，顾客有什么反应。这个顾客乐意到店里看看吗？
问题解决活动2：细察顾客需求 	旁白：观察大卫是如何挖掘顾客需求的。是顾客向大卫说明的吗？他知道顾客要买什么样的家具了吗？
问题解决活动3：提供解决方案 	旁白：观察大卫如何向玛丽娅呈现解决方案。要注意他是怎么考虑顾客需求的，又是怎么提供解决方案来满足需求的。玛丽娅是如何表达她喜欢这一解决方案的？
问题解决活动4：成功完成促销 	旁白：最后，仔细观察大卫是如何完成这笔销售的？他是如何说服玛丽娅下决心购买的？

图3—1 促销家具

像促销家具这样的复杂任务常常被看作只是一个**执行过程**，然后，教学被看成为一组导致某种**结果**的**步骤**；这样的描述是不完整的（参见图3—2）。学习者执行步骤本身并不会导致结果。仅仅完成这个销售过程中的步骤——热情招呼迎客，细察顾客需求，提出解决方案，成功完成促销，可能难以完成促销的预期结果。

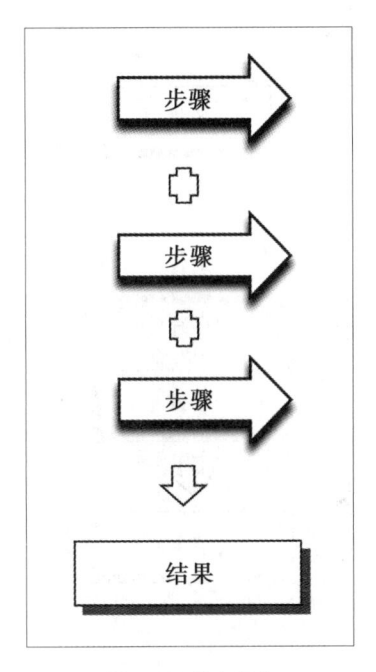

图3—2 执行程序

促销是在一个过程中执行不同的程序。第二章认为过程是由一系列导致结果的条件组成。在本例中，促销员希望从销售步骤中产生的情况如下：在热情招呼迎客后，客户愿意接受帮助；由于促销员能够细察顾客需求，客户分享了她想购置家具的需求；当促销员提出几种解决方案时，客户喜欢其中一个解决方案；在成功完成促销后，客户同意下单购买家具。

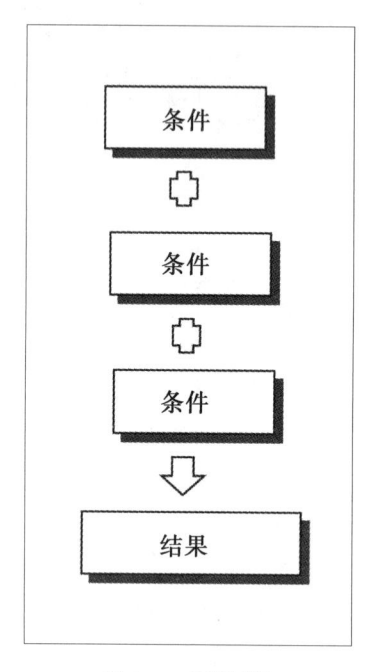

图3-3 理解过程

问题解决需要将**执行程序**和**理解过程**结合起来。在问题解决时，执行一个步骤会导致过程中的一个条件。如果这些条件是合适的，那么通过执行步骤创建所有条件后，就会产生结果。图3-4中的每一个步骤—条件配对都代表了一个问题解决的活动。然而，一个完整的问题解决活动也需要两种不同的**分类概念**技能。学习者必须能够识别别人执行的步骤和自己执行的步骤是否适当；学习者还必须能够认识到所产生的条件是否带来适当的结果。

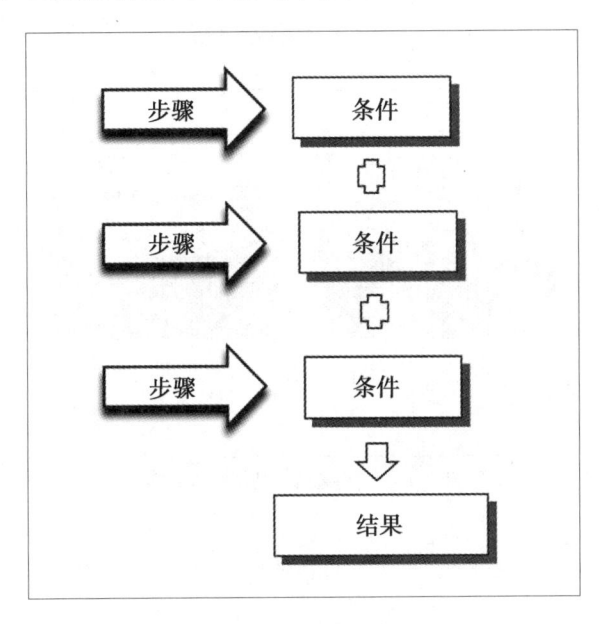

图3-4 问题解决策略

问题解决活动的内容元素（参见图3—5）包括分类适当步骤的属性、步骤、结果条件，以及分类适当的结果条件所需要的属性。促销活动是一种友好的方式，包括几个嵌套式的问题解决活动：热情招呼、开放设问和真诚回应。

属性 → 步骤 → 条件　属性

图3—5　问题解决活动

属性	步骤	条件	属性
跟顾客打招呼要像在家里接待老朋友那样，一个热情而又真诚的微笑，一声简单的问候。	您好，今天过得开心吗？	很开心，谢谢！	研究和经验都表明：人的第一印象具有最持久的效应。一个热情友好的招呼会让人心情放松，也会让人觉得舒适愉快。

图3—6　问题解决活动"热情招呼"

问题解决活动的教学策略

一个问题解决的有效教学需要三种不同的具体描述。促销家具这一案例，需要两个不同的促销人员和一位参与活动的学习者。该教学涉及三个主要的教学活动（参见图3—7）。(1) **展示**第一位促销员参与问题解决活动，指明步骤的定义属性和条件。(2) 在学习者能够执行一个步骤**之前**，他们必须首先能识别实例中的步骤，并确定产生的条件是否得到满足。对于第二位促销员，让学习者确定（识别实例）执行这个步骤是否合适，并观察客户是否作出了预期的反应。(3) 验证学习者是否已经获得了该技能，他要参与到解决问题中去，执行实例中的步骤，并观察相应的条件（识别实例）。

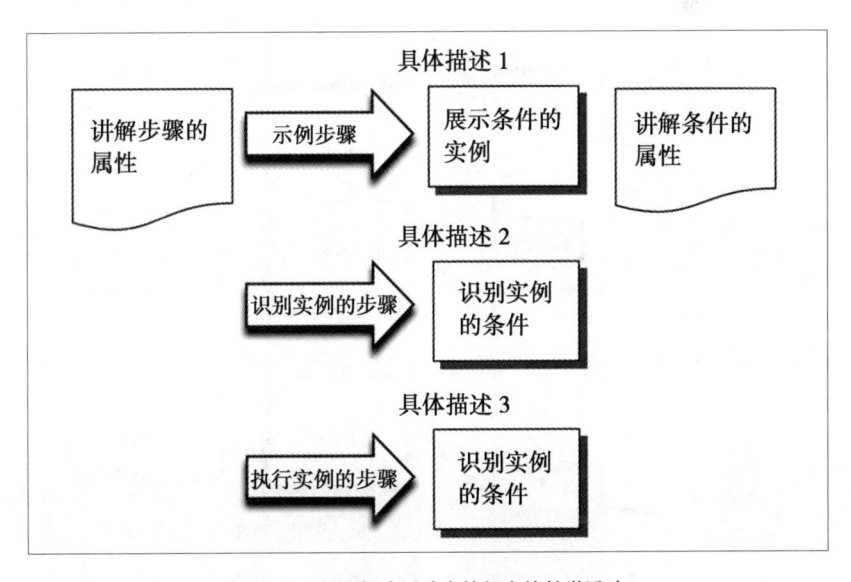

图3—7 问题解决活动中的规定的教学活动

为问题解决策略设计教学

为完整问题寻找解决方案包括了一组问题解决的活动。图3-8展示了服务销售课程中主要的问题解决活动。

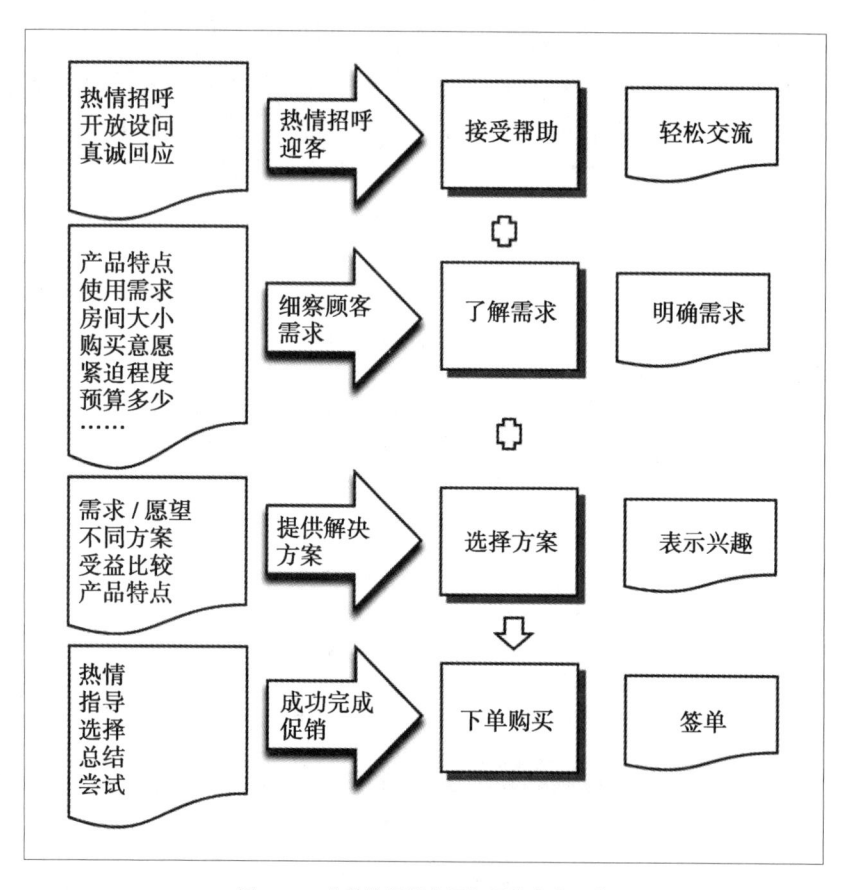

图3-8 完整的促销家具问题的内容要素

这些主要问题解决活动由几个嵌套的问题解决活动组成。图3-9展示了一个嵌套在主要问题解决活动——友好待客中的问题解决活动。

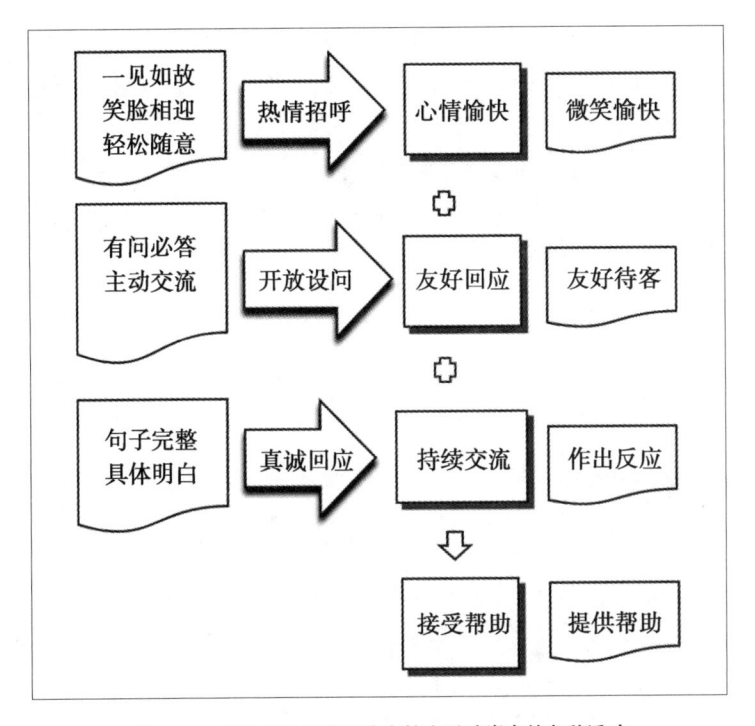

图3-9　家具销售问题解决中较大活动嵌套的各种活动

展示完整问题

当教授一个复杂的问题解决技能时，最好对完整问题至少有三种不同的具体描述。完整问题的教学活动主要包括：(1) 用最少的讨论**示例**完整问题；(2) 通过明确步骤、条件和结果的属性来示证（**讲解—示例**）完整问题；(3) 教授（**讲解—示例—识别实例**）涉及完整问题的个别技能；(4) 让学习者参与到完整问题中（**执行实例**）。如图 3—10 展示了不同的教学活动，其中图 3—10 (1) 是**示例**完整问题。

| 问题解决活动1：热情招呼迎客
视　频

音　频
旁白：观察大卫是如何热情招呼顾客。要注意他说了些什么，顾客有什么反应。这个顾客同意到店里看看吗？

（依据不同的教学要求，旁白可以选用或者屏蔽） | 大卫：欢迎光临，请进！
玛丽娅：谢谢。
大卫：天气很好啊，阳光灿烂。
玛丽娅：是啊，今天天气真不错！
大卫：看起来像是春天来了！
玛丽娅：是啊！
大卫：真是美好的一天，再次欢迎光临！
玛丽娅：我的沙发旧了，我想该换啦。
大卫：我很乐意为您介绍几款沙发。您愿意听我介绍一下吗？我们边聊边看吧。您的房间有多大啊，准备把沙发放在哪里？
玛丽娅：好的，您带我看看吧。
大卫：对了，我叫大卫·米勒。
玛丽娅：您好，我是玛丽娅·桑切斯。 |

图3—10（1）　完整问题的具体描述——促销家具"热情招呼迎客"

问题解决活动 2：细察顾客需求

视　频

音　频

旁白：观察大卫是如何挖掘顾客需求的。是顾客向大卫说明的吗？他知道顾客要买什么样的家具了吗？

大卫：您先逛逛，能不能说说您准备把沙发放在什么样的房间里？

玛丽娅：房间主要是褐色的，还放着一些古董来装饰。

大卫：看来房间很漂亮。

玛丽娅：谢谢。

大卫：平时您会在这个房间招待客人吗？

玛丽娅：不会，这个房间是自己用来放松的，有时候我女儿从大学放假回来，也喜欢坐在沙发上看书。

大卫：哇，您女儿在哪里上大学？

玛丽娅：州立大学。

大卫：好学校啊，我姐姐也是这个大学毕业的。

玛丽娅：真的吗，这个大学的确很不错。

大卫：您现在用的沙发，最喜欢哪一点？

玛丽娅：非常舒服。我喜欢在沙发上完全躺下来，而且还要有地方让我的狗狗蜷缩在我身边。

大卫：看来这张沙发是很舒服。

玛丽娅：太舒服了。

大卫：您家里还有其他什么东西要换新吗？

玛丽娅：暂时还没有，我喜欢东西耐用一些。

大卫：我懂了，您喜欢买质量好一点的东西。

玛丽娅：是的。

大卫：您打算现在就换张新沙发吗？

玛丽娅：想是想，不过我得先找到我喜欢的沙发。

大卫：好的，那我们先去看看吧。

玛丽娅：好啊，您带路吧。

图 3—10（2）　完整问题的具体描述——促销家具"细察顾客需求"

第三章 问题解决的教学策略：聚焦问题原理

问题解决活动3：提供解决方案

视　频

音　频

旁白：观察大卫如何向玛丽娅呈现解决方案。要注意他是怎么考虑顾客的需求，又是怎么提供解决方案来满足需求。玛丽娅如何表达她喜欢这一解决方案的。

大卫：玛丽娅，按照您的意思，应该会喜欢一张大一点，舒服一点的传统沙发，经久耐用，也不怕狗狗在上面搞脏了，是吗？

玛丽娅：是的，忘了我的狗狗了，我好像就是想要这样的沙发。

大卫：那我们过来看看这张沙发吧——既有古典气息又很舒适耐用。您试一下吧。

玛丽娅：好的，嗯，的确很舒服！

大卫：请坐上去，放松一点，不要紧的。您看，坐在上面，腿脚伸展自如，还给狗狗留了足了空间。这张沙发是由硬木经窑内烘干后制作的，材质牢固，非常耐用。另外，沙发的三角木是用双层暗销连接粘牢的，很结实，纹丝不动。沙发皮套看起来也很有古典味，比布艺更耐用。您要养狗，选皮质沙发绝对没错，因为其牢固啊，清洗起来也很方便。还有，这张沙发的扶手较低，用起来非常舒服。您可以蜷在那里看书，甚至也可以打个盹。

玛丽娅：是的，我注意到了，我女儿回家的时候，可以睡在沙发上了，因为她的床也已经很旧了。

大卫：睡在这张沙发上肯定会很舒服，不过如果您愿意的话，待会我们也可以去看看床。

玛丽娅：可以的。不过我觉得这张沙发的颜色太暗了，这样房间也会显得不够亮。可以用那一块面料吗？（指向边上的一块面料。）

大卫：实际上，那块面料是棉和涤纶混纺的，不耐用。不过这种沙发还有用超细纤维作面料的，对养宠物狗的人来说也是个不错的选择。如果您需要这款的话，我们还有优惠，沙发面料保养可以给您打个折，这是我们最新开展的业务。而且本星期我们会免费为您送货，免费搬走旧沙发。

玛丽娅：哦，听上去不错，我可以看看超细纤维的面料怎么样吗？

大卫：当然可以，您不用站起来，那边就有样品，我去拿过来，不过您可千万别在这张床上睡着喽！

玛丽娅：不会的。

图3-10（3）　完整问题的具体描述——促销家具"提供解决方案"

问题解决活动 4：成功完成促销

视　频

音　频

旁白：最后，仔细观察大卫是如何完成这笔销售的。他是如何说服玛丽娅下决心购买的。

大卫：刚选的这张沙发肯定会很合适您的房间，您觉得呢，玛丽娅？

玛丽娅：是的，这张沙发很漂亮，这块布也很软。

大卫：是的，这张沙发很漂亮，做工也精致，您可以用好几年了。可以下单了吗？我现在就可以安排送货。在送到您家之前，我们会先对沙发面料进行专业保养。

玛丽娅：我很喜欢这张沙发，这块布也很漂亮，不过不知道能用几年呢？

大卫：这个问题问得好，我知道您希望这张漂亮的沙发用上好几年，用超细纤维面料也不怕脏，您说是吗？

玛丽娅：确实也是，我不喜欢只用了几年就要换一下沙发套。

大卫：我也不希望这样。让我再强调一下吧，这张沙发的面料不仅耐脏、防污、防水，特别是加上我们的保养后效果会更好，而且用超细纤维做沙发套很牢固。当然，如果阳光直射的话会有点褪色，这也是我们加上防紫外线保养措施的原因。防紫外线保养同样也会让沙发面料更加耐用。您准备下单了吗？

玛丽娅：嗯，是的。

大卫：您想什么时候让我们把沙发送到您家去？

玛丽娅：下星期五，行吗？

大卫：当然可以，您稍等一下，我先填好订单做好运送安排。

玛丽娅：好的。

大卫：等我一下，我马上回来。

玛丽娅：谢谢。

图 3—10（4）　完整问题的具体描述——促销家具"成功完成促销"

促销结果 视　频 音　频 旁白：在这次促销中，大卫很成功地应用这四个步骤卖出了家具。如何判断玛丽娅的购物过程很愉快？以后玛丽娅还会回来购买其他东西吗？如果她当回头客的话还会找大卫做导购吗？	大卫：这是您的收据，请收好。沙发将于下周五送到您家里。期待再次为您服务。 玛丽娅：谢谢，很期待这张新沙发，我一定会喜欢的。下次我女儿回来的时候一定把她带到您店里，到时候您给我们介绍一下大床。 大卫：好的，我很乐意为您效劳。 玛丽娅：谢谢。 大卫：不客气。 玛丽娅：再见。

图 3—10（5）　完整问题的具体描述——促销家具"促销结果"

版权属于 The Furniture Training Company Inc.，使用已经授权。

示证完整问题

图 3—11（接下来的几页）展示了促销课程的第二个活动，一个示证促销家具的完整问题的教学策略。为了引起学习者的注意，教学活动会表现出一种未曾预期的结果——促销落空了。这是一个规定的教学活动**示例结果**的反例。教学活动 2 是陈述教学目标的导言。教学活动 3 展示了如图 3—10 所示的完整促销过程（**示例步骤、示例条件、示例结果**），中间没有中断，也没有旁白的评论。"销售示证的结果是什么？"这个问题将学习者的注意力集中在这个程序的积极结果上（**示例结果**）。

	音频	视频＋示例
1	大卫：您确定现在不买这张沙发吗？这样优惠的价格马上就结束了。 玛丽娅：不，谢谢了。我就自己看看，可以吗？ 大卫：好的，待会再回来，好吗？ 玛丽娅：好的。 旁白：多可惜啊，您会失去一个好机会。每个到您店里的顾客如果不愿意接受您的导购，那么您就促销不出去东西了，失去增加收入的机会，最重要的，是失去和顾客建立一种持久性关系的机会。	
2	旁白：欢迎来到"促销力：服务至上"课程。本节课将会教您一些技能，怎样通过用心服务向顾客促销更多家具。这样，您的收入增加了，顾客也会因为买到合适的家具而满心欢喜。 在这次培训中，您要一直观察大卫并且向他学习。大卫是个销售助理，像您一样，他也想卖出更多的家具。	此时出现标题 多售出家具 收入会增加 顾客也高兴 
3	旁白：关于那些已经失去的销售机会，您和大卫能做些补救吗？当然可以。让我们一起看看大卫如何展示使用本课程所学的技能改变了结果。	这时候就展示出图3—10中关于整个销售的视频。在示证过程中旁白的评论不再出现。

图 3—11（1） 完整问题的示证——促销家具

本示证中其余的**教学活动**起到了提供指导的作用，引导学习者注意对每个问题解决活动的步骤和条件的具体描述。活动 4 讲述了促销方法的四个主要步骤（**讲解步骤**）。活动 5 告诉客户的反应或这些步骤执行后应该产生的条件（**讲解结果**）。活动 6 再次显示了整个过程的视频演示但这一次配上了旁白，指导学习者的注意力集中在销售过程中的四个问题解决的步骤（**示例步骤**），客户对每一个步骤的反应（**示例条件**），客户下单购买的最后结果（**示例**结果）。活动 7 通过再次讲解每个步骤（**讲解步骤**）和客户对每个步骤的反应（讲解**条件**），对整个促销过程的示证进行了总结。这个总结也提醒学习者回顾本课程的教学目标。

4	旁白：在本次培训中，您要学会本课程中强调的四个步骤，包括： 1. 热情招呼迎客； 2. 细察顾客需求； 3. 提供解决方案； 4. 成功完成促销。	1. 热情招呼迎客； 2. 细察顾客需求； 3. 提供解决方案； 4. 成功完成促销。
5	旁白：为什么这些步骤如此重要？ 1. 热情招呼有助于让顾客放松，愿意接受您的服务。 2. 细细体察有助于让顾客说明真实需求。 3. 顾客很喜欢您提供的解决方案。 4. 顾客买了您的商品。 　　旁白：在本课程中，您不仅要学会操作这些步骤，还要学会观察顾客的反应。能让顾客作出决定购买商品的每个步骤都是很重要的。	这些步骤有什么结果？ 顾客同意到店里看看。 顾客会告诉您自己的需求。 顾客会喜欢您的解决方案。 顾客购买您的商品。
6	旁白：再次观看视频。这次我会直接把您的注意力引到本课程中有关销售方法中的每个步骤以及顾客的反应上。	回放图3—10中的视频，这次要加上旁白的评论。
7	旁白：要记住这些步骤：一定要热情招呼迎客，这样顾客才会愿意接受您的服务；善于发现顾客的需求，这样顾客才会说明此行的目的；提供解决方案，顾客才能选择满足自身需求的方案；成功完成促销，这样顾客就买到了称心如意的东西。学习并掌握这四个步骤，不断观察顾客的反应，这样不仅会提升您的销售业绩，也可以为顾客提供更专业的帮助。当您从本课程去学习怎样通过真诚的个人服务出售家具时，您将会发现自己的销售额不断增加了。即使您已经有了好几年家具销售的经验而且也达到了某种程度上的成功，这种方法仍旧适用，您知道的越多，卖出去的家具就会越多。	您知道的越多，卖出去的家具就越多。

图 3—11（2）　完整问题的示证——促销家具

对完整问题的示证包括了所有的步骤、条件和后果，但它并没有为学习者提供足够的指导，以获得问题解决活动所代表的所有技能。策略整合的下一步工作是帮助学习者获得问题解决策略所需的每种不同技能。这些技能中的每一个都是嵌套在完整问题中的一个小问题。

教授组成技能

下面的段落将图解和示证一些教学策略，以掌握解决特定类型问题所需的技能。图3-12（接下来的几页中）展示了**"友好待客"**这一技能的教学片段。当教授一个嵌套的问题解决活动时，首先要做的是示证整个活动。教学活动1和2回顾了完整问题的一部分，说明了应该如何"友好待客"。活动1示例步骤（**示例步骤**）和玛丽娅的反应（**示例条件**）。在活动2中，旁白将学习者的注意力集中在玛丽娅的反应上，这是步骤1（**热情招呼**）的条件。

	旁白和音频	示例和视频
1	旁白：观察大卫是如何热情招呼顾客。要注意他说了些什么，顾客有什么反应。这个顾客乐意到店里看看吗？ 大卫：欢迎光临，请进！ 玛丽娅：谢谢。 大卫：天气很好啊，阳光灿烂。 玛丽娅：是啊，今天天气真不错！ 大卫：看起来像是春天来了！ 玛丽娅：是啊！ 大卫：真是美好的一天，再次欢迎光临！ 玛丽娅：我的沙发旧了，我想该换啦。 大卫：我很乐意为您介绍几款沙发。您愿意听我介绍一下吗？我们边聊边看吧。您的房间有多大啊，准备把沙发放在哪里？ 玛丽娅：好的，您带我看看吧。 大卫：对了，我叫大卫·米勒。 玛丽娅：您好，我是玛丽娅·桑切斯。	
2	旁白：友好待客有四个目标：第一，让客户轻松愉快；第二，鼓励交谈；第三，让客户分享需求和愿望；最后，接受您的帮助来做决定。 再听一遍大卫友好待客的方式。玛丽娅放心了吗？她参与谈话了吗？她愿意说出自己的需要吗？她愿意在做决定时接受大卫的帮助吗？	

图 3-12（1） 组成技能的教学——友好待客

在图3—12中,该教学互动被分为三个部分,每个部分对应于嵌套在问题解决活动中的一个问题解决活动(**友好待客**)。教学活动3讲述了热情招呼的特征;活动4展示了热情招呼的具体描述(**示例步骤**),并提供了一些补充句子来表达热情招呼(**示例步骤**);活动5是玛丽亚的反应(**示例条件**)。

	热情招呼	
3	旁白:大卫是如何接近玛丽娅的?他说了些什么? 热情招呼迎客包括三个步骤:(1)热情招呼;(2)开放设问;(3)真诚回答。 (当旁白讲解的时候,就会展示出已经标好序号的内容。) 再听一遍大卫友好待客的过程。他是怎样热情招呼的?他问了哪些开放式问题?他是如何回应玛丽娅的? 让我们一起对每个步骤逐一对照。	友好待客 1. 热情招呼; 2. 开放设问; 3. 真诚回答。
4	旁白:热情招呼迎客的方法是从热情招呼开始的。一个热情而友好的问候会让人觉得很放松、很舒适。大卫在使用过程中,他是笑着说的:"欢迎您,请进!" 跟顾客打招呼要像在家里接待朋友那样,一个热情而又真诚的微笑,一声简单的问候。如:"您好!""晚上好!"或者"欢迎光临本店!" (当他们在进行对话的时候,屏幕上会弹出这些短语。) 使用的这些问候语应该是对当地人最熟悉且最常用的。	"您好!欢迎光临!" 1. 热情招呼 "您好!" "晚上好!" "欢迎光临本店!"
5	旁白:玛丽娅是如何回应大卫的热情招呼的?您认为她的回答"谢谢"表明她和大卫在一起的时候感觉很放松吗?	

图3—12(2) 组成技能的教学——热情招呼

活动 6 和 7 通过讲解和展示补充特征进一步阐述了友好待客中的热情招呼。

	热情招呼	
6	杰瑞德：大家好，我是杰瑞德。我做销售助理已经很多年了。我学了很多有关促销家具方面的技巧，会时不时地跟您们分享。 　　有时候，我是用握手的方式来问候顾客的，不过要确保自己的手是干净而且不湿不汗。握手要沉稳有力，而不是软弱无力……当然也不能用力过猛。跟别人第一次接触的时候不能让他们留下疼痛的感觉。如果对方是您的潜在顾客，不妨握握手，但姿势一定要恰当。	  小贴士： 干净且不湿不汗 沉稳有力
7	杰瑞德：请记住第一印象是很重要的。因为您只有一次机会。如果您漫不经心，机会就不会再送上门。所以，一定要穿着得体，干净整洁。除臭剂、漱口水都会派得上用场。但是绝不能嚼口香糖，这让人感觉不舒服，口香糖还是留着棒球比赛的时候嚼吧。	 穿着得体 干净整洁 绝不能嚼口香糖

图 3—12（3）　组成技能的教学——专业建议

活动 8 和 9 展示了大卫可能使用过的问候语的一个负面例子（招呼不周，**展示步骤**）。旁白引导学习者注意玛丽娅的消极反应，这是一种未预料到的结果（**展示条件**）。活动 10 提供了另一种不恰当的问候语，并要求学习者识别销售助理所犯的错误（**识别实例的步骤**）。

	音频	视频
8	旁白：观察大卫对玛丽娅的另外一种问候。请观察玛丽娅的反应。 大卫：您好！有什么需要帮忙的吗？ （很明显，大卫在跟玛丽娅打招呼的时候他在吃东西。） 玛丽娅：不用了，我只是随便看看。 大卫：那好，如果您需要帮忙的话就告诉我，我叫大卫。 （当大卫说话的时候，他擦了擦嘴巴，然后把手放在胳膊下面擦了擦，就伸出手想跟玛丽娅握手。） 玛丽娅：好的。 （玛丽娅皱着眉头，并没有去握手，而是尽快地绕过他进了商店。）	
9	旁白：大卫的招呼是否让玛丽娅感到放松？她的反应如何？大卫是否给玛丽娅留下了较好的第一印象？请列出整个招呼过程中的不当之处。	
10	旁白：一起来看看下面的问候。 促销员（试着以幽默的口气）："您好！今天您带支票或者信用卡了吗？" 旁白：顾客会有什么样的反应？这种试图幽默的方式会让顾客放松吗？列出这个促销员在打招呼过程中犯下的错误。	

图 3-12（4）　组成技能的教学——招呼不周

开放设问和真诚回应这两个**问题解决活动**都是以类似的方式教授的。活动 11 是下一个问题解决的活动——**开放设问**的**讲解步骤，展示步骤，讲解条件**和**展示条件**。

开放设问	
旁白和音频	视频播放
11	旁白：在跟顾客打完招呼之后，要像大卫那样向顾客问几个开放式问题。您还记得大卫问了什么问题吗？让我们再听一遍。 大卫：欢迎您，请进！ 玛丽娅：谢谢！ 大卫：天气很好啊，阳光灿烂。 玛丽娅：是啊，今天天气真不错！ 玛丽娅是怎么回答的？大卫的问题是否有助于让她参与到交谈中？ 问题"天气很好，阳光灿烂"让玛丽娅参与了交谈，这就是开放设问的目的。简单地用"是"或"否"来回答的问题会让顾客失去张口谈话的机会。最好的问题是能鼓励顾客分享他们的感受、经验等等。	天气很好啊，阳光灿烂。 鼓励交谈。 不要问是或否的问题。 分享感受或者经验。

图 3—12（5） 组成技能的教学——开放设问

教学活动 12、13 和 14 为问题解决活动**答问开放设问（识别实例的步骤）** 提供了一个应用程序。

12	旁白：开放设问能促进交谈，而简单的是或否的问题则剥夺了顾客开口说话的机会。不能选择那些用是或否来回答的问题。	今天过得怎么样？ 您怎么看昨晚的比赛？ 您喜欢这样温暖的天气吗？ 那枚胸针真漂亮，能告诉我哪买的吗？ 上周末您过得如何？ 本周末您打算做些什么有意思的事呢？
13	旁白：选择一些最能促进交谈的问题。	(1) 我能帮您找些什么吗？ (2) 今天过得怎么样？ (3) 这周末您打算怎么过？ (4) 您好，我是莎拉。您贵姓？
14	旁白：下面哪个问题是开放式的，它会因此更容易促进交谈吗？	(1) 您看了昨晚的比赛吗？ (2) 您今天怎么过来的？ (3) 今年夏天您参加过音乐节？ (4) 我能帮您找些什么？

图 3—12（6） 组成技能的教学——开放设问

活动 15 是为问题解决活动（**真诚回应**）的**示例步骤**和**示例条件**。活动 16 和 17 使用匹配的正例/反例来示证"友好待客"的另一个具体描述（**示例步骤**和**示例条件**）。活动 18 是识别**实例的步骤**中某个属性。活动 19 总结了"真诚回应"的步骤/条件。

15	旁白：让我们再听一次大卫和玛丽娅的对话。 大卫：天气很好啊，阳光灿烂。 玛丽娅：今天天气真不错！ 大卫：是啊，看起来像是春天来了！ 旁白：玛丽娅对大卫的回答有什么反应？大卫看起来已经开始跟她交谈了吗？ 大卫听了玛丽娅的话很真诚地给予回复。认真倾听顾客说了什么，然后给予合适而又真诚的回答，这样就促进了交谈的开始。回答的时候要像大卫那样用完整的句子，这一点很重要。完整的句子会让顾客更愿意参与交谈。	仔细倾听顾客的话。 恰当地回答。 使用完整的句子。
16	旁白：这次问候开始时很热情，但是促销员的回答"是的"表明他缺少兴趣和诚意。牢记一定要用完整的句子。	促销员：嘿，您好啊？ 顾客：很好，谢谢。 促销员：嗯……您看今天天气怎么样？ 顾客：阳光灿烂，很不错。 促销员：是的。

图 3—12（7）　组成技能的教学——真诚回应

17	旁白：再来看看另外一个例子。 促销员：嘿，您好啊？ 顾客：很好，谢谢。 促销员：嗯，您觉得今天天气怎样？ 顾客：阳光灿烂，很不错。 促销员：我也觉得。真是个好天气。这样的好日子，您打算怎么过？ 顾客：我想下午出去走走。 促销员：听起来很有意思。 旁白：这个促销员让顾客参与了一段很有意义的对话。她的问题是"这样的好日子，您打算怎么过"以及她的回答"听起来很有意思"都表明她在认真地倾听顾客说了什么。这样顾客感觉很好，才会说出此行的目的。	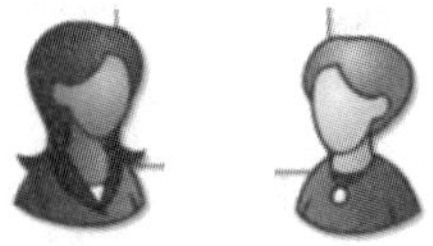 促销员：嘿，您好啊？ 顾客：很好，谢谢。 促销员：嗯，您觉得今天的天气怎么样？ 顾客：阳光灿烂，很不错。 促销员：我也觉得真是个好天气。这样的好日子，您打算怎么过？ 顾客：我想下午出去走走。 促销员：听起来很有意思。
18	旁白：下面哪个回答表明您在倾听顾客关于园艺的评论？	A. 是的，我需要自己动手做一些园艺活。 B. 哦，真有趣。 C. 真棒，今天我能帮您做些什么？
19	旁白：总之，友好待客有三个步骤：(1) 热情招呼；(2) 开放设问；(3) 真诚回应。您和顾客打招呼的方式决定了他们在您店里的行为。一个热情而又友好的问候能让顾客觉得很放松，他们就愿意与您交流。这样就为取得对方的信任打下了基础，接下来您就可以帮对方选择所需的家具了。	友好待客 1. 热情招呼； 2. 开放设问； 3. 真诚回应。

图 3-12 (8)　组成技能的教学——真诚回应

教学活动 20 试图让学习者找到友好待客（识别步骤）不同特征的补充例子。

	应用新知	
20	指导语：第一印象具有最持久的效应，要留下好的印象通常也不容易。使用那些能让您觉得舒服的语词或短语，这很重要。在下面这张练习单上尽可能多地写下您会用到的方式。表格左边写的是：(1) 热情招呼；(2) 开放设问；(3) 真诚回应。表格右边则写下您认为是最具代表性的反应。第一栏来自前面的讲解部分，它为下面的练习提供了例子。	
	方法	反应
	1. 嘿，您好啊？ 2. 您觉得今天的天气怎么样？ 3. 真是心有灵犀啊，今天是个好天气。 1. _____ 2. _____ 3. _____ 1. _____ 2. _____ 3. _____	

图 3—12 (9)　组成技能的教学——真诚回应

教学活动 21—23 是教学完整问题的最终活动的实例——在完整问题中找到欠缺的条件。在所有的技能或问题解决的活动都完成之后，才会开始这一教学活动。

	应用新知	
21	视频	旁白：发生了什么事？大卫为什么会失去这笔生意？让我们仔细看一下他是怎么做的。 玛丽娅进入商店。 大卫：您好，我可以为您做些什么？ 玛丽娅：我只是逛逛。 大卫：那您先随便看看。您需要什么样的家具？ 玛丽娅：沙发在哪边？ 大卫：我带您去（前面带路）。您看了昨天晚上的比赛吗？ 玛丽娅：看了。 大卫：最后时刻杰克的投篮真令人吃惊。 玛丽娅：的确很神奇。 （以下为后续的示证部分）
22	音频 旁白：现在我们来看看大卫失去的销售机会。这并不是他希望的结果。 大卫：您真得不打算现在买这张沙发？这么优惠的价格不会持续很长时间的。 玛丽娅：不，谢谢了！我想到其他店去看看。好吗？ 大卫：好的，希望能再回过来，好吗？ 玛丽娅：行。 （她离开店时，大卫看起来很失望，因为他丢了这笔生意。）	
23	旁白：现在您已经看到了这部分的示证，请按下面指示练习： 明确大卫使用的"用心服务"中的每个步骤，每个步骤都做到了吗？ 思考每个步骤的细节，大卫是否省略了某些细节或者操作不当？ 每个步骤执行后，玛丽娅的反应是什么？每个步骤是否都促使她向签单成功迈进？大卫是在什么时候失去这顾客的？ 促销过程中大卫在哪个步骤上没能做好，也就是说他本应该做些什么，使得玛丽娅的购买意愿更强烈。	

图 3—12（10）　组成技能的教学——友好待客

把这一教学案例中的所有教学活动与规定的教学活动进行仔细比较，就会发现不是所有规定的教学活动都会在促销程序中的问题解决活动中得以运用。应该尽量实施丰富且完整的教学，以便能在每一次问题解决活动中实施相应规定的教学活动。然而，这样的做法有时候效果会适得其反。当学习者对条件已经很熟悉时，再让他们识别去全新的实例，就会觉得没有必要也很无聊。例如，热情招呼中的一个条件是让顾客觉得很放松。那么非常丰富的教学会提供许多有关顾客反应的例子，并且会让学习者辨认哪些顾客是处于放松状态的而哪些则不是。但是这样补充的教学很可能会让学习者觉得没必要，也会因此而感到很无聊。类似的争论还出现在有关学习者已经掌握了某些步骤后，是不是还需要再做练习呢？从另外一方面来说，当学习者还没有学会某个概念的时候（例如怎么提出开放式问题），而且如果规定的教学活动也没有实施，那么学习者不可能习得这个概念，因此也就不可能掌握需要运用这个概念才能完成的步骤。

完整问题第三个具体描述的最后活动——执行步骤

最重要的一个规定的教学活动是**执行实例**的所有步骤。这个教学案例为每个问题解决活动提供了较好的示证，并且也为学习者提供了机会识别步骤及其特征和结果。有机会和顾客一起完成整个销售程序——识别步骤、步骤的具体描述以及这些步骤的结果，对开展综合性教学来说是必要的。但是在普通的教学环境中为学习者提供这样的一个机会并非易事。在本案例中，专门为学习者设计了一张核对清单和指导语，这样在实际操作中，可以让同伴观察并评价自己的表现（图3-13）。如果能让教师来观察学习者的表现并进行反馈，那自然是更好了。当然，如果教师无法在场的情况下，也可以让同伴来观察并反馈，这是退而求其次的办法。如果同伴在场也做不到，那么就让学习者进行自我评价。

> 您已经完成了"促销力：服务至上"课程的学习，现在应该已经了解了这些技能，使之能让您卖出更多家具，也能更好地满足顾客需求。但是您还没有达到真正熟练掌握的程度，除非您能有机会在商店里实际应用，跟真正的顾客打交道。
> 如果可能的话，不妨先与同样完成该课程的同伴一起练习。在促销过程中，请同伴扮演顾客，您扮演促销员。同伴当然会积极配合您，但是您必须自己应对各种促销的事情。
> 在销售过程中，请同伴用下面的这张考评表对您的表现进行评价。具体就是请他为您完成步骤的表现打分，范围在1—5之间，1表示最差，5表示最好。
> 顾客在场时不要使用考评表，等他们离开之后再与同伴讨论各项表现的细节。找出可以改进之处，然后再次温习课程中的相关材料。
> 如果其他同伴无法参与观察，您可以用考评表进行自我评估。
> 评估完以后，把得到的6个分数相加，最后得到的数应该是在6—30之间。如果您的得分是：
> 25—30，您是一个出色的销售员。
> 20—24，您需要对那些得分少于4的部分加以改进。
> 6—19，您应该重新学习本课程，特别是针对得分较低的部分内容。
>
> 为您的同伴在家具促销过程中的表现打分：
> 1. 和顾客接上话茬。　　　　1　2　3　4　5
> 2. 了解顾客的目的。　　　　1　2　3　4　5
> 3. 细察顾客的需求。　　　　1　2　3　4　5
> 4. 提供合理解决方案。　　　1　2　3　4　5
> 5. 解答顾客心存的疑虑。　　1　2　3　4　5
> 6. 成功完成促销顺利签单。　1　2　3　4　5
> 定期进行考评会推动您不断改善用心服务的技能，享受更大成功的同时获得工作上的满足感。
> 祝您在家具销售职业生涯中一帆风顺。

版权属于 The Furniture Training Company Inc.，使用已经授权。

图 3—13　"促销力：用心服务"最终应用

本章小结

当学习者在现实问题情境中习得知识和技能时，才能促进学习。实施该项原理需要两种教学设计活动：明确该问题中的内容要素和为教学这些内容要素设计教学策略。完整问题中的内容要素由一系列的问题解决活动组成，每个活动中包含一个步骤，执行每个步骤后都会产生相应的一个条件，而只有满足这些条件才能导致最后结果的出现。

完整问题教学策略包括：（1）展示完整问题的一个实例（不具体展开讨论）；（2）展示步骤、条件和结果来示证完整问题的第二个实例，同时进一步明确步骤、条件和结果的属性；（3）教授（讲解—示例—**识别实例**）涉及完整问题的解决策略的个别技能；（4）让学习者参与问题解决活动——为完整问题的第三个实例**预测结果**或**发现错误的条件**，**识别实例**的条件和结果，执行完整问题的所有实例的步骤（**执行实例**）。

本章应用

您将学会识别复杂问题的内容元素，最好的方法是尝试在现有的教学材料中加以识别。选择一些您正在学习、设计的课程，或者您可以在互联网上找到的课程。检查这些课程，看看它们是否包含问题解决的内容。如果是的话，再试着确定问题的内容元素和问题解决教学活动中的规定的教学活动。如果这些课程中没有包含相应的内容元素，请查看是否可以将其添加至教学中；如果这些课程中缺少一些规定的教学活动，请查看是否可以将其添加至教学中。

拓展学习

要了解类似于本章介绍的复杂任务的详细教学方法，请参阅下面列出的参考资料。

van Merriënboer, J. G., & Kirschner, P. A. (2018). *Ten Steps to Complex Learning: A Systematic Approach to Four-Component Instructional Design, 3rd Edition*. New York, Routledge. [①]

[①] 本书中文版《综合学习设计——四元素+步骤系统方法（第三版）》已由福建教育出版社 2022 年 6 月出版。——译者注

第四章 问题进阶的序列

> **本章速览**
>
> 本章阐述了聚焦问题的教学原理。第二章描述和说明了帮助学习者获得技能的内容要素、互动方式、学习活动和 e^3 教学策略。第三章描述和说明了这些技能如何整合成问题解决的策略。本章将描述和说明所有这些思想如何在一个从简单到复杂的问题实例进阶中形成一个问题进阶的教学序列。

关键术语

聚焦问题原理（Problem-centered principle）：当学习者在解决现实世界问题或者任务中通过问题解决的策略掌握知识和技能时，才能够促进学习。

主题中心的教学序列（Topic-centered instructional sequence）：依次教授每个技能，通常不考虑最终的完整问题。

问题进阶（Problem progression）：当学习者获得技能去解决一组不断增加复杂的问题案例时，问题解决能力才得以增强。

引论

当学习者参加到一个从简单到复杂的问题进阶教学序列中学习时，问题解决能力才得以增强。

已有研究表明，在真实的问题情境中，学习者更有动力去获取知识，所学的信息也更容易提取，这些信息也更容易在后续课程中加以应用（R. E. Mayer, 1998）。但是，传统的教学策略（参见图 4-1）通常是主题中心式的。**主题中心教学策略**依次轮流教授每一个组成技能。教师在教授个别技能的时候，通常不会考虑最终的问题。图中的黑色箭头表示针对某一主题呈现一般信息以及示证具体描述。立方体代表呈现新知之后进行测试或者练习。这种模式的典型特点是，只有与某一主题相关的所有组成技能都掌握之后，才会进入下一个主题。等到学习者完成了所有主题，他们就需要将所学的技能应用到某种最终形式的项目上，项目将会以一种完整任务的形式呈现。

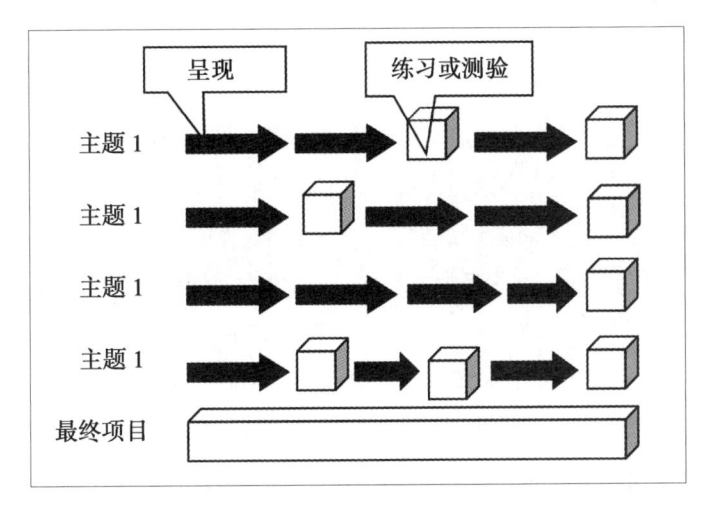

图 4-1 主题中心教学策略

主题中心教学策略的一大缺陷就是，当学习者有机会将所学内容应用到一个完整的问题情境时，很有可能已经忘记了在此之前所讲解和示证的部分信息。另外一个缺陷是，学习者可能难以把握这些组成技能之间的相互关系，因为他们不了解与所学技能相关的完整问题情境。我们总是会听到这样的训诫："您现在无法理解，但是它对您以后的学习非常重要！"让我们问问自己，有多少次这个**以后**都是永远不会到来的，我们也永远无法到达那个**真正重要**的时刻。又有多少次我们在意识到那个信息的重要性之前就已经将它忘记了。e^3 教学序列帮助学习者看到这些技能之间的相互关系，并且帮助学习者在学习过程中，置身于完整的任务序列并应用这些技能。传统的课程排序方式通常会安排一个单独的机会让学习者练习所学的东西。大多数情况下，这样一个独立的练习会安排在教学环节的最后，因此，通常会导致教师没有时间对学习者的学业进行适当的反馈，学习者也无法从自己的错误中吸取经验并给予改正。e^3 教学序列可以帮助学习者提早并且时常得到教师的反馈，使得自己有机会从错误中吸取经验并及时纠偏。

本章阐述并描述了 e^3 问题进阶序列，帮助学习者看到他们必须获得的每一项技能之间的相互关系，并有机会在教学过程中将该技能应用于整个问题。e^3 问题进阶序列为学习者提供了一个机会，使他们能够更早、更经常地得到表现反馈，为学习者提供了一个从错误中学习的机会，也为学习者提供了一个调整学习的机会。

问题进阶案例：创业课程

杨百翰大学夏威夷分校拥有来自世界各地超过 85 个不同国家和地区的学习者群体。这些学习者中有许多来自发展中国家，他们必须承诺在大学完成学业后返回其居住国。为了让学习者认识到这一挑战，商学院有一个创业项目，其口号是："返乡不甘当员工，回国努力做雇主。"我很荣幸能作为一名志愿者在杨百翰大学夏威夷分校的教学技术和外联中心工作。该中心的目标是为留学生提供课程。该中心的一位教学设计师安尼·门登赫尔（Anne Mendenhall）与商学院和其他几位教学设计师合作，开发了一门在线创业课程，旨在帮助第三世界的学习者在回国后创业（Mendenhall et al., 2006）。本课程使用了一个问题进阶序列，将重点放在真实世界（**示例给我看**），而不是抽象的概念（**讲解给我听**）。抽象的概念仍然要教，但要在整体的、现实世界的问题情境下来教。每一个概念都在不同的背景下针对课程中的每一个问题进行多次示证。学习者因此形成了一个完整的创业图式，并且借助几个案例来说明整个过程。

创业课程中有六个主题或者技能适用于开办一家小微企业：（1）辨析商机；（2）萌发创意；（3）定义资源；（4）获取资源；（5）启动项目；（6）经营管理。几位学习者将这些完整的问题用于开发几家小微企业：（1）养殖业项目——柬埔寨的饲养肉猪；（2）服务业项目——蒙古的地毯快洗服务；（3）零售业项目——夏威夷乡下移动电话商店；（4）餐饮业项目——俄罗斯的墨西哥餐厅。选择这些案例的原因是因为它们与学习者将来期望自主创业的项目很相似。在每一个创业项目中，教师会依次讲解或者应用上述六个技能及其包含的子技能。

创业课程界面格式如图 4-2 所示。顶部的选项条对应课程中的五个经商项目——养殖业、服务业、零售业、餐饮业和自主创业。左侧的菜单按钮对应于每个经商项目所需的六个组成技能。"导论"按钮提供了每个经商项目的基本信息。左边的板块呈现了词语或短语，总结了由音频（**讲解**）阐述的"一般信息"。右边的板块展示了左边逐项列出并由音频（**示例**）详细阐述的"具体描述"。

学习者可以控制内容，他们可以通过点击顶部的标签选择任何创业项目。通过单击左侧的菜单按钮，他们可以对该创业项目的任何组成技能实施教学。当单击组成技能按钮时，将显示该技能中的问题解决活动的弹出菜单。我们鼓励学习者在进入下一个经商项目之前先系统地完成每一个创业项目的学习。内容控制允许学习者点击一次或两次返回到任何先前的教学。虽然鼓励学习者依次学习每个创业的材料，但在学习下一个创业技能之前，学习者可以选择复习某个特定的创业技能。本课程最初的计划是提供一个工具来研究问题进阶序列与一个一个技能序列，两者到底是谁有相对优势。据我所知，关于这门课程的研究尚未开展。

创业课程是一门专门为实现问题进阶教学序列而开发的在线课程。教学的重点是现实世界的问题。课程的一开始就向学员介绍第一家企业：柬埔寨的养猪业务。然后，该课将教授应用于创业项目的六个组成技能中的每一个成分，示证如何将这些技能应用到创业产品中。然后，课程又引入了第二个整体问题——蒙古的地毯快洗业务。该课程要求学习者将自己在养猪场学到的技能应用到服务业中；该课程还示证了适用于这个新业务的每种技能的补充元素。创业课程将为第三和第四家企业重复同样的活动顺序。随后的课程将教授与每个新问题相关的技能的补充信息。在这一过程中，每一个问题不断得到进阶，学习者对问题解决越来越熟悉了，课程中需要示证的问题却会越来越少。到课程结束时，在教师的指导下，学习者能够选择、计划和组织自己的小微企业（自主创业）。

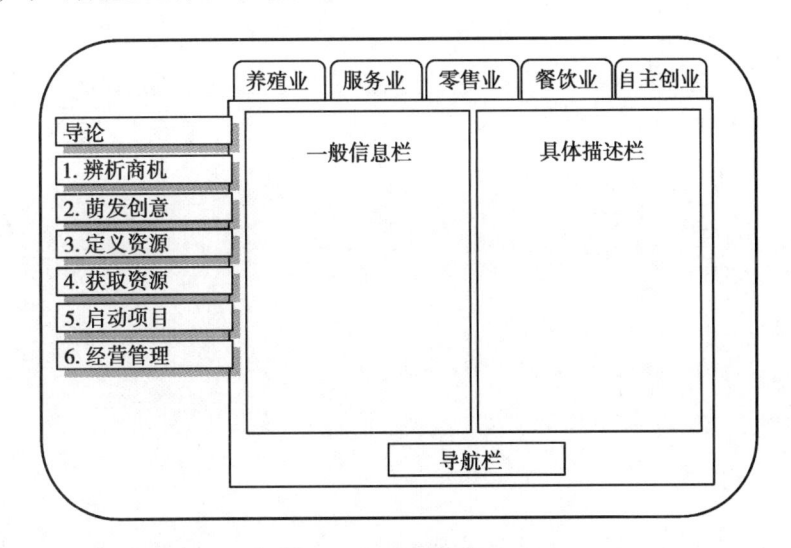

图 4-2 创业课程的界面

图4—3说明了问题进阶的教学序列。**问题进阶教学序列**在问题进阶的情境下教授组成技能；每个组成技能的教学活动分布在进阶的问题中。**问题进阶**是指特定内容区域的一组相同类型的问题。进阶中的问题会增加复杂性；首先给出的是问题的最简单版本，每一个后续问题都比前一个问题更复杂一些。这种方法使学习者在教学序列的早期就涉及完整问题。

教学活动的序列如图4—3所示。这一教学首先示证了问题进阶中的第一个问题［1］。该示证为学习者提供了语境，向他们展示了按照教学要求能够做什么，并形成了模块或课程的目标。通常情况下，正式陈述的目标是学习者无法理解的，因为它们是抽象的内容。另一方面，学习者可以更容易地把握完整问题的示证。

第一步示证的问题应该是一个完整的问题，但它却是整个问题进阶中最不复杂的版本。虽然这个示证包括了整个问题的所有组成部分，但它应该站在一个较高的水平上，以便在最初的示证过程中不让学习者被细节淹没。

第二步［2］呈现（**讲解**）第一个问题所需的每个组成技能的元素。第三步［3］示证（**示例**）应用于第一个问题的这些元素。第四步［4］提出了第二个问题。第五步［5］要求学习者将他们之前在步骤2和步骤3中获得的技能应用（**练习**）到这个新问题上。然后，第六步［6］呈现（**讲解**）组成技能的补充成分，第七步［7］示证（**示例**）如何将这些补充成分应用于这个新问题。第八步该序列重复**应用**、**呈现**、**示证**一组活动［8］，来解决补充的问题，直到学习者掌握了每个组成技能的所有成分，并示证了如何在新问题中实际应用。

聚焦问题的教学策略

1. 示例一个新的完整任务
2. 呈现针对某一问题的具体组成技能
3. 示证这一具体问题的组成技能
4. 示例另一个新的完整问题
5. 要求学习者在这项任务中应用先前学到的组成技能
6. 呈现与这一组成技能相关的其他要素
7. 示证与这一组成技能相关的其他要素
8. 在后续的任务中重复"应用、呈现和示证"的循环圈

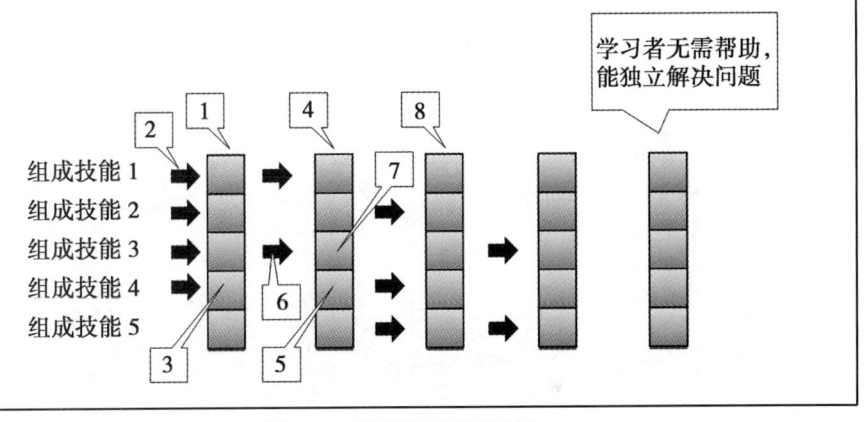

图4—3 问题进阶的教学序列

图4-4展示了一个问题解决的活动图示,这幅图示反映了创业所涉及的要旨——如何开办一家新企业。这里有6个有待解决的问题活动对应着开办一家企业的6个主要步骤,以及执行每一个步骤所需要的条件。成功创业的条件包括:陈述一个商机,描述一个创业想法,说明一个盈利模式,制订一份商业计划书,提交一份最终的(调整过的)商业计划书。读者能够很容易地发现,在这些主要的"问题解决活动"中还嵌入了"补充问题解决活动"。在该课程中,聚焦问题教学策略包括针对每一个创业项目及其包含的每一个问题解决活动的教学指导。

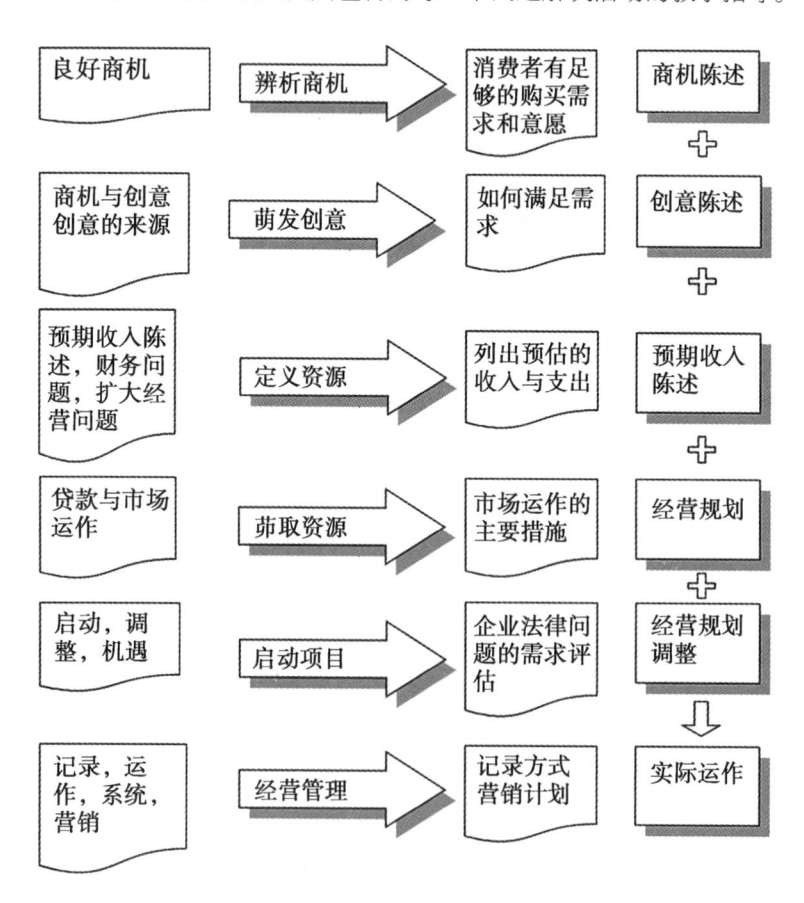

图4-4 创业课程的问题解决活动中主要内容要素之图示

在问题进阶中，与特定的问题解决活动相关的教学活动可能会分布在不同的问题中。表4-1展示了针对第一个组成技能的教学活动是如何分布在整个课程的五个问题中的。下面将讨论在每一个问题情境下教学活动的案例。

在养肉猪的案例中，我们首先向学习者引入了辨析商机，辨析（**讲解条件**）和说明（**示例条件**）属性。在地毯快洗服务的案例中，我们首先向学习者描述了一项有关辨析商机的新属性（**讲解条件**），要求学习者去辨析商机的第二个属性（**识别实例的条件**）。在电话零售项目中，课程中描述了如何去发现一个商机的步骤（**讲解步骤**）并展示了一个案例（**示例步骤**）。学习者依然需要确定"辨析商机"的第三个属性（**识别实例的条件**）。在餐饮业项目中，课程中要求学习者记忆一些辨析商机的属性（**答问条件**）以及发现商机的步骤（**答问步骤**）。**答问**教学活动在此没有做出具体规定，但是在运用**练习**教学活动的时候有助于学习者记忆。课程中要求学习者界定辨析新商机的属性（**识别实例的条件**），并且展示一个扩展的辨析商机（**示例条件**），以及寻找这一信息的步骤（**示例步骤**）。最后一个问题会再次提醒学习者发现商机的步骤（**讲解步骤**），并指导他们实施这些步骤，发现属于自己的商机（**执行实例的步骤**）。

表4-1 创业课程中不同问题的教学活动之分布

	养肉猪	洗地毯	卖手机	开餐馆	自主创业
辨析商机	讲解条件 示例条件	讲解条件 识别实例的条件	讲解步骤 示例步骤 识别实例的条件	答问条件 答问步骤 识别实例的条件 示例条件 示例步骤	讲解步骤 执行实例的步骤

本课程引导学习者经历所有问题解决活动（技能）需要的各种教学活动，第一个问题学习完成后再学习第二个问题。对于问题进阶中的每个新项目，这些技能都要再次涉及。如上所述，第一个项目可能只示证与该技能相关的条件或步骤；第二个项目说明第二个具体描述的条件或步骤；第三个项目则可能会要求学习者识别第三个具体描述所涉及的条件或步骤；之后的项目可能会要求学习者实际执行这些步骤，并从自己的行动中识别出导致结果的条件。因此，针对特定组成技能的内容元素开展的教学活动可以分布在问题的进阶中，如图4－1所示。在本例中，我仅说明了第一个组成技能，因为它在进阶中分布在各个项目中。

图4－5展示了养肉猪项目概要。请注意，对项目的简要介绍中引用了每个步骤。图中展示了方括号中提及的每个创业步骤，但这一信息暂时不与学习者共享。展示整个问题是聚焦问题的教学策略的第一步。

创业：养肉猪概说	
音频/一般信息	**具体描述**
旁白：维斯那·安（Veasna Yen）回到柬埔寨后，想在自己的家乡创业。柬埔寨经济发展缓慢，主要以农业为支柱产业。有一天，维斯那听哥哥说，柬埔寨有两样东西十分稀缺：一是建筑，二是肉猪！［辨析商机］经过认真的分析和研究，维斯那打算建一个养猪场［萌发创意］。维斯那不善经商，所以他首先想到请导师来帮助他创业。维斯那还想办法结识了一位潜在投资商［定义资源］。他给这位投资商展示了自己的经营计划和预期财务设想。维斯那向其解释说，自己养肉猪的竞争优势在于"规模"效应。在柬埔寨，虽然其他农民也养猪，但大多数出于家庭自食需要，难以向市场提供大量的猪肉。如果有了较大规模的养猪场，维斯那就能够满足市场对猪肉的大量需求，并因此赢得稳定的客户源。这位投资商最终投资了一万美元。最终，维斯那动用自己的储蓄并在家人的资助下，开始了创业生涯［获取资源］。维斯那从叔叔那里租用了土地，雇佣了工人建造并运营该农场［启动项目］。	这里的具体描述是一组图片，展示了维斯那，他的哥哥，投资商，以及农场的各种照片。

版权属于杨百翰大学夏威夷分校，使用已经授权。

图4－5　创业故事"养肉猪"——导论

图 4-6 说明了第一个组成技能的教学活动——养肉猪项目中的辨析商机。音频和左边栏目是讲解条件活动，右边栏目是展示条件活动。

创业——辨析商机——养肉猪		
音频	一般信息	具体描述
旁白：一个好的商机需要具备两个特点：首先，必须有足够多的人有这种未被满足的需求；第二，必须有可能盈利。	辨析一个好的商机 1. 未被满足的需求 2. 盈利的潜质	
旁白：这里就有一份"商机"清单，用来帮助我们辨别某个商机陈述是否完整： 1. 是否有未被满足的需求？ 2. 是否有足够多的人有此种未被满足的需求？ 3. 是否有足够多有此需求的人愿意为您的解决方案付钱？这些款额能够使您盈利吗？ 4. 这些愿意付钱购买此种产品或服务的人，能够方便地进行支付吗？ 创业者并不是鲁莽的冒险家。事实上，他们都在尽力降低风险。因此，您也需要确定自己看到的是一个真正的机会。针对上面的每一条的回答，有何证据可以证明，这是个潜在的商业机会？信息从何而来？怎么知道信息是否真实，是否准确？ 下面是维斯那他发现的商机做出的陈述。看看陈述的每部分与上面的商机列表如何对应。	商机陈述清单： 1. 这里是否有未被满足的需求？证据是什么？ 2. 是否有足够多的人？证据是什么？ 3. 他们是否愿意支付？证据是什么？ 注意： 以上标号的条目会在音频中提及的时候显示。 当上一个条目被点击，相应的商机陈述的段落就会显示出来。 当条目1被点击时，就会显示这么一条信息："这是一个很好的需求，但是证据不足。只是他的哥哥提到了。这个信息从何得来的？" 每一个条目都会有相似的信息。	维斯那的商机陈述 我听哥哥说，在柬埔寨最需要的东西之一就是肉猪。猪肉消费的50%以上都从邻国进口，主要是泰国和越南。在这种情况下，猪肉进口成本很高，交货时间又长，质量不佳。 随着东南亚爆发禽流感，越来越多的人往往会选择鸡鸭以外的其他肉类。在柬埔寨也有很多中国人，中国人偏好吃猪肉。通过对市场的调研，我发现每天都有很多人购买猪肉。我还从卖主口中得知，他们的销售渠道十分通畅。还有一位当地的屠夫告诉我，如果每个月提供廉价的生猪肉，他会从我这里进货。

版权属于杨百翰大学夏威夷分校，使用已经授权。

图 4-6 创业故事"养肉猪"——辨析商机

图4—7说明了洗地毯项目中第一个组成技能的教学活动。音频和左边栏目是讲解条件的教学活动，右边栏目是识别条件的教学活动。

创业——辨析商机——洗地毯		
音频	一般信息	具体描述
旁白：一个好的商机是获得商业成功的基础。您已经看到了如何辨析商机的清单。在这节课中，我们需要在这个清单中添加更多的条目，您需要知道这里是否有潜在的消费者愿意支付这项服务。也许很多人愿意购买，但是他们却没有足够的经济来源。这些问题可以总结为一个问题：这里是否有足够多的人愿意、并且能够支付您的产品或服务，并为您带来利润？ 旁白：看看这个新的商机陈述，决定Tseegii和Tsogto是否需要完善他们的回答。 现在阅读这份辨析商机，您认为它是完整的吗？	辨析商机清单： 1. 是否有未被满足的需求？ 有什么证据？ 2. 是否有足够多的人有此种未被满足的需求？ 有什么证据？ 3. 是否有足够多有此需求的人愿意为您的解决方案付钱？ 有什么证据？ 4. 他们能支付得起吗？ 有什么证据？	Tseegii和Tsogto的辨析商机 我们在乌兰巴托生活过很多年，漫长而寒冷的冬天使得我们必须在家中和办公室铺设地毯保暖。但是，人们要考虑如何清洗的问题。必须承认，由于蒙古自然环境等各方面的原因，街道很脏，也没有太多的绿荫草地，所以，一旦碰到雨雪天气，街道就会变得泥泞不堪。自然而然，地毯就很容易变脏，清洗工作总是迫在眉睫。可惜的是，蒙古并没有专业的地毯清洗服务。因此，人们更换地毯的频率很高，往往造成时间和金钱上的浪费，十分可惜。 这是一个完整的辨析商机吗？ 是的／不是／不确定
反馈：这个辨析商机还有待完善，因为它缺少现实的依据和信息。当地居民多久换一次地毯？每次更换地毯的花销是多少钱？此外，还有一个很重要的问题他们没有回答，那就是："消费者是否能够支付得起"？		

版权属于杨百翰大学夏威夷分校，使用已经授权。

图4—7 创业故事"洗地毯"——辨析商机

图 4—8 说明了卖手机项目中第一个技能的教学活动。第一行是一个讲解步骤的教学活动，提供辨析商机的步骤。第二行是用于新的辨析商机的识别条件活动的第二个应用程序。第三个教学活动是一个展示条件教学活动，说明戴维（Devin）是如何根据识别条件活动的反馈改进自己陈述的。

创业故事——辨析商机——卖手机		
音频	一般信息	具体描述
旁白：通过上两次课，您应该已经了解了好商机大体来源自哪里。待解决的问题、技术变革和社会变革通常是好商机之来源。人们可以采用多种方式对这些问题和变化进行辨析，如向家庭或朋友征求意见，阅读报纸杂志，观看电视新闻等。但是，大多数创业者都是通过其早先的工作经历发现机会的。超过半数的商业成功案例都起步于早先的工作及相应的技能和经验。	发现商机： 1. 寻找有待解决的问题 2. 寻找技术的变化 3. 寻找社会的变化 4. 之前的工作经历	
旁白：这里有一份商机陈述数据，请就其完善程度做出自己的判定。	商机陈述清单： 1. 是否有未被满足的需求？ 有什么证据？ 2. 是否有足够多的人有此种未被满足的需求？ 有什么证据？ 3. 是否有足够多有此需求的人愿意为您的解决方案付钱？ 有什么证据？ 4. 他们能支付得起吗？ 有什么证据？	戴维的商机报告 1 　　在夏威夷上大学的时候，我就发现很多学习者有一项需求未被满足。在每学期初举行的博览会上，一些公司会向当地的学习者展示其产品。我当时也正在寻找机会赚点小钱，于是就咨询了一家手机公司，并尝试在博览会上为他们销售手机。也正是在这一过程中，我才意识到每学期都有成百上千国际新生会到校就读，他们遇到的首要问题之一就是购买一部手机，以便与新朋友保持联系。 　　但是，距离最近的一家手机零售店远在 45 分钟车程之外。因而，倘若有一家当地实体手机销售点，那将是非常方便的。我从一手经验中发现新生确有未被满足的需求。 以上是一份完善的商机报告吗？ 是/不是/不确定

图 4—8（1）　创业故事"买手机"——辨析商机

反馈：虽然戴维通过他的工作经历发现这里有好商机，但是证据尚嫌不足，大多数陈述还不够具体。与其用"成百上千"，不如说明每个学期具体有多少国际学生，并估计究竟有多少新生需要买手机，以及他们能接受的价格范围。此外，什么证据能证明这个信息的准确性？这是一个很好的开始，但是还需要再做调研加以完善。

	戴维的商机报告 1	戴维的商机报告 2
旁白：戴维决定对其商业机会做进一步的调查。比较一下新旧两份商机报告，是什么让第二份报告较第一份更加完善呢？ 点击高亮条目，查看相对应的辨析商机。 点击这里对比您的答案。	在夏威夷北岸的 La'ie 上大学的时候，我就发现很多学生有一项需求未被满足。在每学期初举行的展销会上，一些公司会向当地学生展示他们的产品。 我当时也正在寻找机会赚点小钱，于是就咨询了一家手机公司，并尝试在展销会上为他们销售手机。也正是在销售手机的过程中，我才意识到每学期都有数百位国际新生会到校就读，他们遇到的首要问题之一就是获得一部手机，以便于新朋友们保持联系。 但是，距离最近的一家手机零售店远在 45 分钟车程之外。因而，倘若有一家当地的实体手机销售点，那将是非常方便的。 我从一手经验中发现新生们的确有未被满足的需求。 **辨析商机清单**： 1. 是否有未被满足的需求？ 有什么证据？ 2. 是否有足够多的人有此种未被满足的需求？ 有什么证据？	在夏威夷北岸的 La'ie 上大学的时候，我就发现很多学生有一项需求未被满足。在每学期初举行的展销会上，一些公司会向大学生、大学教师、员工和社区居民展示其产品。去年，约有 2200 人次参与活动。这个数据来源于一家保险公司的摊位，他们向每位参与者赠送礼物，总计分发放了 2200 件小礼物。 我当时也正在寻找机会赚点小钱，于是就咨询了一家手机公司，尝试在展销会上为他们进行手机销售。也正是在销售手机的过程中，我才意识到每学期都有数百位国际新生会到校就读，他们遇到的首要问题之一就是获得一部手机，以便与新朋友们保持联系。 我向注册登记员询问了关于每学期到校就读的留学生数量。数据显示，秋学期 376 人，冬学期 154 人，春夏学期各 109 人。 通过回顾一周销售记录，我所在的公司总计销售了 264 部手机，其中有 189 部流向留学生群体，而在这已销售的 189 部手机中，又有 177 部是低端手机，价格 69.95 美元。 距离最近的一家手机零售

续表

	3. 是否有足够多有此需求的人愿意为您的解决方案付钱？ 有什么证据？ 4. 他们能支付得起吗？ 有什么证据？	店远在45分钟车程之外，坐公交车需约1.5小时。因而，倘若有一家当地的实体手机销售点，那将是非常方便的。我从一手经验中发现新生的确有未被满足的需求。

反馈：如您所看到的，戴维做了更充分的调研。他发现了究竟有多少人会光顾这个卖场。有一个国际学生的精确数字当然是很理想的，但是这个数据没有人统计过。与此最接近的数据是保险公司曾收集的学生数据。他也从新生注册处得到了相应的数据。他自己原来的销售经验也能帮助他估计一些潜在销售量。

版权属于杨百翰大学夏威夷分校，使用已经授权。

图 4-8（2）创业故事"买手机"——辨析商机

图4-9说明了开餐馆项目中第一个技能的教学活动。第一行是一个答问条件的教学活动——辨析良好的商机特征。第二行是每个特征的识别条件的教学活动——确定每一个具体描述的示例和一般信息的证据。第三行是一个答问步骤的教学活动，要求学习者列出找到一个好商机的步骤。第四行是一个展示条件活动，展示了希伯（Heber）的研究结果，为他的辨析商机陈述找到了。

创业——商机——开餐馆		
音频	一般信息	具体描述
旁白：通过学习前三课，您已经知道了前三个项目是如何辨析商机。现在，轮到您来列出辨析完整商机的四个问题。	现在，轮到您来列出商机列表上的四大问题了。 1. 2. 3. 4. 提交	[反馈] 点击"提交"之后，将向学习者呈现问题
旁白：奥尔加（Olga）和她丈夫要在家乡哈巴罗夫斯克城开一家墨西哥餐厅。希伯来自美国德克萨斯州，但在俄罗斯已经居住了两年，也很熟悉这里的风土人情。为了确定这是不是个好主意，希伯在网上查找了许多相关资料。希伯在一个名为BISNIS的网站上查了一些资料。让我们一起看看希伯的分析能否与上述四个问题对应起来。	辨析商机清单： 1. 是否存在未被满足的需求？ 2. 是否有足够的人？ 3. 他们是否愿意购买？ 4. 他们是否有能力购买？	1. 希伯善于烹制墨西哥菜。他在BISNIS上查阅了哈巴罗夫斯克的工业发展报告。报告显示，在哈巴罗夫斯克开设一家外国菜餐厅有很大的商业发展潜力。据调查，哈巴罗夫斯克周边城市仅有两家这样的餐厅。即使是这两家距哈巴罗夫斯克也非常远，有12小时的车程。 2. 哈巴罗夫斯克的人口约为582100。由于人们对高品质生活和服务的要求，这里的消费水平也在不断增长。而且，BISINIS预测，如果在哈巴罗夫斯克开第一家墨西哥餐厅，将拥有很好的前景。 3. 在哈巴罗夫斯克的周边城市海参崴有两家外国餐厅，距离哈巴罗夫斯克都有近12小时车程。就拿其中一家"烤鸡餐厅"来说，每日平均接待300名顾客，到高峰期甚至供不应求。 4. 快餐业在俄罗斯，尤其是远东地区，发展很慢。提供一种既有营养，又美味，又便捷的餐饮服务，将有很好的前景。BISINIS的资料显示，在哈巴罗夫斯克接受快餐业培训，一门课程收费3到4美金不等。这里的居民平均收入每月100美金。

图4-9（1）　创业故事"开餐馆"——辨析商机

旁白：对于希伯和奥尔加来说，找出一个商机需要几个步骤呢？	四种寻找商机的方法： 1. 2. 3. 4. 提交	反馈：[当学习者点击"提交"，就会显示这些问题]
旁白：阅读希伯在BISI-NIS找到的信息资料，他发现了四篇文章可以帮助他回答商机问题。	辨析商机清单： 1. 是否有未被满足的需求？ 有什么证据？ 2. 是否有足够多的人有此种未被满足的需求？ 有什么证据？ 3. 是否有足够多有此需求的人愿意为您的解决方案付钱？ 有什么证据？ 4. 他们能支付得起吗？ 有什么证据？	第一篇文章，来自俄罗斯远东的商机，陈述了这里的居民收入有一个稳定的增长，这就引起了人们对于商品和服务质量的强烈需求。恰好这里的服务质量很差。提供一种西方模式的管理和顾客服务将会获得一种竞争优势。此外，这里的餐厅很少能提供快捷、廉价、优质的餐饮服务。 [这里有四篇补充文章作为提供相关高亮问题的证据]

版权属于杨百翰大学夏威夷分校，使用已经授权。

图4—9（2） 创业故事"开餐馆"——辨析商机

以上教学策略说明了第三章中规定的一些教学策略的实施情况。**执行步骤**（执行完整问题的所有步骤）教学活动包括大量指导。当学习者开始自主创业的步骤时，在这门课程中没有机会得到有关表现的内在反馈。当然，尝试在现实世界中创业，不管成功或失败，确实有内在反馈。在课程学习的情境下，监控一个开放式的执行步骤的教学活动是困难的。很明显，这门课程的最终目的是让学习者自主创业。评估学习者解决完整问题的能力的可能方法是为另一个项目实施**预测结果**（从一组条件中预测一个结果）或**发现条件**（为一个未预料到的结果发现错误的条件或步骤）的教学活动。条件——辨析商机、萌发创意、收支预算和制订计划等，这些都是获得风险资本的条件。有效的**发现条件**策略可能包括向学习者提供另一个项目的商业计划，并让他们预测该计划是否足以从投资者那里获得风险投资。这种批判性应用要求学习者检查计划的每一个条件，使用以下提示：辨析商机在哪里以及是否表明了物业需要或想要的实例，是否有足够的客户，是否有人愿意支付和有能力支付；确定商机在何处以及是否为这些特征提供了证据；指出如何改善辨析商机。要为获得资源的每个条件提供一组类似的提示。

图4-10说明了在自主创业中第一项组成技能涉及的教学活动。这里的教学活动是"**讲解步骤**"和"**执行步骤**",这些步骤对于发现一项商机至关重要。课程会再次提醒学习者注意这些步骤并鼓励他们亲自践行这些步骤。

创业——辨析商机——自主创业		
音频	一般信息	具体描述
旁白:参考在线的《全球公司总览》,研究您自主创业所在国家的现状。 看看最近的报纸,了解您周围的环境与人们的状况。 把您周围那些有可能转化为商机的变化与问题告诉您的家人和朋友。 基于您的调研,回答这些问题:您或者别人需要解决的问题是什么?有没有新技术可以更快更廉价地解决这个问题?社会的什么变革引发了这些问题?您是否可以思考解决这些问题的方法?	界定一个商机 点击这里获取《全球公司总览》 查看报纸 与家人和朋友对话	回答下面的问题: 1. 列出您和其他人都可能看到的问题。您有解决方案吗? —————— 2. 列出可以帮您快速廉价地解决现存问题的技术。 —————— 3. 列出引发这一问题的社会变化。您有解决问题的方法吗? ——————
旁白:考虑您先前的工作经历。什么样的技术和训练对您现在创业有帮助?谁会是您的顾客?谁会是您的供应商?您之前工作中的哪些伙伴会成为您创业的潜在顾客?		回答下面的问题: 1. 列出您的技能和培训 —————— 2. 谁是您以前的顾客? —————— 3. 他们有可能成为您新企业的顾客吗? ——————
旁白:除了您写下的观点外,进一步发现更好的机会并加强调研。访谈一些经营类似企业的人。调研您的企业将要落足的社区。访谈那些知道这个社区需求的人。 现在,回答这是否是一个好的商机的问题。	访谈企业主 了解社区	回答下面的问题: 1. 您的产品或者服务想要满足什么样的需求?证据是什么? —————— 2. 谁是您的产品或服务的潜在顾客?证据是什么? —————— 3. 这些人可以支付得起您的产品或者服务吗?证据是什么? ——————

版权属于杨百翰大学夏威夷分校。使用已经授权。

图4-10 把握商机的教学活动——自主创业

聚焦问题的教学策略之案例：通识教育课程

许多课程，包括通识教育课程，涵盖了多个类型的问题，甚至覆盖了整个学科领域。聚焦问题解决教学策略在这种类型的课程中如何实施呢？我们在杨百翰大学夏威夷分校的开发小组与一位生物学教授合作，改进普通教育通识课程"生物学100"。这门课的教师授课评价经常很差。教授和我们的开发团队的目标是找到一种方法来激发学习者的兴趣和提高课程效果。经过反复讨论后，教授同意与团队合作，为这门课程设计一个问题进阶序列（Francom et al, 2009a, 2009b）。我们成功的一个小迹象是，当一名学生在杨百翰大学夏威夷分校校长主持的每周对话会议上问了以下问题："我是一名选修"生物学100"课程的学生。这门课很不寻常，一开始所有的学生都很反感，不喜欢这种方式。教授对我们很有耐心，坚持让我们至少试一试。现在，在学期结束的时候，我可以说这是我上过的最好的大学课程。我们都喜欢这门课。为什么这所大学不是所有的课程都用这种方式来教呢？"

来自课程范围的限制是第一重挑战，这就促使我们使用聚焦问题的策略。教师为学习者选择必要的主题，夯实生物学的基础。这门课程需要考虑院系的要求，既要覆盖特定的主题，又要让学习者参与到问题解决的过程中。该课程选择了六个主题：科学的历程、化学基础、细胞、基因、进化与生态。

第二重挑战来自确定每一个主题领域中的问题序列。教师对这六个主题领域各选择了三个问题，图4—11简明地总结了"科学的历程"这个主题下面的三个问题。提供给学习者的问题叙述和数据是非常简略的，但是学习者需要解决的问题将在这些问题中得到说明。

接下来的挑战是，如何让学习者参与到这个问题的序列中，以及如何让学习者与他人有效地互动（参见第五章有关同伴互动的具体说明）。图4—12界定了每一个主题下重复的教学活动的序列。

生物学 100——科学的历程	
问题 1. 死鱼之谜 呈现一个详细的案例研究： 在河口发现许多死鱼。 故事的参与者有科学家，为了检测原因。 一个故事的参与者认为是溶解氧导致的。 提供了一幅这条河流的溶解氧过程图。 正如故事陈述的，更多的假设和数据提供解释这一现象，最终，学习者需要回答右侧对话框里的问题。	使用科学的方法回答鱼死亡的原因。 观察到了什么？ 有什么假设？ 基于这些假设有什么预测？ 您如何检验这些假设？ 什么样的结果可以（或不可以）支持您的假设？
问题 2. 象牙喙啄木鸟 假设我们发现了一种灭绝的象牙喙啄木鸟。 数据：展示这种啄木鸟的视频。 来自布拉德（Brad）的朋友玛丽（Mary）的一封邮件，是质疑这个视频的。	问题：什么证据可以证明象牙喙啄木鸟已经灭绝了？ 问题：评估这段视频的科学性。 问题： 1. 布拉德和玛丽的主要冲突是什么？列一份清单，说明布拉德的证据和玛丽的回应。 2. 对于布拉德宣称我们将错过拯救这种鸟类的时机，您有何想法？ 3. 想象一下，您是一个公司的老板，拥有砍伐象牙喙啄木鸟栖息地树木的权力，或者您是一个生物学家正在尝试保护这一灭绝的物种。您会满意布拉德提供的证据吗？为什么？ 4. 需要多少证据量是足够的？您是如何回答这个问题的？
问题 3. 纳米细菌：它们是否有生命？ 解释生物矿化作用。 在这个问题中，我们将思考有关纳米细菌的证据，以及它们在生物矿化过程中的作用。根本的问题是纳米细菌是否有生命。 生命的特征。 实验 1. 可转移性（描述实验过程） 实验 2. 伽马射线 实验 3. 肾结石 相应的证据。 从两个实验中得出的相反的证据。	做出您自己的决定，纳米细菌是否有生命。并依据现有的信息解释您的回答。

版权属于杨百翰大学夏威夷分校，使用已经授权。

图 4-11　生物学 100——科学的历程

课前教学活动

教师会帮助学习者选择所有的阅读材料来完成课程问题。在课前，学习者需要阅读案例，并阅读教材中相应的部分，以及与这个问题相关的补充材料。在"科学的历程"这一部分，学习者需要完成一个有关"死鱼之谜"的案例研究。这些问题需要学习者利用已经学过的知识。案例研究和问题是学习者面对的第一重难题。教师会指导并鼓励学习者寻找线索，帮助他们理解案例并尝试做出回答。这门课程需要学习者在上课之前先回答这些问题。

课中教学活动

聚焦问题教学策略中的第一个教学活动说明了这个问题是如何完成的。在课中部分，教师将讲解学习者读到的这些信息是如何应用到第一个案例研究中的，并且展示如何完成这个问题。教师随后会呈现第二个问题，阐述部分的解决方案，引导课堂讨论并帮助学习者分析教材和学习材料中可以用于解决这个问题信息。

课后教学活动

在课后，学习者将在较少的指导下完成第三个问题。这些问题都来自真实世界的案例，学习者先独立解决然后再开展团队合作。学习者首先要阅读这个案例，然后把前两个问题中学到的技能用于解决这个新的问题。

课程的每一个部分都有相类似的教学策略。学习者阅读一个问题，学习与问题相关的教材知识和补充材料。然后他们走进课堂展示这些信息如何可以用于解决这些问题。接着，他们将呈现用于课堂小组讨论的第二个问题。关于家庭作业，则是学习者独立完成第三个问题并且小组合作分享自己得出的问题解决的结论。

如何在这样的教学活动的序列中落实有关问题解决的规定的教学活动？在上文的策略介绍中列出的两大教学活动就是**示例结果**(展示整个问题的结果）和**发现条件**(发现导致最终结果的错误条件)。假定该课程已经把**示例条件和示例步骤的教学活动**作为教材、补充材料和课内示证的一部分，但是尚没有迹象表明这门课程中包括了**识别条件，识别步骤，执行步骤**等一组教学活动。教师只是运用较为传统的教学方式，选择了那些与待学的生物学概念和原理相关的阅读和补充材料，其强调的重点是内容而不是教学活动。对问题解决教学活动（包括案例学习、阅读材料和补充材料等）进行仔细分析，方能展示一个问题解决的活动结构，还有一些补充的**识别**和**执行**等有益于 e^3 效果的**教学活动**。然而，时间和内容的需求限制了能够补充的教学活动量。尽管如此，本生物学课程中聚焦问题解决教学策略与传统的**讲解—提问**（Tell－Ask）教学方法相比，已经实现了长足的进步。

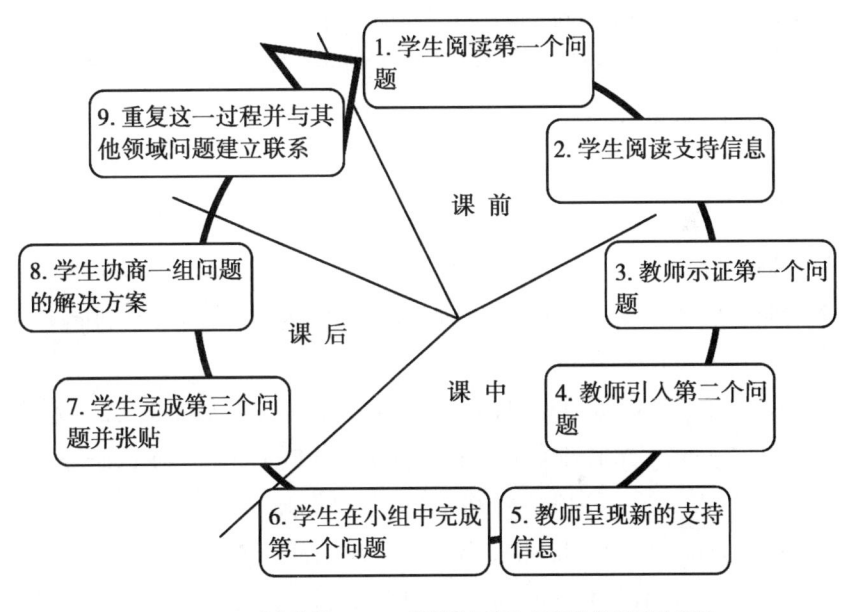

图 4－12　"生物学 100——科学的历程"课程的教学活动序列

本章小结

以主题为中心的教学序列是一种依次教授每个组成技能的方法；通常没有考虑最后的问题。问题进阶教学序列是从特定的内容领域的一组问题中找出问题的具体描述，第一个呈现的问题是简单明确的，尔后每一个连续的问题描述都会增加复杂性。问题进阶教学策略是在问题进阶的情境下教授组成技能的一种方法；教授第一个问题描述所需的所有组成技能，然后再回顾这些组成技能，根据需要为后续的每个问题描述添加补充的组成技能或元素。每个组成技能的教学活动分布在进阶的问题描述中。当某一特定技能的示证出现在进阶中早期的问题描述中，并且该技能的应用出现在进阶中的后续问题描述中时，教学活动就呈现分布状态。

本章应用

在网上选择几门您正在学习或者设计的课程。辨别一下这些课程,找出一个采用了聚焦问题教学策略的课程。看看您是否可以界定课程中的每一个聚焦问题解决的策略成分。使用聚焦问题解决教学策略的课程并不常见,因此您可能找不到一个很好的案例。这样就不妨选择一个有问题并且界定了问题序列的课程,看看您是否能够为这门课程设计聚焦问题教学策略的各个步骤。

拓展学习

Mendenhall, A., Buhanan, C. W., Suhaka, M., Mills, G., Gibson, G. V., & Merrill, M. D. (2006). A taskcentered approach to entrepreneurship. *TechTrend*, 50 (4), 84—89.

Francom, G., Bybee, D., Wolfersberger, M., Mendenhall, A., & Merrill, M. D. (2009a). A Task-Centered Approach to Freshman-Level General *Biology. Bioscene*, *Journal of College Biology Teaching*, 35 (1), 66—73.

Francom, G., Wolfersberger, M., & Merrill, M. D. (2009). Biology 100: A Task-Centered, Peer-Interactive Redesign. *TechTrends*, 53 (3), 35—100.

第五章　持续改进：激活旧知原理和融会贯通原理

本章速览

如果您按照第二章的示证新知原理和应用新知原理来设计教学——分类概念、执行程序、理解过程，那么学习者将很可能获得这些技能时效果好和效率高。如果您按照第三章和第四章中所阐述的聚焦问题原理来实施，那么学习者将很可能参与到效率高和效果好的问题解决中。本章阐述了指导——增强示证新知原理的效果；阐述了辅导——增强应用新知原理的效果。本章还阐述了激活旧知原理和融会贯通原理，这两条原理都将改进 e^3 教学。

关键术语

指导(Guidance)：当学习者得到指导将一般信息与具体描述联系起来时，从示证新知中学习才得以增强。

辅导(Coaching)：当学习者得到学习辅导并且这种辅导在后续的问题序列中逐渐撤除时，从应用新知中学习才得以增强。

激活旧知原理(Activation principle)：当学习者激活原有知识与技能的心智模式作为新学习的基础，才能促进学习。

框架(Framework)：原有知识激活后起到学习者学习新知识与技能的组织者作用。

融会贯通原理(Integration principle)：当要求学习者反思、讨论或者辩护其新掌握的知识与技能，将新知识整合到日常生活中时，才能够促进学习。

同伴协作(Peer-collaboration)：一种学习互动方式。学习者在一个内共同解决问题。

同伴评鉴(Peer-critique)：一种学习互动方式。学习者评鉴同伴的问题解决活动并提供改进建议。

引论

前面的章节中已经介绍了通过讲解、展示、答问和练习等教学活动来实现示证新知原理和应用新知原理。这些教学活动被结合成教学策略，以促进分类概念、执行程序、理解过程和掌握问题解决技能。在实施这些教学策略的同时，您可以开发 e^3 教学，通过添加示证新知的**指导**和应用新知的**辅导**，以上这些策略可以变得更加有效。示证新知原理和应用新知原理是基础，是开发 e^3 教学所必需的。聚焦问题原理将这些教学策略整合为一种策略，用以提升 e^3 问题解决技能。

第一章还介绍了激活旧知原理和融会贯通原理。在没有实施激活旧知原理和融会贯通原理的情况下，也可以实施 e^3 教学；但是，如果贯彻了这两条原理，确实能够在需要时提高学习者保持和应用技能的本领。

指导

当指导学习者将一般信息与特定实例联系起来时，从示证新知中学习将得以增强。

图片配指导

本书第二章介绍了"三分构图法"的分类概念课。这一课使用了图片配指导。图5-1是这节课的前两个教学活动。网格是一种可视化的方式，用来表示这个概念的定义属性。图片可以不用网格覆盖，但是使用了网格会使"三分法"的定义属性一目了然。网格不仅定义了概念，还提供了注意力聚焦指导，帮助学习者掌握概念，并检测摄影的分类概念技能。

此图突出显示了一些属性，这些属性使学习者能够从一个相关类别中区分某一个类别的实例。仅仅举个例子往往是不够的。即使区分属性值存在并包含在一个具体描述中，学习者也很难区分所呈现的特定实例中的属性值。示证新知时配置图示将有助于分清这些关键属性值的描述，以便学习者很容易予以识别。这可以通过符号、图示、动画、高亮显示、语音叠加或其他集中注意力的方式来实现。

\multicolumn{3}{l}{　　下面是一节摄影课的**"哪一种"**知识的片段。所教知识是一种被称为"三分构图法"程序。该片段包括定义、正例和反例,以及要求学习者识别照片是否运用了这一原理。}
1. 定义		三分构图法 　　"三分构图法"是将取景均匀地横竖三等分,形成一个井字型虚拟格。将感兴趣的拍摄主体排在分割点上,会使照片更具趣味性且更专业。 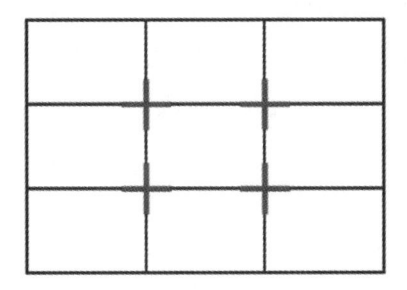
2. 正例和反例		**运用三分构图法** 　　在这一具体描述中使用三分法,感兴趣的对象是人的眼睛。 　　如果不使用三分法,图像看起来不美观。观看者的目光很难确定在看这幅画时要集中注意什么。 　　下面图片展示了三分法的正确应用。请注意女孩眼睛上的交叉线条。  

图 5—1　**注意力聚焦指导——三分构图法**

第二章包括了我经常向参观我的模型铁路的游客描述的过程。图5-2显示了之前使用的相同图片，但在这张图中，我插入了编号的箭头。这张图和随附的音频说明了火车头是如何产生蒸汽使其移动的。在实际介绍中，演示采用了PowerPoint。描述信息为音频文件。音频文件中有用于激活PowerPoint动画的书签。当点击对话框其中一个书签时，相应的箭头就会出现在图上。当点击下一个书签时，第一个箭头消失，下一个箭头出现，这样在任何时刻都只有一个箭头显示。这些箭头引导学习者的注意力到锅炉的相关部分（正如描述的过程一样）。这是一种图示配指导的形式。

这个例子中的图示配指导有助于学习者注意到一个相当复杂的有很多部分的图示的适当部分。在没有箭头的情况下，音频很可能会在学习者找到上一个条件的部分之前游离开去，直接跑到下一个条件去了。当然这可以用静态的图表和文本来完成，但是学习者仍然有可能在给定的条件下很难找到适当部分。我为一个演示开发了一个PowerPoint动画，但是如果没有用箭头来集中注意力，听众肯定会落后于音频解说。

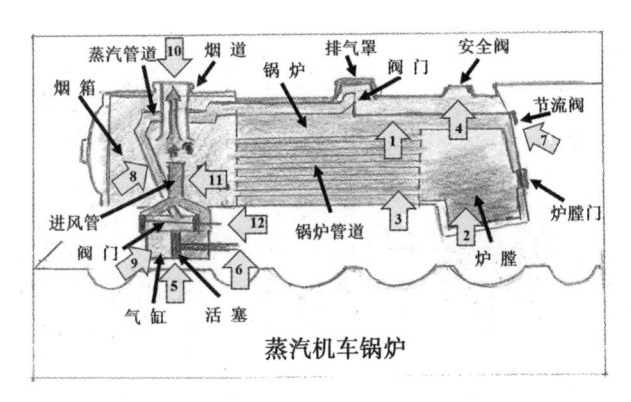

[图示：蒸汽机车锅炉，标注有蒸汽管道10、烟道、锅炉、排气罩、阀门、安全阀、烟箱、节流阀、8、11、1、4、7、进风管、3、2、炉膛门、阀门9、6、5、气缸、活塞、炉膛、锅炉管道]

音频："一个过程包括一系列导致一些结果的条件。在蒸汽机车的案例中，结果是机车上的轮子转动并推动火车。导致这种结果的条件是什么？首先，锅炉必须有水［箭头1］和炉膛中有火［箭头2］。炉膛中的热量通过许多锅炉管［箭头3］从被水包围的锅炉中流出。炉膛中的火必须足够大，使水能变成蒸汽。蒸汽必须有足够的压力才能推动汽缸里的活塞。活塞与机车的驱动轮相连，当活塞运动时，带动驱动轮。当司机打开蒸汽圆顶中的阀门时［箭头7］，高压蒸汽通过蒸汽管道［箭头8］流入气缸的一侧［箭头9］。火中的烟和烟雾被蒸汽从蒸汽管道［箭头10］里排出，蒸汽通过气缸内活塞的运动被推上进风管［箭头11］。汽缸顶部的一个阀门来回运动，每次冲程使蒸汽从一边进入，用过的蒸汽从另一边排出。这就是为什么蒸汽机车会发出爆炸声的原因。

图 5-2 注意力聚焦指导——蒸汽机车锅炉

学习者可能不清楚一般信息和具体实例之间的关系。图示配指导为学习者提供方向，以便能注意示证的关键方面和在特定的情境中加工信息。适当的注意力集中指导可以增强示证新知所产生的学习效果。

匹配指导

图5-1是另一种重要的指导形式。请注意,这两个女孩子有两张图片,一张采用了三分构图法,另一张却没有这样。将实现了定义属性的正例与没有实现定义属性的反例相匹配,这是另一种非常有效的指导。请注意,我们有许多属性不匹配三分法构图定义,包括相同的女孩图片,同一场景背后的女孩,唯一不同的是,这张照片剪裁过了,使之女孩能位于网格线的交点。

在我职业生涯的早期,我的一个学生准备了一节关于"认识副词"的课,作为研究分类概念的教学设计的实验工具。副词成为了一个有趣的话题,因为我们发现,即使是大学生也不具备这种技能。图5-3给出了正例/反例匹配的另一个例子,这次是副词。此例中没有图像配指导,只有一对匹配。区分无用的属性包括句子的主语、词根easy以及句子的含义。在两个句子中,以上这些信息都是一样的或者非常相似的。这里的关键特征是以easy为词根的词所修饰的词语。在第一个句子中,easily修饰了动词understood,在第二个句子中,easy修饰了名词book。

语法——副词
这里所教的**哪一类**组成技能是一种词性——副词。下面的第一个句子含有一个副词,而第二个句子含有一个形容词。

有关副词的正例	相匹配的有关副词的反例
The book was easily understood.	It was an easy book to understand.

此图为作者原创。

图5-3 匹配指导——语法中的副词

匹配指导将两个或者两个以上的物体、活动或者过程的实例进行配对。这些实例在无关属性上很相似但是在关键属性上却有差异。分类概念技能让学习者区分实例是否属于某个类别(或属于其他类别)。将不同的实例彼此区分开来,需要学习者聚焦于那些有助于区分的属性,忽略那些对区分无用的属性。匹配是促进这种聚焦的一种指导方式。这种指导方式将正例和反例一一配对,两者享有一些无关紧要的共同属性,而仅仅在关键属性上有所不同。在早期的示证教学活动中,当正例和反例配对时,学习者掌握分类概念的技能将得到强化。除了在指导过程以外,在应用新知教学活动中不应该再使用配对例子,因为它们给学习者提供了过多的帮助,难以评估学习者的分类技能。

变异指导

在图 5—4 中，变异的例子呈现了三种不同类型的副词。这些例子的差异在于被修饰词的种类。副词回答了各种问题——何时？何种程度？何种方式？Yesterday 出现在被修饰词之后，而 not 和 very 出现在被修饰词之前。仅有一个副词以—ly 结尾。求同的例子都以—ly 结尾。这里的—ly 并不是副词的一个关键特征，但基于这些例子，学习者有可能假设这是一个必需的特征。三个副词全部回答了"何种方式"的问题，都跟在被修饰词后面。

变异关系展示了一系列具体描述，全部都涉及某一组成技能的实例，并且各个实例间的差异反映了其在现实生活中的重要特征。分类概念技能要求学习者能将一个类别中的所有例子都能作出概括，即使除了关键特征之外这些例子彼此存在很大的差异。学习者每遇到一个全新的具体描述，他们对于待学技能的心智模式范围就会扩大一次。然后，学习者学着把自己的理解推广到各种各样的具体描述中。当各种例子尽可能地呈现出多样性时，分类概念技能的学习得以强化。变异的例子在示证新知和应用新知教学活动中都可以使用。

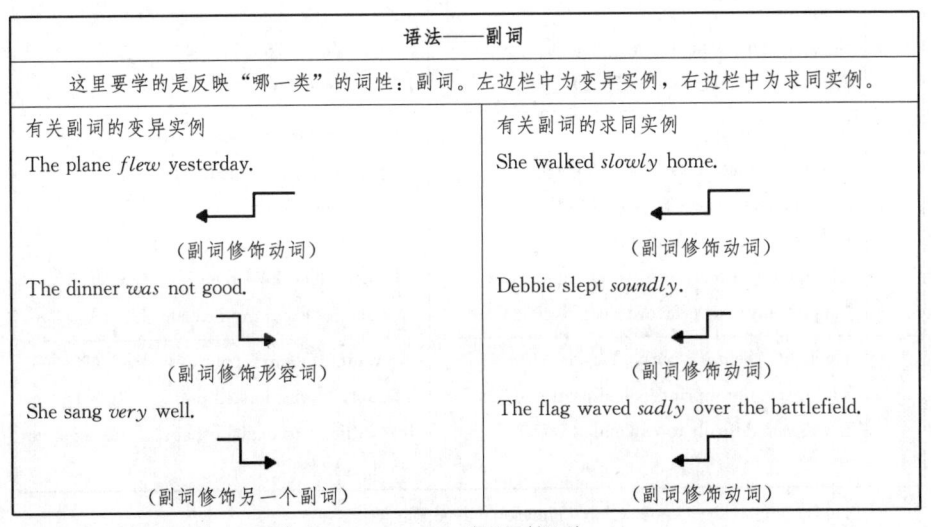

语法——副词

这里要学的是反映"哪一类"的词性：副词。左边栏中为变异实例，右边栏中为求同实例。

有关副词的变异实例	有关副词的求同实例
The plane *flew* yesterday. （副词修饰动词）	She walked *slowly* home. （副词修饰动词）
The dinner *was* not good. （副词修饰形容词）	Debbie slept *soundly*. （副词修饰动词）
She sang *very* well. （副词修饰另一个副词）	The flag waved *sadly* over the battlefield. （副词修饰动词）

此图由作者与鲍勃·坦尼森（Bob Tennyson）共同原创设计。

图 5—4　变异指导——语法中的副词

从易到难指导

图 5—5 所示的副词实例以 110 名七年级学习者为样本，研究了副词实例的定义。对于图中的每个实例，在项目后的括号中给出了学习者正确识别它为正例或

反例的百分比。如果学习者已经学习了这么多实例，那么他们就更有可能识别出新的副词的正例和反例。

这种类型的教学互动为学习者提供了一系列由易到难的问题实例。在任何类别中，一些例子明显是这个类别的成员，而另一些例子则更像是一个邻近类别的成员，更难判断它的类别归属。从易到难的各种例子能够帮助学习者将所学推广到指定类别中所有的成员。如果可能的话，建议选取一组样本学习者来测试正例与反例的难度，因为评估单一的实例或反例的难度级别通常是比较困难的。在实例覆盖了各种难度层级时，分类概念技能将得以加强。

	语法——副词	
\multicolumn{3}{l}{这里要学的**哪一类**组成技能是一种词性：副词。在仅仅给出了定义的情况下，通常有70%以上的学习者能够正确区分第一个难度级别中的副词与非副词，不足30%的学习者能够在最高难度的单词中分辨出副词，而中等难度的正确率在30%到70%之间（正如方括号中的数据显示，少数一些反例的辨识正确率高于它们所属难度级别的平均比例）。}	
\multicolumn{3}{l}{定义：副词是指在句子中用以修饰动词、形容词、其他副词的一类词，表示时间、地点、程度、方式等概念。}	
	正例	反例
初级	*Slowly*, she walked home. （84%） Are you *fighting* mad? （70%）	She is *slow*. （75%） Do you *fight*? （90%）
中级	You are *so* happy. （68%） The train chugged *loudly*. （66%） She has been absent *lately*. （64%） Clouds gathered *threateningly*. （56%） The book had *three* colored pictures. （44%） Cats are my *No. 1* favorite pet. （40%）	*Sewing* makes you happy. （88%）［初级］ The *loud* train chugged. （60%） She has been *late*. （89%）［初级］ The *threatening* clouds gathered. （50%） The book had *three* pictures. （55%） *One* special cat is my favorite cat. （40%）
高级	He wants the *dark* purple bicycle. （28%） The *small* floral print looked pretty. （22%） It was *not* difficult to explain. （14%）	He wants the *dark* trim to match. （30%） The *small* print looked pretty. （10%） It is difficult to explain that *not* is a negative word. （43%）［中级］

此图由作者与鲍勃·坦尼森（Bob Tennyson）共同原创设计。

图5—5 难度的范围——语法中的副词

辅导

当学习者得到了辅导，并且这种辅导在后续进阶的问题中逐渐撤除，从应用新知中学习将得以增强。

图 5—6 是副词课的应用新知学习活动。这个应用新知包括一个非常精细的辅导。对于第一轮的前两个项目，学习者未必能够识别被修饰过的语词；修饰后的语词是用来作为提示或辅导的。这个学习活动也是矫正性反馈的一个很好的例子。请注意反馈是如何给出了正确的答案，指出了要修饰的词，然后指出了被修饰的词性，以加强所涉及的副词类型。

语法——副词	
以下是对**副词**概念的应用（亦可参见图 5—3 和 5—4 对"哪一类"内容的示证）。	
应用	反馈
用下划线标出下列句子中的副词并说明该副词修饰的是动词、形容词还是其他副词。（在前两个句子中，被修饰词已经加粗）	1. You are so **happy**. *happy* 是形容词，用来修饰 *you*。 *so* 是副词，用来修饰 *happy*。
1. You are so **happy**.	2. The threatening **clouds** gathered. *clouds* 是名词。 *threatening* 是形容词，用来修饰 *clouds*。
2. The threatening **clouds** gathered.	3. The book had three color pictures. *color* 是形容词，用来修饰 *pictures*。 *three* 是副词。
3. The book had three color pictures.	4. He wanted the dark trim to match. *trim* 是名词。 *dark* 是形容词，用来修饰 *trim*。
4. He wanted the dark trim to match.	

此图由作者和鲍勃·坦尼森（Bob Tennyson）原创设计。

图 5—6 辅导与矫正性反馈——语法中的副词

图5-7是一个应用新知学习活动，取自三分构图法一课。在这个应用新知练习中，如果学习者觉得他们需要得到帮助或指导，可以点击网格线将其覆盖在照片上，以帮助他们定位图片中的兴趣点。这是一个很好的辅导例子。本课中余下的应用新知练习（见第二章）不包括这个辅导机会。最好在一两个练习后停止辅导，以确保学习者可以在没有辅导的情况下作出反应（顺便提一下，我孙子是一名很棒的少年棒球联盟投手）。请注意，三分构图法的网格线也可以作为矫正性反馈来使用。

图5-7　辅导——三分构图法

辅导在"练习"这一教学活动中为学习者提供加工信息的方向。辅导帮助学习者将"一般信息"应用到"具体描述"中。辅导的功能是帮助学习者回忆相关的信息元素，让他们能顺利地将这些元素应用到特定的具体描述中。为一个特定技能的第一个或第二个"练习"这一教学活动提供辅导，这是最有效的。然而，如果辅导持续不停，那么学习者就无法独立地学会将一般信息应用到具体描述中去。鉴于过多的辅导会干扰学习，所以，有效的辅导会在一组应用新知活动中逐渐撤除。和"指导"一样，"辅导"也可以通过很多不同的方式来完成。

激活旧知

激活旧知：当学习者激活原有知识与技能的心智模式作为新学习的基础，才能促进学习。

框架：当学习者回忆或获得组织新知识的框架时，当框架作为示证新知开展指导的基础时，当框架作为应用新知的基础时，当框架作为融会贯通中进行反思的基础时，才能够促进学习。

实施示证新知、应用新知和聚焦问题的原理将产生 e^3 教学。使用指导和辅导可以进一步提高最终的教学效果。即使没有明确的尝试去推动激活一个适当的心智模式，学习者仍然必须激活一些心智模式来理解和保持复杂的认知学习。因此，当有意帮助学习者激活适当的心智模式时，学习更有可能达到效果好和参与度大的境界。促进使用一个适当的心智模式的有效方法之一是帮助学习者形成或回忆一个适当的框架，这个框架可以作为一个脚手架，用来分类概念、执行程序、理解过程或掌握问题解决的技能。

记忆术框架

我以前的三个学生成立了一个教学开发公司，目的是为小学生开发教学。作为狂热的体育爱好者，他们经常看到自己的孩子参加放学后的体育运动，缺少一点运动风尚（精神）。这里所描述的短课程旨在帮助学习者培养这种重要的价值观。图5—8说明了一些取自动画角色开发的教学活动，主要内容是运动风尚的内涵。所谓STAR，就是停下来（Stop），想一想（Think），表诚意（Act），继续赛（Replay）——要用这种精神来应对各种竞技场景。这一教程将运动员是否知道STAR，作为一种记忆术来帮助年轻人记住自己需要采取的步骤，以此展示积极向上的运动风尚或者按照课程计划所强调的那样成为一个"明星"运动员。

在这个短课中，前期的教学活动运用一个类似教练的动画人物和一群学习者的动画形象，介绍了运动风尚的理念。课程讨论了糟糕的运动风尚并呈现了相关实例。(1) 这里展示的第一个教学活动，介绍了本课所用的记忆术。(2) 在第二个教学活动中 STAR 这个单词的每个字母都用来说明良好的运动风尚所具备的 4 项行动守则——停下来，想一想，表诚意，继续赛，课程的剩余部分就是围绕这些守则展开的。逐一介绍每一条守则（教学活动 3）。展示一些正例和反例（教学活动 4）。要求年轻学习者能够辨别何时应用一个或者多个守则较为恰当（教学活动 5）。教学活动 5 要求学习者说明在所示情形下运动员需要暂停还是继续比赛。当他们给出答复后，矫正性反馈将使用记忆术去解释为什么学习者的判断是正确的还是错误的，如图 5-8（2）所示。教学活动 6 是在学习了所有的守则之后教练与学习者的讨论内容之一。在这一活动中要求学习者用明星行为守则继续比赛或者反思自己在一个简短的视频剪辑里所做的一些行为。

	STAR 运动风尚	
1	教练：“我说的'明星'运动员指的是输得起放得下的人。" [讨论为什么运动风尚如此重要]"如果您不是一个有雅量的人，那么此生都不可能成为一个明星。"	
2	学习者："以前没有人告诉我**如何**成为一个堂堂正正的人。" 教练："好的，想成为一个堂堂正正的人必须知道明星运动员的行为守则。这里有 4 条守则帮助您在运动中和人生中都能做出明智决定。 明星运动员的行为守则很简单。您只要考虑您想成为哪种运动员——一个"明星"（STAR）。 这是您需要知道的：停下来，想一想，表诚意和继续赛。	 明星运动员守则 Stop　停下来 Think　想一想 Act　表诚意 Replay　继续赛
3	"成为一个明星运动员，您首先要明白'停下来'。"当您面对一种情境，需要像明星运动员那样做出抉择，在做出那些可能令人后悔的事情之前您必须停止。" 学习者："我如何才能知道什么时候停下来呢？" "让我们来看一些例子"。 [这里呈现几个例子。]	 明星运动员守则 停下来

版权属于 Down Load Learning Inc.，使用已经授权。

图 5-8（1）　激活旧知的记忆术框架——STAR 运动风尚

助记符是帮助记忆的一种形式。这种结构框架最适合记忆联想和识别部分技能，但也可以帮助学习者记住分类概念的属性，执行过程的步骤，以及理解过程技能导致结果的条件。助记符可以是首字母缩略词、韵律、图表或其他容易记住的信息，而且可以把它们与要记住的新信息联系起来。

4	"年轻的杰克就是一个很好的例子，糟糕的运动风尚会影响您的表现。杰克开始时有个漂亮的触地得分，但接下来他丢了一个球，因为他只顾着自吹自擂…… 在比赛中您应集中注意力。 好的接球员是聪明的接球员。需要停下来想一想。"	
5	"由您自己决定停下来的时间。根据每种情况选择是否暂停或继续打球。" ［向学习者展示一些情境，然后请他们选择暂停还是继续打球。］ 反馈："这样做是对的，在他开始向裁判员抗议不公平之前，雷必须先停下来想一想。"	
6	"什么是明星运动员的行为守则？您记住了吗？" 学习者："哦，是的，我需要**停下来**并且像明星运动员那样做一个决定；然后我要**想一想**，大家握握手，这会让人心平气和一些；接下来就是**表诚意**，我应该和每个人都握手；然后**继续赛**。我现在就是这样做的。"	

版权属于 Down Load Learning Inc.，使用已经授权。

图 5—8（2） 激活旧知的记忆术框架——STAR 运动风尚

框架核对清单

我不知道您的情况如何，但是对我来说，高中英语写作课真难。几乎没有人意识到，我成年后的大部分时间将用于写作。要是我的英语老师斯特里珀（Streeper）现在能看到我就好了。图5-9展示了有关论说文的一个教学片段。这一示证活动举例说明了如何使用考评表或总结样式来帮助学习者辨识具有说服力的论据结构。(1)第一个教学活动提出了"争论"这一话题，简要地介绍了劝说性沟通的目的。(2)第二个教学活动呈现了劝说性沟通的结构，并提出了和该结构大纲相对应的一组问题。(3)第三个教学活动展示了争论双方的陈述。(4)第四个教学活动展示了大纲的第二部分——观点陈述。(5)第五个教学活动举例说明了如何撰写起始段落来提供证据和经验以支持自身观点。(6)第六个教学活动展示了论说文的最后一段——提出结论。(7)第七个教学活动示证了应用新知中的执行实例，要求学习者评论一篇示范性论说文，从而确认有效的论说文大纲的各个部分在新的实例中如何得以体现。(8)最后，表格的最后一行向教师提供了一个评估指南，用于检查学习者练习的效果。这里再次强调，鼓励老师使用考评表的结构大纲并通过提问对学习者的回答加以评价。

信息大都是以某种组织形式加以呈现的。如果学习者清楚信息的明晰结构，那么他们将更容易获得信息。马扎诺等人（Marzano et al., 2001）称这样的考评表为**总结样式**。这些总结样式分为两部分：一个是结构的大纲，另一个是一组问题，以此引导学习者观察结构。就像结构化框架的其他形式一样，只有当考评表应用到 e^3 教学的所有阶段，才能发挥最佳效用。这就是说要做到：呈现考评表大纲和问题；在示证中运用考评表加以指导；使用考评表对业绩加以辅导；使用考评表提供矫正性反馈。

	音频	呈示
1	在我们身边存在许多争论。人们提出论据来说服别人。有关学校的午餐时间，可能会陷入这样一场争论。 　　表达论据的方法之一是写一篇论说文。论说文的目的是让别人相信您的观点是正确的。有关午餐时间的争论，您可以写一篇论说文递交给校长。	**争论** 　　这是您们在学校可能亲身体验的一个例子吧。 　　校长要把午餐时间从35分钟缩短到25分钟。 　　在做决定之前，她想听听学习者的意见。
2	最具说服力的作者或演讲者用清晰的结构来呈现自己的观点。 　　当试图劝说并说服别人同意您的观点时，文章中应包括以下四点： 　　陈述论点； 　　选择一方主张并陈述您的观点和理由； 　　提供数据或自身经验去解释您的理由； 　　用一个有力的结论再次重申您的论点。 　　写一篇论说文的时候，您应该问自己如下几个问题： 　　1. 什么是您的论点？争论双方的观点分别是什么？ 　　2. 您是否清晰地陈述了自己的观点？并且是否清楚地陈述了相关理由？ 　　3. 您是否为自己的观点提供了论据？您是否描述了自身经验来支持观点？ 　　4. 您是否重申了论据和自己的观点？您是否得出一个清晰而有力的结论？	**论说文的结构** 　　陈述论点； 　　陈述您的观点和理由； 　　提供论据或自身经验； 　　有力的结论。 **要问的问题** 　　1. 争论双方的主张； 　　2. 您的观点，您的理由； 　　3. 您的论据； 　　4. 您的结论。
3	**争论什么** 　　争论双方的主张是什么。 　　右栏是一个有关论证陈述的例子。	**争论双方的观点是什么** 　　校长希望将午餐时间从35分钟缩短到25分钟。很多学生认为这样做并不是很妥当。

图 5-9 (1) 框架核对清单——论说文教学

4	您是否清晰地陈述了自己的观点 　　在完成大纲后，写一段有力的开头，以吸引读者的注意力。 　　您是否清楚地陈述了自己所持观点的理由？ 　　接下来需要明确您的立场以及为什么选择特定一方主张。无需解释，请在本段陈述理由。	您的观点 　　我连吃完三明治的时间都不够，难道水果和甜点就不吃了？把午餐时间从35分钟缩短到25分钟，太悲催了吧。我不同意这么做，这就是我写这封信的原因。 您的理由 　　首先，如果缩短了午餐时间，同学们没有足够的时间用餐。第二，没有充足时间进行有益健康的锻炼。第三，同学们会造成更多的浪费。
5	您是否为自己的观点提供了论据，您是否描述了自身经验来支持观点 　　第2，3和4段将用来解释您在第1段中陈述的3个理由。 　　记住，您正在试图说服读者赞同您的观点。采用详细的例子和自身经验将拉近您与读者的距离，使读者更容易接受您的观点。	您的论据 　　不应该缩短午餐时间的第一个理由，是因为学习者将会饿着肚子去上课。下课后先步行到食堂，再排队打饭之后，我还有多少时间来用餐啊。有些时候，我只是匆匆忙忙扒完几口饭，水果、薯条和甜点都剩在了饭盘里。我没有吃饱呢，但没有时间了，因为值日生请我腾出位子给后续的同学。 [这里紧接第3段和第4段]
6	您是否重申了论据和自己的观点，您是否得出一个清晰而有力的结论 　　给出结论是您说服读者最后的机会！用最后一段话重述您选择的观点和三个理由。您需要重新组织措辞，确保没有和第一段重复。结尾要精彩，这样才能和开头相得益彰。	您的结论 　　总之，我坚决不同意您把午餐时间再缩短10分钟。那样做的话，同学们根本来不及用餐，只会浪费更多的食物。学习者没有多少时间活动筋骨，怎么保持健康呢？请想一想，父母最不愿意看到的是垃圾箱塞满了没吃完的食物！ [此处可获得全文]

图 5-9（2）　框架核对清单——论说文教学

	写作练习指导	学习者的习作
7	**写作练习指导** 问题：对同以下争论有关的论说文进行评价。您所在的学区正在举办一个市政会议，讨论的议题是每天延长两个小时的在校学习时间。调整之后，学习者在星期五就不必去学校了。延长后上学时间从早晨 7:30 点到下午 4:00，从星期一到星期四不再提早放学。 记住下面的问题： 1. 争论什么，两边的主张是什么？ 2. 文章清楚地表明了作者的观点吗，陈述了其理由吗？ 3. 作者是否提出证据进行论证？是否用自身经验来支持观点？ 4. 作者重申了论据和观点吗？是否给出了一个有力的结论？	为期三天的长周末听起来像是政府酝酿几年之久的好主意，我觉得把五天的学校生活调整为四天，听起来很棒。这将使我们有更多的时间待在家里，周末也可以完成更多的作业。 第一个而且最重要的理由是，我们应该将上学时间减少为四天，这样有更多的时间留在家中。很多政府部门一周工作四天，我们也完全可以效仿啊。还有一些双职工父母觉得有人照看弟弟妹妹了。 我们应该缩短每周上学时间的另一个理由，是可以有更多的时间去完成作业和需要在家里完成的项目学习。星期五在家学习，可以完成一些积压下来的作业，还可以去市图书馆，做研究和练习电脑。 总之，我认为，改成每周上学四天，能提高在校的考试成绩，完成家庭作业也能够开开心心，有更多时间与家人相处。
8	以下几点用来评估学习者本次练习： 1. **争议**？没有提出争议是什么，也没有说明双方主张。 2. **观点和理由**？第一段写得不错。 3. **证据**？第二段阐述了第一个理由，但是在最后一句却包含了一个反驳观点。第三段详细阐述第二个理由但未能做到令人信服，因为除非教师在长周末特别布置了家庭作业，否则学习者并不会主动多花时间去增加作业量。 4. **结论**？这一结论增加了第三个理由，但是在文章开头和论证部分均未提及。	

根据学生达伦·米勒（Dallin Miller）的项目改编，犹他州立大学。

图 5—9 (3) 框架核对清单——论说文教学

比喻/类比框架

我的模型铁路包括许多控制火车的电子设备、灯光结构、轨道校准和信号。当时，我试图使用晶体管作为控制电路的一部分。在很长一段时间里，我不理解其中的意思。后来我用水流作为比喻，帮助我理解了这个装置是如何发挥作用的。图5-10展示了一堂直观的课，告诉我们晶体管的实际作用。具体的教学材料是根据我在互联网上找到的几种讲解晶体管材料的课程而设计的。本教学包括以下教学活动：（1）说明晶体管是什么；（2）晶体管的电路图符号；（3）简单电路中晶体管的一个例子；（4）"发生了什么"应用程序，要求学习者根据电路图所表示的条件做出预测；（5）矫正性反馈，学习者可以用来与自己的预测进行比较。

	晶体管——没有采用类比	
1	**描述** 　　晶体管是一种电子开关 　　晶体管有三个电极铝片： 　　基极触发晶体管 　　集电极是正极铝片 　　发射极是负极铝片	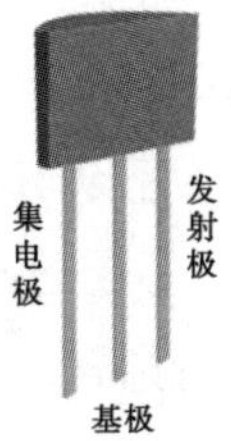
2	**电路符号** 　　右图是一个 NPN 晶体管电路图符号。微小电流从基极输入，使电流经过其他两个电极片从集电极到发射极。如果基极没有电流输入，就没有电流流过晶体管。集电极电流随基极电流的变化而变化，并且是等比例放大。	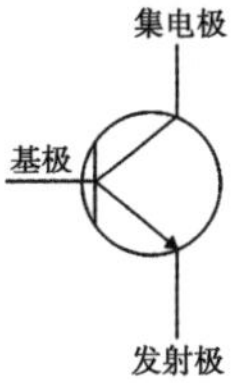
3	**示例** 　　按照所显示的电路看，当按下开关时，发光二极管开始工作。当关闭开关时，灯光就熄灭了。这期间到底发生了什么呢？当按下开关时，电流通过电阻到了晶体管的基极。当基极上有电流输入，晶体管允许电流从电池的正极通过晶体管，灯就亮了。当关闭开关时，晶体管的基极没有电流，电流就停止流动，灯就熄灭了。电路中的电阻器限制了电压从而保护晶体管和二极管。	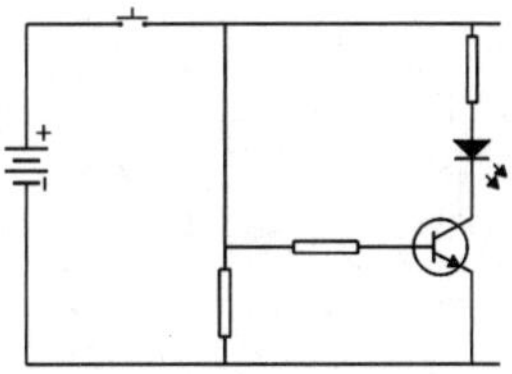
4	**练习** 　　您已经学习了电阻器和晶体管的相关内容，研究此电路图并预测电路中的发光二极管会发生什么变化。	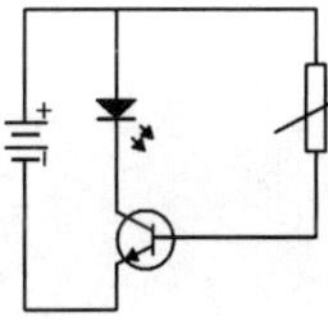
5	**矫正性反馈** 　　当可变电阻降低电流使得在某一点上晶体管基极的电流量不足以让电流通过晶体管，发光二极管就熄灭了。当通过可变电阻的电流增加，那么在晶体管基极电流量增加的同时，通过晶体管到二级管的电流量也相应地增加，从而提高了发光二极管的亮度。	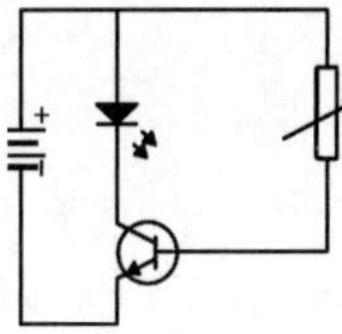

图 5—10　类比框架——不采用类比的晶体管课

图5-11展示了同样的课程内容，只是增加了水流的类比，用来解释晶体管的工作原理正如第一项教学活动所示，您已经熟知水流和电流的类比。又如第四项教学活动所示，您可能不太熟悉将水流作为晶体管的实例。我们在直接教学中改良或添加了以下教学活动：(1) 增加了水流的类比；(2) 和 (3) 中的教学活动保持不变；(4) 增加了水流运动和晶体管运作用进行类比；(5) 在讲解范例中运用类比进行指导，(6) 在练习中增加类比进行辅导；(7) 矫正性反馈中使用类比。

	晶体管——采用类比
1	**类比** 　　一个简单的类比可以帮助您了解电流是如何工作的。电池像一个蓄水池。蓄水池引起的水位压力相当于电池在电路里引起的电压（电力）。通过管道可以输送水流；通过电线也可以传导电流。狭窄的管道限制水的流量；电阻也会限制电流的大小。阀门使水流量发生变化；可变电阻器使电流量发生变化。
2	**描述** 　　晶体管是一种电子开关。 　　晶体管有三个电极铝片： 　　基极触发晶体管 　　集电极是正极铝片 　　发射极是负极铝片
3	**电路符号** 　　右图是一个 NPN 晶体管电路图符号。微小电流从基极输入，使电流经过其他两个电极片从集电极到发射极。如果基极没有电流输入，就没有电流流过晶体管。集电极电流随基极电流的变化而变化，并且等比例地放大。
4	**水流类比** 　　一个简单的水流类比可以帮助您了解晶体管如何工作。请仔细观察右边的水管装置。水在压力下通过集电极进入阀室。如果没有水从基极管流进来，阀室中的水压会推动隔板向下，从而防止水流入发射极和远端的管道。当允许水流进入基极管，它推动隔板向上，就能让水流过隔板进入发射极管道。如果基极管的水压很小，隔板只会抬高一点点，允许少量的水通过发射极。当基极管的水压不断增大时，隔板打开越来越大直到达到其最大值，这样就能使越来越多的水流通过隔板。

5	**在讲解范例中运用类比进行指导** 　　正如电路所示，当按下开关时，发光二极管就亮了。当关闭开关时，灯就熄灭了。 　　按下开关就像打开水的阀门。这使得电流通过电阻到达晶体管基极。电流到达晶体管的基极就像是水流入阀室并抬起隔板。这使得电流通过晶体管也因此而通过发光二极管，使二极管发光。二极管在这种情况下就像一个开关。 　　当开关关闭，该晶体管的基极就没有电流通过，电流停止通过晶体管，灯就熄灭了。电阻器在电路中能限制电压而保护晶体管和二极管。	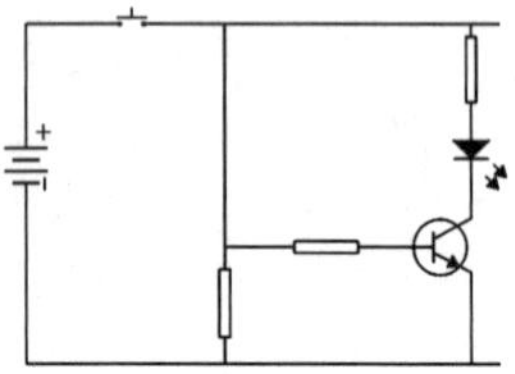
6	**在练习中增加类比进行辅导** 　　您已经学习了电阻和晶体管的相关内容。研究此电路图并预测电路中的发光二极管会发生什么变化。 　　在此运用开关阀门对水流的影响的知识来完成任务。随着可变电阻的电阻增加或减少，电流将发生什么变化？运用您对晶体管是如何工作的知识。在我们的类比中，当中心管里水压增加会发生什么变化？在晶体管里，当基极中的电流增大时会发生什么？当电流变化时发光二极管会发生什么变化？	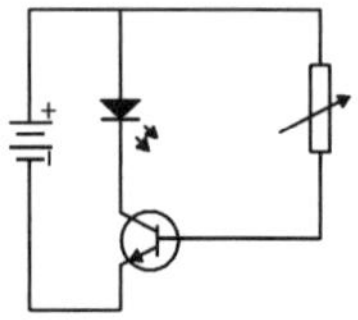
7	**矫正性反馈中使用类比** 　　当可变电阻（就像我们在水位线上的阀门）减少电流（就像水流量），在某一点上晶体管基极的电流量不足以（就像没有足够的水压抬高水系统中的隔板）让电流通过晶体管，发光二极管就熄灭了（因为没有电流通过二极管）。 　　当通过可变电阻的电流增加的时候，那么通过晶体管基极的电流也增加，则通过晶体管到达二极管的电流也相应地增加（正如类比中的隔板抬得越来越高，通过的水流就越来越大），从而提高了发光二极管的亮度。	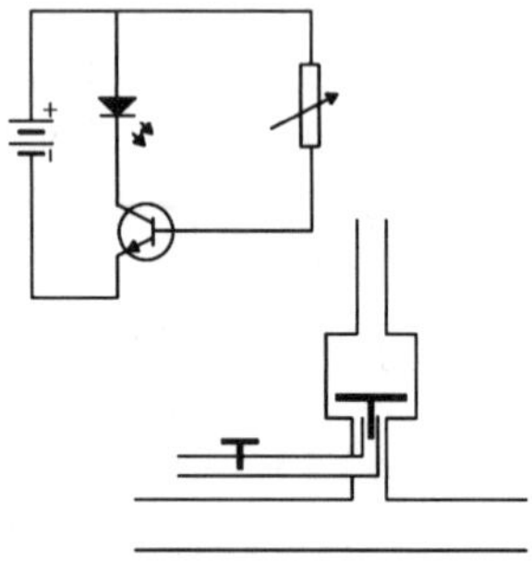

水流和晶体管的类比，引自 www.satcure—focus.com，使用已经授权。

图 5—11　类比框架——采用类比的晶体管课

您是否发现增加了类比之后，晶体管的工作原理变得更容易理解了？了解了类比之后，您是否发现在简单的电路中做出预测变得更容易了？我希望您对这些问题的回答都是肯定的！在直接教学课中加入一个精心挑选的结构化框架，以此提升教学活动的效果。

在教学中大家已经运用了各种形式的结构化框架。其中一些最普遍的结构化框架包括记忆术、隐喻和类比，以及考评表总结样式等。**记忆术**是一种结构化框架，提供助记手段，帮助学习者记忆信息、成分、定义、程序中的步骤或程序的条件。**隐喻**或**类比**也是一种结构化框架，有助于学习者把熟悉的实体、活动，或程序中的关系和待学的实体、活动或程序中的类似关系联系起来。**考评表总结样式**是另一种结构化框架，呈现了一个大纲和一组问题来帮助学习者了解新内容的结构。

基于对教学研究的元分析，马扎诺等人（Marzano, Pickering, & Pollock, 2001）引用的研究表明，让学习者了解信息的具体结构使其能够更有效地运用信息。罗森海因（Rosenshine, 1997）指出：学习者组织信息，汇总信息，并比较新旧材料等信息加工活动能够强化认知结构，帮助学习者发展更适当的心智模式。这些研究结果表明，在激活旧知过程中应帮助学习者建立一个结构化框架去组织待学信息。**结构化框架**是一种对先前学到的东西进行组织的方式，学习者能用其调适现有的心智模式或者为新内容构建新的心智模式。在示证新知阶段，通过"指导"能够帮助学习者将新信息和这一框架联系起来。在应用新知阶段，通过"辅导"学习者使用此框架完成学习任务。在融会贯通阶段，通过"反思"帮助学习者将这一框架融入其心智模式以支持后续应用。

学习者往往难以合理调适现有的心智模式或构建框架从而对新近获得的技能加以组织。如果教师放任不管，学习者常常会使用自己效率低下甚至不适当的组织结构。如果学习者的心智模式难以合理组织新知识，那么，只有在教学中提供一个结构化框架，帮助学习者用其为新知识构建必要的有条理的心智模式，这样才能促进学习。向学习者提供一个合适的结构化框架并帮助他们把这种框架和现有知识以及新的授课内容联系起来，可以帮助他们调整其现有的心智模式，形成适当的结构化框架，促进理解新材料。

同伴协作和评鉴

当学习者通过同伴协作和同伴评鉴来反思、讨论或辩护他们学到的新知识或新技能，从而促进学习者将其融入到日常生活中时，才能够促进学习。

本章前面的章节讨论了如何通过引入一个结构化框架来实现激活旧知原理，并通过指导将该框架整合到示证新知中，通过辅导将该框架整合到应用新知中，通过反思将该框架整合到融会贯通中。本章的最后一部分将讨论一种通过同伴互动实施融会贯通原理的方法。

"生物学100"课程

当我在杨百翰大学夏威夷分校服务时，我的团队与生物系合作，开发了一个以聚焦问题的"生物100"课程（见第三章对该课程的描述）。该课程包括了六个主题，学习者使用以下几个步骤：（1）课前学习者阅读第一个问题；（2）阅读支持第一个问题的信息；（3）上课时教师示证如何利用学习者所学的知识来解决第一个问题；（4）教师介绍同一主题的第二个问题；（5）针对第二个问题，教师呈现了新的知识；（6）学习者在小组中完成第二个任务；（7）课后学习者完成第三

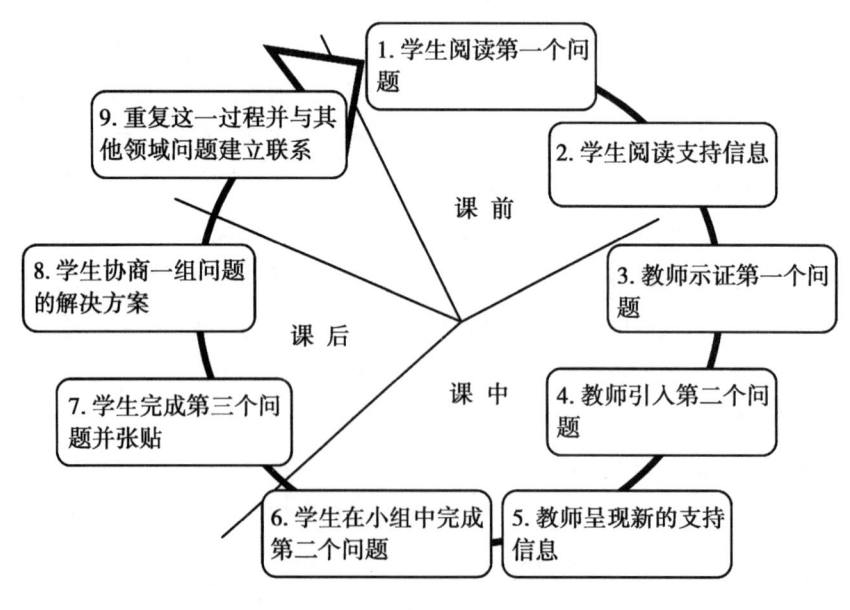

图 5—12　同伴协作和评鉴——"生物学100"课程

个任务并在网上张贴个人的任务解决方案；（8）小组合作探讨第三个问题的解决方案，再交给教师；（9）重复这一过程并与其他学科的问题联系起来。

一项针对这门课程的学习者反馈的调查表明，70%的学习者认为该课程向他们提供了机会以一种有意义的方式做到学以致用；53%的人认为他们对生物学更感兴趣了；69%的人认为这门课程帮助他们提升了自己的批判性思维和分析能力；51%的人表示这门课程可以帮助自己提高阅读和写作技能（Francom et al.，2009）。有个学生在与校长的月度见面会上说，较之先前所有的大学课程，她从这门课程中学到了更多的东西并且想知道为什么其他的课程没有采用这种方法。她认为学习者一开始往往因为前两个问题而苦恼，但一旦了解了同伴互动的步骤，学习者就能投入并且喜欢上这一过程。

我的教学设计课程

我已经探索了同伴协作和评鉴的几种变式，分别在研究生和本科生教学设计课程中加以实践。我的课程采用了在线工作室的方式，让学习者完成一个项目，然后接受同伴互评和教师评论。每个班都是这样循序渐进地开展项目学习。在我的本科班中，将学生分为三人一组。在研究生班，允许学生自主选择合作伙伴。我发现三人一组的合作学习是最理想的。三人一组总是能鼓励人人参与，而四人或五人组总是有人搭乘便车。向每个协作小组分配一个学习网站网址，成员可以发布他们的习作并且一起合作研究。

在研究了适当的资源材料包括学长的样本之后，每个学生将每个项目的初步设计张贴到相关网站。然后该合作组将对设计方案商讨达成一致意见。我已经采用了两种合作方式。第一种方式，合作组成员一致同意选取教学开发中的某个主题，然后所有成员都研究相同的内容。第二种方式，每个学习者都选取一个不同的主题，大家都开发自己的设计。然后合作组成员互相评论方案以确保每个学习者的设计都是最好的。第二种方法似乎对项目的责任心更大，如果由一组成员来完成项目，某些学习者可能会不太上心。

当合作小组成员中有人觉得自己的设计已经能够接受检查时，可以在讨论板上张贴通知，指定每个学生作为评论员来评论另一组成员的方案。当这些设计准备就绪后，评论员则使用考评表加以评论并在讨论板上张贴评论结果。鼓励其他学生也能参与其中，即使他们不是指定的评论员。每个星期有一次在线讨论，教师选择一些项目进行全班讨论，可以是一些好的案例，也可以是有待改进的案例。在讨论的时候，首先要求评论员评论，然后邀请其他学生发表评论，最后教师评论通常强调已经提出哪些可以参考的建议，或者对于评论员或其他学生可能会错过或误解的地方指出需要改进之处。

根据这些评论，学生在合作小组内共同修改设计方案，然后把修改稿张贴在网站上。在有些班中，是在第二轮设计时才开始合作程序，并且允许学生修改设计直到学期结束。与先前课程中那些没有应用同伴合作和同伴评鉴的项目进行非正式比较，通过同伴互动得到的设计质量要高很多。

在过去的十年里，教学技术领域一直强调以学习者为中心的教学。一位同事最近问我："聚焦问题的教学和以学习者为中心的教学，哪一种更好？"这个问题表明，这两种方法在某种程度上是有竞争力的。在研究和实践中，似乎存在着一些关于哪种策略更有效的争论。但是，我们必须选择其中一个吗？

这样设问是错误的。当深思熟虑地安排了一系列问题解决活动之后，同伴互动是最有效的。另一方面，最好的聚焦问题的学习是通过精心组织的同伴互动来强化的。聚焦问题学习和同伴教学都是以学习者为中心的教学形式。前者以内容为中心，后者以过程为中心，两者都需要学习者的积极参与。当两者结合起来时，所产生的学习效果比单独使用这两种方法时更有效率和更有效果。

在过去的 20 年里，同伴互动越来越受到重视（Crouch & Mazur, 2001, King, 1992; Mazur, 1997; Slavin, 1995）。这种教学方法可以总结为：即教师设计让学习者相互学习的经验。与一般的看法相反，这个定义意味着教师不仅参与使同伴相互学习的过程，而且教师在同伴学习过程本身中设计了合理的方向和结构。例如，文献表明，当存在某种形式的"同伴脚手架"时，同伴互动是最有效的，这种"同伴脚手架"可以采取样例问题、结构化问题甚至其他形式评价标准（King, Staffieri, & Douglas, 1998; van Merrienboer & Kirschner, 2018）。

由示证新知、应用新知和激活旧知三部分组成的教学，使学习者形成适当的心智模式；通过与同伴互动，融会贯通可以使学习者调整心智模式，稳定心智模式，使其更灵活，更能适应新情况。心智模式最适用于没有单一解决方案或没有解决方案的单一途径的复杂现象。当要求一个学习者与其他学习者协作或评鉴其他学习者的学习时，就是要求测试学习者自己的心智模式与他人心智模式所产生的过程或产品进行比较。当彼此之间存在差异时，学习者必须更仔细地检查他们自己的心智模式，要么适应他们观察到的变化，要么为自己的见解辩护，作为对所考虑的现象作出更充分的解释。这两种活动都要求他们调整或完善自己的心智模式。

同伴协作需要学习者进行更深入的加工，让合作者彼此都清楚地了解自己的意图。协作鼓励对信息进行深度加工，并对他们的假设进行更仔细的核查。此外，越来越多的现实问题是由团队协同努力来解决的，而不是由个人单枪匹马接受挑战。在问题解决的情境中，同伴互动与学习者在学习过程结束后可能遇到的环境更为接近。一个额外的好处是大多数学习者因为同伴的反应激励他们完善自己的学习成果，增加了融会贯通原理的有效性。

同伴讲解

大家都以为学习者之间相互学习，就好比是彼此间信息传播。**同伴讲解**其实是一种低效的学习者互动方式，只是互相复习和呈现信息而已。要求学习者念课文，并向其他同学呈现，或者在一个学习小组里每人选一个章节向其他组员呈现，这些我们都称之为"同伴讲解"。由同伴呈现信息也许是同伴互动中最低效的形式，就像直接由老师传递信息也许是最低效的教学形式一样。同伴讲解经常只需要联想记忆而不需要激活心智模式。同伴讲解可以让学习者记住所陈述的信息，但是难以帮助自己及其同伴问题解决或完成复杂的任务。

问题解决不仅有助于远离同伴讲解，而且为有效的同伴互动了提供必要的结构和指导（kirschner et al.，2006）。在同伴互动的背景下有效地使用一个良构问题，有助于将讨论聚焦到一个具体的学习目标，并且促使其调整心智模式。同伴互动中协同解决问题，也提供了一种检测学习成效的方法。例如，在物理教学中的同伴授课使用了概念测试，这是概念性问题，这些问题在同伴讨论之前先向学习者提出，然后在同伴讨论过程中允许他们尝试以所选方案的理由来说服同伴（Crouch & Mazur，2001；Hake，1998）。这个例子的有趣之处在于，即使该方法就像文献中所描述的那样属于同伴授课，但是实证资料常常表明在同伴互动的情境中使用问题教学是一种有效的学习方式。

尽管本章强调同伴协作与评鉴，学习者互动的其他方式也可以提高首要教学原理中各项原理的实施效果。下面简要地描述这些具体形式：

同伴分享与激活

同伴分享是一种学习者互动的方式，学习者把自己先前的相关经验和其他同伴分享。激活旧知原理指出：当学习者回忆、描述或展示相关的先知和技巧时，才能促进学习。在教学活动一开始让学习者之间彼此分享相关的经验，这是提供激活体验的一种良方。学习者讲述自己经验的同时，也在激活先前获得的心智模式。其他学习者在听取这些经验的同时，也得到了新的间接体验，这反过来又激活了自己已有的经验和相关的心智模式。

同伴讨论与示证

同伴讨论也是一种学习者互动方式，学习者对范例问题的解决方案进行商讨。示证新知原理表明：当教师向学习者示证那些需要学习的技能时，才能促进学习。示证中采用的问题最好是"工作样例"，这样就能展示解决方案和有具体的过程（van Merriënboer & Kirschner, 2007）。对于复杂的问题，需要精心设计一组提问，要求学习者考察实例的各个细节并且挑战其理解力，从而大大提升了问题的价值。让学习者互相讨论问题，这是一种有效的同伴互动方式，有助于调节自己表征问题的心智模式。在观看了有关待学任务的示证之后，让学习者找到并示证另一个工作案例也是一种有效的同伴互动，这样做能够增加实例的数量和种类。

同伴协作与应用新知

同伴协作也是一种学习者互动方式，要求学习者在小组内齐心协力解决问题。应用新知原理表明：当学习者运用新近掌握的知能来解决问题时，才能促进学习。在观察问题的解决方案的有关示证后，应该向学习者提供机会解决另外的问题。让学习者在小组中通过合作解决问题或许是最有效的同伴互动形式。在更为开放的基于问题学习中产生的同伴合作与此相似，但在聚焦问题的学习中，在要求学习者相互合作齐心协力为额外的问题找出解决方案**之前**，必须向其提供机会获得必需的组成技能并且与代表完整任务的示证进行互动。

同伴评鉴与融会贯通

同伴评鉴也是一种学习者互动形式，学习者对同伴的问题解决活动进行评论和提供建设性意见加以改进。融会贯通原理表明：当学习者反思、讨论和辩护其新习得的知识和技能，才能促进学习。能够参与合作问题解决，在聚焦问题解决策略最后阶段较合理的同伴互动形式就是参与同伴评鉴。这种互动中有效的规则是建设性评论，换句话说，就是任何评论必须提出改进的解决方案或问题解决过程的相关建议。

虽然以上依次提出了学习者互动的几条原理，但我们必须认识到：在实际教学情境中运用首要教学原理所涉及的学习循环圈，各个阶段之间都具有连贯性，这一点很重要。在激活旧知阶段，**同伴分享**应该贯穿始终，也有可能和示证新知阶段的同伴讨论重合。同伴讨论也应和同伴协作有所重合。在融会贯通阶段的同伴评鉴应该和在应用新知阶段的同伴协作同时进行。在学习者看来，各个阶段的教学活动应该是无缝对接的，最终指向掌握问题解决技能，此乃教学重心所在。

在我的教学设计课上，我要求学习者设计一个简短课程或者教学模块。我们尝试了各种方法来鼓励学生合作。为了减轻对这么多学生项目提供反馈的负担，通常的做法往往是将学生分组，让他们一起工作来完成一个单一的产品，我往往让他们设计一门课程。不过，采用这种方法时，很难评估小组中每个学习者对最终课程设计的贡献。通常，一个学生会对小组的其他成员施加影响，小组最终会帮助这位学生完成项目。由于这不是他们自己的项目，有些学生可能对这一项目缺乏热情，他们的贡献因此就很小。有时特别是当小组超过三人时，一个学生退出讨论，或者以他们已经知道的方式作出贡献，就会限制学生对我的课程所教技能的实际应用。

我最终发现最成功的协作和评鉴方法是以下几种。将学生分成三人一组。要求他们运用在我的课程中掌握的技能来设计一个短期课程或教学模块。每个学生都需要设计他或她自己的项目。因为我提倡快速原型设计，所以在他们进行设计时，有很多机会与小组其他成员进行互动。要求小组中的每个学生都与小组中的其他成员开展讨论和协作。采用这种方法后，每个学生都在做自己的项目，但会得到小组其他成员的帮助。为了增加合作的动机，我规定学生在项目中获得的分数是所在小组的平均分。这样会鼓励大家协同努力奋发进取，确保每个人的项目都是最好的。

一旦项目提交，我会让学生分享出来，以便于让班上其他成员进行审查。然后，要求每一组对其他一组或两组的项目进行评鉴。我发现这些小组的评鉴几乎总是与我自己的评鉴是一致的。开展评鉴之后，如果学生愿意，他们将有一次机会修改完善。这个过程很好地促进了同伴讨论、同伴协作和同伴评鉴的顺利进行。

本章小结

激活旧知原理可以通过在教学早期提出一个结构框架来实现，并在示证新知过程中使用这个框架予以指导，在应用新知过程中进行辅导，在融会贯通过程中开展反思。融会贯通原理可以通过同伴分享的方式实现，即学习者相互分享与所考虑的主题内容相关的经验；通过同伴分享，即学习者与他人分享有关所考虑的主题内容相关的原有经验；通过同伴讨论，让学习者讨论所提出的样例问题的解决方案；通过同伴协作，即学习者以小组的形式一起解决问题；通过同伴评鉴，学习者评价同伴问题解决的活动，并提供建设性改进建议。

虽然在第二章，第三章和第四章提出的教学策略将带来 e^3 学习，但是，这种教学的有效性还可以得以增强，即通过在示证新知中指导学习者的注意力在相关信息上；通过在应用新知时提供提示，辅导学习者回忆相关信息，将一般信息运用到具体描述中；通过实施激活旧知原理和融会贯通原理，学习者问题解决的能力将得到显著提高。帮助使用一个适当的心智模式的有效的方法之一是提供一个框架，这样做可以帮助学习者组织和保持相关的信息所需的技能。最后，当今世界的许多职业都需要大家一起工作来解决问题。如果要求学习者通过同伴合作和评鉴来讨论和辩护自己的新技能，所需要的技能可以更好地整合到学习者的心智模式中。

本章应用

选择一些您正在学习、设计的课程，或者您可以在互联网上找到的一些课程。您能够运用本章的分析框架吗？这些课程是否包含了使用一个结构框架？这个框架是用来指导、辅导或反思的吗？如果没有，您能找到一个合适的结构框架来应用吗？您确定的框架如何用于指导、辅导和反思？描述您所选课程中使用的同伴互动。如果没有使用同伴互动，您能为这些课程中的一个或多个设计适当的同伴分享、同伴讨论、同伴协作和同伴评鉴吗？

拓展学习

Marzano, R. J., Pickering, D. J., & Pollock J. E(2001). *Clasroom In-*

struction that Works: *Research—based Strategies for Increasing Student Achievement*. Alexandria, VA: Association for Supervision and Curriculum Development.

马扎诺和他的同事对什么在课堂教学中起作用进行了详尽的研究。在该书中总结了他们的研究与如何实施的教学处方。本章的内容特别感兴趣的是该书中下列各章：第3章"总结和笔记"，第10章"提示、问题和先行组织者"，这些章节提供了使用结构框架的很好例子；第7章"合作学习"，为同伴合作和同伴批评提供指导。

第六章　运用多媒体实施教学策略

> **本章速览**
>
> 前几章描述和说明了不同类型技能和问题解决的教学策略。实施这些策略离不开通过一些载体将内容传递给学生，离不开一些表征内容的途径，以及使学习者能够与教学活动进行互动的若干控制。尽管数字媒体包括互联网日益普及了，但是最流行的媒体仍然是讲授、教科书和书面作业。然而，当今数字化多媒体通过文本、音频、图示、视频、动画和控制等手段，可以借助许多电子设备和在线上只需轻轻一点就可以获得。这种数字化多媒体与 e^3 教学策略的结合，有可能使教学更加效果好、效率高和参与度大。本章将说明并描述如何用多媒体实施这些教学策略。

关键术语

多媒体(Multimedia)：通常由数字设备实现的音频、文本、图示、视频、动画和控制的组合。

简写文本(Abbreviated text)：由音频具体描述的文本、单词或短语。

依次出现(Successive disclosure)：展示在报告中讨论的文本和图示。

多媒体控制(Multimedia control)：一种多媒体对象，它激活脚本（计算机代码）来执行特定的功能，例如允许学习者通过复选框或单选按钮输入图示、文本或作出响应。

无关媒体(Irrelevant media)：没有教学功能的多媒体。

分心媒体(Distracting media)：没有教学功能，反而妨碍学习的多媒体。

分心颜色(Distracting color)：没有教学功能的颜色，干扰了运用其他颜色。

分心动画(Distracting animation)：没有教学功能的动画，会干扰学习。

引论

> 当多媒体实施规定的教学策略时，才能够促进学习。

运用多媒体来实施教学活动和策略可以提高教学效果和参与度。然而，如果多媒体使用不当，那么不仅学习得不到促进，甚至可能受到阻碍。

多媒体包括了音频、文本、图示、视频、动画和通常由计算机、平板电脑、智能手机或互联网等数字设备实现控制的组合。以音频的形式出现的声音与人类一样古老，对于教师主导的教学来说，它通常是表现内容并将其传达给学生的主要工具。在多媒体语境中，音频是指录制的语音。文本已经存在了几个世纪，因此是用来表现内容的最广泛使用的媒体。术语"图示"包括各种各样的媒体形式，包括图画、照片、图表、示意图和曲线图等。多年来，录制音频、图示、视频和动画都是昂贵和耗时的，因此使用起来通常仅限于辅助角色。然而，随着数字技术的出现，录制的音频、图示、视频和动画已经变得很容易获得，而且制作成本和时间都大大降低了。大多数教师只要按一下按钮，就可以使用这些多种形式的多媒体。电子设备的编程能力也使人们只要按一下按钮就可以进行控制。"控制"是多媒体武器库的重要补充。在过去的几年里，全新一代的数字媒体出现了，包括虚拟现实、人工智能、增强现实和严肃游戏。

无论教学是在线的，还是教师主导的，数字多媒体是现成可及的。本章所描述的多媒体实现就像适合于在线教学一样适合于教师主导的教学。我的主张是，所有的教师都应该运用多媒体，无论他们是现场教学或在线教学，同步教学或异步教学，课堂教学或远程教学。以下段落说明 e^3 教学活动中（包括呈现、示证、应用和指导）如何运用多媒体。

运用多媒体示证新知

我的许多学生使用摄影作为他们为我的教学设计课程准备的样本课的主题。因为我涉足了摄影，所以我决定看看能否设计一门聚焦问题的摄影创作课程。图 6-1 是我的短期课程的一张互动幻灯片。这张幻灯片的开头有一个标题、一张照片和一个指导语，点击一个演示按钮就可以看到和听到如何修剪一张图片以改善其构图。动画是 PowerPoint 的一个有效特性，当触发动画时，屏幕上的对象可以出现和消失，改变颜色、移动位置和许多其他动作。这个动画在集中学习者的注意力，说明执行程序，征求学习者的反应，或使学习者以其他动态的方式与内容互动方面时非常有用。在我的摄影幻灯片中，当学习者点击演示按钮时，演示音频就开始了。动画触发器可以是鼠标点击，点击屏幕上的对象，或放置在音频中的书签。当演示者单击鼠标、单击屏幕上的对象或音频到达书签时，它会触发一个动画。图6-1使用音频书签作为触发器：第一个书签使黑色的矩形覆盖在照片上，以指示照片的哪一部分将被保留，哪一部分将被删除；第二个书签显示了音频中讨论的"简洁"；第三个书签显示了修剪后的照片，以便与原始照片进行比较，以说明在构图中增加的简洁和有助于构图的适当版式；第四个书签在讨论版式语句时显示版式语句。

这种动态展示比阅读如何修剪照片以提高构图的简洁和版式更有效、参与度更大。不过，我们都经历过非常糟糕的演示。您使用这些动画可以有助于有效和参与度大的教学，也可能即使使用了 e^3 教学策略，也会严重干扰学习。本章阐述和描述运用多媒体的若干方法。

在图6-1中，使用反问句，音频将学习者的注意力集中在线路和轨道支撑上，而这些在照片中是分散注意力的元素。音频描述将发生的修剪，并显示一个黑色方框指明将如何修剪照片。

建议：**使用同步的图示配音频来集中注意力**。

然后，音频会触发修剪后的照片，使学习者能够将其与原始照片进行比较。

建议：**使用音频来解释图示，而不是采用屏幕文本来解释图示**。

在音频中出现一个简短的语句，解释了什么是"简洁"。

建议：**使用音频阐述的简短文本来呈现信息**。

音频使用一个反问句来将学习者的注意力集中在图片的版式上（使用音频解释图示），并给出一个简短的关于版式的陈述（使用简短的文本）。动态对象包括文字、信息和图示，直到这些想法在音频中得到阐述后才会出现。

建议：**使用与声音同步的文字或图示依次出现来集中注意力**。

最后，当学习者再次点击演示按钮时，可以重复播放这张幻灯片。

建议：**允许学习者控制文本呈现或者播放音频的节奏**。

简洁、版式与修剪

点击 示证 框显示修剪。

简洁：分散视线的元素是否已消除？

版式：照片内元素是否围绕主体形成版式？

学习者交互

当学习者进入幻灯片时，只会出现标题、演示说明和第一张照片。当学习者点击"示证"按钮时，示证音频就会播放。当音频遇到书签所指示的项目时，就会播放。学习者可以通过再次点击示证按钮来重复示证。

示证音频

"这张照片有没有让人分心的元素？"这张照片的主要故事是什么？火车下面的轨道支撑和线路是否让您的注意力转移了？这张照片如何简化？一种技术是修剪照片以消除干扰因素（**短暂停顿**）。[**黑色矩形书签**]黑色矩形表示我希望保留的照片面积[**短暂停顿**]。[**简洁陈述书签**]请注意，为了简化这张照片，我把照片底部那些分散注意力的细节去掉了。由此产生的照片[**修剪过的照片书签**]更简单，没有分散注意力的细节[**短暂停顿**]。[**版式陈述书签**]我自己修剪这张照片，以保持垂直版式或水平版式。为什么我要选择水平版式呢？我想强调的是火车，并在图片的左边给火车一个进入画面的位置。

图6-1 示证教学中的多媒体

多媒体处方

　　以下各段详细说明了示证新知的多媒体处方。第五章的蒸汽机车锅炉示证（图5-2）就是一个很好的例子，在描述蒸汽产生过程时，使用音频触发的箭头来集中注意力。图6-2中的甘特图中示证新知是另一个使用图示设备来集中学习者注意力的例子。在本例中，该图有不同色块标记，在导入和描述甘特图的每个部分时，该部分会加粗，并用插图编号标记该部分。如果没有相配的动画，很难在一本书中展示这些动画图示设备，但数字化多媒体使这种集中注意力的指导相对容易实现了。

　　另一种常用的注意力集中方式是动画演示，展示学习者需要的动作。这种类型的指导经常用于教学计算机应用程序，在计算机屏幕上光标缓慢移动到下一个按钮或点击对象，点击对象并显示行动的结果。这种类型的指导的一个更具互动性版本，不是被动地演示要采取的行动，而是指导学习者在现场或模拟版本的应用程序上采取行动。如果学习者按照指示在屏幕上选择正确的对象，那么结果就会出现；如果学习者没有选择到正确的对象，那么指导就会用一些图示来突出要选择的对象，引导学习者再次尝试。

　　建议：使用同步的图示配音频来集中注意力。

甘特图	
每个部分都配有音频说明，呈现了椭圆形标注，举例说明的部分保持突出显示，同时图的其他部分变为灰底。这个例子仅展示了典型的教学活动。	
音频 请快速查看一张甘特表的各个部分以及它们代表了什么。	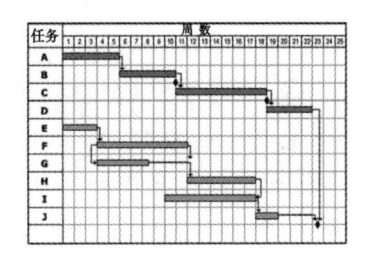
矩形任务条显示了各项任务是何时开始并结束的。	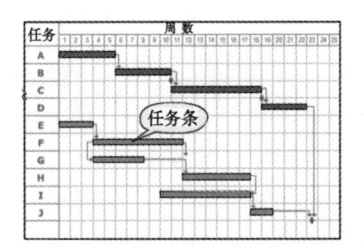
细的水平线显示了机动时间。 这些简单的符号能够代表一个项目时间表的复杂程度。理解这些符号能让您在项目中作出明智的决定。	

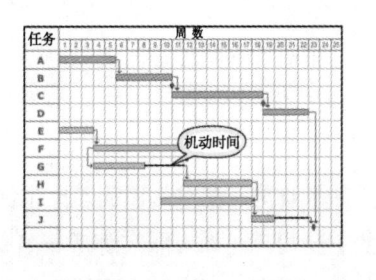

版权属于玛莎·莱格尔（Martha Legare）和甘特图团队。使用已经授权。

图 6-2　使用图示配音频聚焦注意力——甘特图

学习者拥有视觉通道和听觉通道，可以同时看图示（视觉通道）和听讲解（听觉通道）。然而，他们不能同时看图示（视觉通道）和书面文本（视觉通道）。在文本和图示间来回穿梭会使学习者难以把握图像的焦点及文本要义，从而会加大了该材料学习的难度（见 Clark & Mayer, 2003, 2008；R. E. Mayer, 2001）。

建议：运用音频来讲解图示，而不是采用屏幕上的文字来讲解。

几乎每一个教学产品都会涉及文本形式。这是一个基本的要素。我们如何才能最有效地使用文本？怎样才能避免误用文本？文本的一个基本作用是**讲解信息**（tell-information）。此信息可以是类别的定义，如何做事的步骤，陈述在什么情况下发生的条件和后果等。信息的表达往往包含两部分——信息的名称或短语，以及信息的具体说明。在数字媒体中，遍地皆是文本，挺吓人的，这并不是有效呈现信息的方式。在此我们要讨论一下如何运用简短文本。简短文本（abbreviated text）是指最好采用短语或要点来确定关键信息。对信息的具体说明则通过语音来具体说明。这样可以保证使得呈现简单，组织良好，能为学习者提供所需要的学习的内容。

教科书不等于教学，教学不能照搬教科书。教学应促进学习和互动，有利于信息加工。满页的文本对一本教科书或参考手册来说可能是适合的，但教学是一个主动学习的过程，绝不应该只是教科书的翻版。在呈现过程中，文本应瞄准关键点，用语音来阐述这些要点。短期记忆一次只能记住几个条目。如果将要点记忆限制在4—5个条目，并且每条要点都配上语音讲解，学习者学习起来效果更好。

如果**讲解一般信息**以简短文本加以表达，那么语音则扮演了具体阐述这一信息的重要角色。如果能在**讲解一般信息**的同时**示例具体描述**，这一点尤其重要。此时，学习者在听讲解说明的同时，会关注具体描述。这些具体讲解的一般信息中可以结合一定的指导语，引导学习者的注意力集中在相关描述上。

建议：使用音频阐述的简短文本来呈现信息。

如果屏幕上有多个对象，那么学习者可能正在观察一个对象或文本信息，而讲解人或录制的音频正在讨论另一个对象或文本信息，就会出现分心的情况。避免这种分心的有效方法是，在讲解人或录制的音频介绍对象或文本信息时依次出现。在适当的时间披露被讨论的对象或信息，可以将学习者的注意力集中在相关的对象上。

当使用配有语音的简短文本项目时，如果这些项目一个一个地呈现并在出现时予以详细阐述，那么，学习者的注意力可以集中在每一个项目上。重要的是，当文本依次出现并由语音作出具体阐述时，学习者应该有一种方式来回放，特别是如果测试项目在阐述后被删除时更应如此。

建议：使用与语音同步的依次出现的文字或图示来集中注意力。

音频是一种短暂的媒体；一个给定的语句只能在很短的时间内使用，然后再转到下一个语句。如果文本是由系统而不是学习者来滚动控制，也会发生类似的现象。学习者有不同的听力速度和阅读速度。在现场演示中，听众可以要求讲解人重复一个想法，然而，当示证予以录制后，学习者需要一种方法来重复或重放语音。

有一些文本的呈现时长是固定的，时间一到就会自动从屏幕上消失。对于速度慢的学生来说，还没有念完（听完）文本，内容就已经从屏幕上移除了；对于速度快的学生而言，也会有不舒服感，因为他们已经读完了却需要等着下一段呈现。我们建议不要将屏幕上呈现的文字或图示自动隐去。所有的文本信息和图示应提供控制按钮，在学习者在已经准备就绪时，能够自主改变呈现内容。如果有多个呈现片段，那就还需要设置一种返回通道，让学习者能够回放内容。导航按钮可以帮用户实现回放功能。

建议：允许学习者控制文字呈现的速度或重放音频信息。

图6-3以文字说明和图示表征两种方式展示了"景深"的定义。有些学习者是相对偏好视觉型的，有些则偏好言语型的。有些学习者在理解言语表述的信息时可能会感到困难，但如果用图示方式加以表达，则能做到称心如意。使用图示（图片、图表、曲线图和动画等）等可视化方式表达信息常常能收到奇效。这与具体描述还不是一回事。图示仅仅是用另一种方式来呈现信息（**讲解**），它可以是一个定义，一组步骤，或各条件之间的关系以及相应后果。

建议：使用图表作为另一种信息表征方式

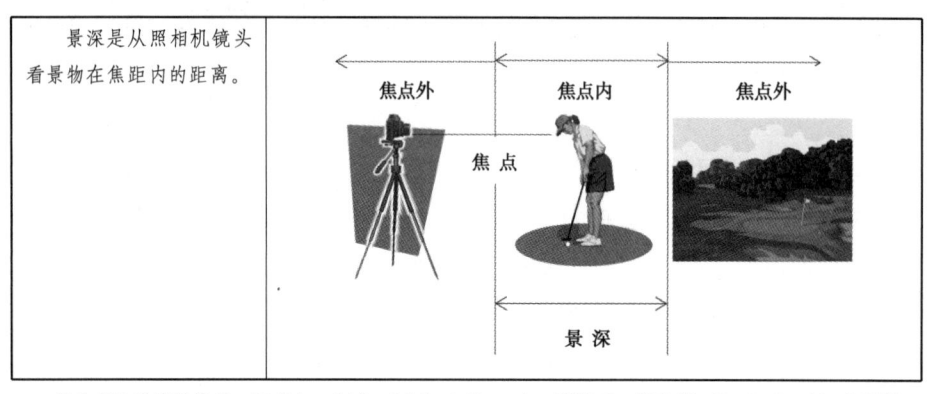

景深是从照相机镜头看景物在焦距内的距离。	焦点外　焦点内　焦点外 焦　点 景深

学生项目的原始资料，迈克尔·切尼（Michael Cheney），贾斯丁·斯密斯（Justin Smith）和罗斯·荣格（Russ Jung），杨百翰大学夏威夷分校。

图6-3 图示表征信息——照片的"景深"

图 6-4 是来自一个短学期课程的简短摘录，内容是关于教学习者如何写论说文。左栏简要地介绍了如何书写好论说文起始段。右栏给出一个起始段的具体示例。显然，具体描述涉及的是一篇文章，所以，采用文本具体描述便是合适的选择。这一段具体描述应正面回答以下问题：论说文起始段是否说明了什么是"说服"的定义特征？是否包括了有说服力的起始句？是否陈述了作者的立场？是否给出了作者采取这一立场的原因？

有些具体描述采用的是文本形式，定义属性也包含在文本中。在这种情况下，重要的是帮助学习者区分：文本是具体描述以及文本可能是具体阐述还是对具体描述作出说明。

结构和论说文写作	
第 2 步：在拟定好提纲后，开始写作起始段，要努力做到先声夺人，抓住读者的眼球。然后，您需要确定自己的立场，为什么选择这一方，只需要将理由陈述出来就可以了，不必予以解释。解释将在后续的段落中展开。	下面是有关论说文起始段要"先声夺人"的一则具体实例。 我根本来不及吃完三明治，更不用说还有吃水果和甜品的时间！把午餐时间从 35 分钟压缩到 25 分钟，这太悲催了啊。我不同意这样做，这就是为什么我要写这封信的原因。首先，如果缩短午餐时间，学生吃饭来不及。第二，健康锻炼的时间也缺乏保证。第三，用餐浪费会更加惊人。

学生项目，达伦·米勒（Dallin Miller），犹他州立大学。

图 6-4 文本作为定义属性——论说文写作

建议：当语词是定义属性或排序属性时，请使用文本这一多媒体形式，因为其能够最清楚地表示一个具体描述的属性。

有些具体描述的定义属性是声音，那就必须用语音来表达。我们来看一个浅显的例子，在一节管弦乐器课上，可能会展示乐器的图片，提供相应乐器简要的说明，然后播放一段简短的音频剪辑，让学习者能聆听到该乐器的声音。教管弦乐器而又不让学习者闻其声，这是不可能的。关于鸟类的教学可能包括不仅是小鸟的图片，它的栖息地、巢穴，还需要一段鸟鸣的声音。

那些只是为了增加兴趣而存在的音频，如音效、背景噪音、音乐和其他并非描述属性的声音，实际上可能会让学习变得更加困难。当一些音频代表了有区别的属性，而另一些音频是无关紧要的，这就增加了学生区分相关音频和无关音频的挑战。

建议：当声音是一种定义属性或排序属性时，请使用音频这一多媒体形式，因为其能够最清楚地表示一个具体描述的属性。

当一个具体描述的属性能可视化时，用适当的图示来表示这些属性是有好处的。根据所教内容的不同，这些图示可以有多种形式。这些具体描述必须对以下问题提供肯定的答案：这些图示表示在每种情况下都能展示具体描述的属性吗？这些图示表征能用于实施教学活动吗？

教科书常常包含一些免费的图示，这些图示不能直接说明所教内容的属性。重要的是，给定模块的示证新知教学活动中，只包含实现这些教学活动的图示——清楚地展示具体描述的相关属性。如果一个模块既包含了不相关的图示，又包含了相关的图示，那么，学习者就会面临这样的窘境：区分哪个图示与教学内容相关，哪个图示只是为了增加趣味，并没有教学功能。如果总是要求学习者分辨真假，一心两用，往往会造成对组成技能的错误理解。

建议：当属性能够可视化时，请使用图示这一多媒体形式，因为其能够最清楚地表示一个具体描述的属性。

某些属性是难以用言语来形容，也难以用静态图直观展示。如当客体或者人的具体描述需要对动态的行为进行示证时，采用视频或动画来表现这些特性是非常适宜的。

在第三章中的家具促销课的视频说明，就是一个采用动态表征具体描述属性的好例子。在本书中是用文字和静态图示代表一种实际上将采用的动画，说明了为什么具体线索不能由静态图和文字示证。此销售示证视频包含了许多线索，对学习者用心揣摩十分有益。这一课需要学习者反复几次观看视频示证，将注意力集中在不同的促销环节。第三章强调了在促销过程中每一个细节步骤引起的条件。这些反应是客户对促销过程的每一个细节作出的反应。这些条件中关键的特征是客户的语音语调，面部表情，及其他身体语言线索，而不是她嘴上说些什么。用静止图片和印刷文本来表现这些细节，这是非常困难的。

一些平时很难观察到的物理现象，最好用动画表示，可以让学习者观察动态属性，而无需特殊设备或作出推测。许多设备和物理现象的动画在互联网上可以现成获得。其中许多动画非常出色，对说明物理现象大有好处。当然，总还是会有良莠难辨、鱼龙混杂的情况。在评估一个动画好坏与否，肯定会问这样一个问题：该动画是否有效地揭示了某一具体描述的定义特征。

我喜欢蒸汽机车，但对它们的工作原理并不了解。图6-5是一个静态图示的动画，系瓦尔夏特（Walschaert）阀门齿轮上的蒸汽机车。动画显示了气缸上方的阀门是如何让蒸汽流进活塞后面的气缸，推动活塞向前，然后在活塞前面推动它向后。齿轮的设置是这样的：当活塞向后推动时，曲柄在轴的下方，使车轮顺时针转动；当活塞向前推动时，曲柄在轴的上方，使车轮继续顺时针转动。要倒退机车，司机只要倒车一下，车轮就倒转了。这些过程很难解释得清楚的，这就是为什么动画可以帮助观众理解这个复杂机制的运作。您正在阅读一本书，所以我不得不使用静止图示，而不是动画，但我鼓励您通过在线查看来观察阀门齿轮是如何工作的。

建议：当属性需要动态可视化时，请使用视频或动画这一多媒体形式，因为其能够最清楚地表示一个具体描述的属性。

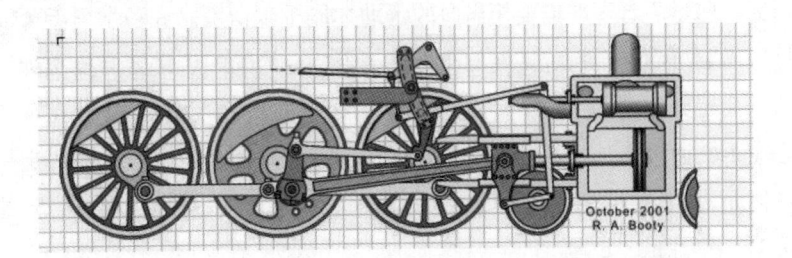

在线动画，罗伯特·布迪（Robert A. Booty），使用已经授权，www.roadrunner.com/~trumpetb/loco.

图6-5 应用动画展示"机车瓦尔夏特阀装置"的实际运作

另一种常用的注意力集中指导方式是动画演示，展示需要学习者掌握的动作。这种类型的指导常用于教学计算机应用程序，在计算机屏幕显示，光标缓慢移动到下一个按钮或对象，点击对象，并显示行动的结果。这种类型指导的一个更具互动性的版本不是被动地演示要采取的行动，而是指导学习者在现场或模拟版本的应用程序上采取行动。如果学习者按照指示在屏幕上选择正确的对象，那么结果就会出现；如果学习者没有选择正确的对象，那么屏幕上就会出现一些提示来突出要选择的对象，引导学习者再次尝试。

建议：使用同步的图示和语音配对来集中注意力。

在任何一个学习者群体中，都存在着广泛的不同能力、经验和学习偏好。我们如何解决这些差异？为不同经验或能力水平的学习者创建多条路径通常是不可行的。大多数培训预算都是有限的，不能提供多种版本的课程。即使预算足够，多少不同的路径才足够？试图预测不同学生的需求是极具挑战性的。谁最了解一个学生在教学过程中的任何时刻需要什么？

当学习者对教学活动有一定的控制时，可能会促进学习。这种对教学策略进行学习者控制的做法尚未得到广泛应用，但其确实可以为学习者提供更大的机遇，使教学适应自己的需要。在学习了一个定义之后，一个特定的学习者需要多少个实例来确定一个尚未遇到的实例的属性？概念的复杂性是决定所需实例数量的一个变量，但学习者的经验、能力倾向和偏好也起着重要作用。许多学习者可以在运用一种教学策略的任何时候决定是否需要得到另一个正例或反例。所有的学习者都需要注意力集中指导吗？一些学习者可以立即看到实例中属性的具体描述，而另一些学习者可能需要相当多的帮助才能予以识别。许多学习者可以决定他们是否需要得到一个特定实例的指导。一个特定的学习者需要多少次练习才能识别未来会遇到的实例？一个特定的学习者需要执行多少次程序才能在现实世界中得心应手？通过尝试为不同的学生制订多种策略来为学生做出这些决定是不可行的。然而，让学习者在教学策略中控制这些参数，可以使他们根据自己的需要调整策略，并将促进 e^3 学习。

图6—6说明了摄影"三分构图法"的课堂教学的一种可能的呈现方法。左侧的按钮使学习者能够控制与此幻灯片相关的教学事件。

"讲解"按钮显示简要的三分法构图规则，并提供这一规则的音频具体说明。

"示例"按钮提供了一个匹配的正例和反例来说明该规则。幻灯片提供了几种不同的正例和反例配对。学习者可以选择查看几对正例和反例配对。

"帮助"按钮在照片上覆盖了网格线，以便将注意力集中在规则的属性上。

"练习"按钮提供了一个实例；"对"和"错"按钮；以及第一次尝试的音频信息；如果照片采用了三分法，请点击"对"；如果没有三分法，请点击"错"。如果学习者的选择是正确的，按钮变成绿色；如果不正确，按钮变成红色。

在学习者作出回答后点击"帮助"，将提供覆盖照片上网格线的矫正性反馈。幻灯片有几个不同的实例。学习者可以选择几个实例，或者教师可能会要求学习者在看下一张幻灯片之前答对几个实例。

建议：**使用学习者控制的教学事件。**

图 6-6　学习者控制教学活动

运用多媒体应用新知
识别实例的教学活动

图6-7是我的摄影作曲课上的第二张幻灯片。这张幻灯片可以用来对错选择。练习时可以用这张图片检查学习者是否理解三分构图的概念,通过提供音频对不同选择的答案作出反馈。练习时在对学习者的答案提供反馈之前,先要予以记录。当这张幻灯片被用来衡量学习者对这一分类概念技能的掌握情况时,这种做法是适当的。

媒体能根据不同情况调控学习者的反应,并提供即时的矫正性反馈。这张幻灯片中使用的方框打钩,为学习者提供了**识别实例**的练习,能对三种技能(三分法、取景框构图和讲故事)作出判断。虽然幻灯片只是要求一个对/错的反应,但做出这个反应需要掌握相应的**识别实例**技能。学习者在方框中打钩表明其陈述是对或错,在练习时,即时的音频信息提供矫正性反馈。在测验中,音频信息在学习者点击提交按钮后提供反馈并记录学习者的反应。

这种情况下的反馈是以音频信息的形式给出的。这使得学习者可以一边检查照片,一边听矫正性反馈。此时的矫正性反馈也是对在这张幻灯片中包括的每个概念(三分构图法,取景框构图和讲故事),采取同时讲解一般信息和展示具体描述的方式。

建议:使用媒体控制输入学习者的反应,并提供矫正性反馈。

建议:使用音频而不是屏幕文本进行矫正性反馈。

三分构图法/应用新知

在以下正确的陈述方框中打钩：
☐ 这张照片的构图说明了三分法。
☐ 这张照片取景框构图不太好。
☐ 这个造型讲述了一个故事，
抓住了被摄对象的注意力。

[提 交]

使用这张幻灯片有两种方式：练习和测验。在练习过程中，当学习者点击一个对话框时，音频就会播放适当的反馈信息。学习者可以点击另一个方框听到不同的反馈信息。学习者可以继续在方框中打钩来检查自己对概念理解与否。提交按钮不会在练习方式中显示。

在文本模式中，选中的框将记录学生在单击提交按钮时对文本的反应。当单击提交按钮时，每个按钮依次亮起，并为学生播放适当的语音反馈信息。学生的回答在反馈信息播放之前被记录下来，并且在点击提交按钮后，不允许学生更改答案。

音频反馈

1. 这张构图符合三分法吗？是的，我想是的。
看看把照片分成三个等分的假想线。人物的脸是重点。这些假想的线的交点落在他脸上了吗？

2. 通过取景框拍摄的这张照片构图好吗？显然，我们不知道摄影师实际上看到了什么，但最终的照片构图相当好。您认为通过修剪消除底部分散的材料可以改善构图吗？

3. 这张照片在讲故事吗？摄影师实际上拍了一张偷拍的照片。您认为这张照片捕捉到了拍摄对象对火车模型的高度专注吗？

图 6—7　运用多媒体应用新知

执行实例的教学活动

我的学生设计了一个工具来构建简单的模拟装置（Merrill, 199）。图6-8为学习安装和卸载泵的模拟图。**执行实例**用媒体来实现，这是比较有挑战性的，但现在还有很多美妙的可能性，包括这样一个简单的视觉模拟，甚至更复杂的人工智能、增强现实、虚拟现实、游戏化和其他技术，涉及学习者在学习环境中执行程序，在功能和外观上都具有高保真的特点。各种高保真技术学习环境的倡导者往往认为，技术本身将有助于提升效果和参与学习。这些出色的工具为现实的**执行实例**，理解过程和问题解决中**预测条件**和**发现缺陷**等提供了很多机会。然而，为了让这些先进的技术提高学习者的 e^3，教师必须总是要问这样一个重要的问题：使用一种技术进行特定的活动有教学目的吗？从事某一特定活动是否贯彻了首要教学原理中所描述的教学策略？如果没有，那么活动的目的是什么？有必要吗？它是有效的吗？是否有可能在提高教学效率和参与度的同时妨碍了 e3 教学呢？

建议：*如果可能，使用模拟来开展"执行实例"的教学活动。*

这一学习环境的执行程序的目标是了解拆卸和更换管道中的阀门所需要的步骤。此图支持示证新知和应用新知的教学活动。

识别部分技能

左下角的指导按钮包含三个识别部分的教学活动：（1）"讲解各个部分。"当学习者在学习环境中移动光标时，光标下的部件名称就会显示在屏幕底部的窗口中。通过在屏幕上移动光标，学生可以**探究**阀门各部分的名称。单击鼠标右键，将显示一个描述该部件功能的插入视频。（2）"说出各个部分名称"，高亮显示某个部分，学习者从列表中选择该部分的名称；（3）"说出各个部分功能"，音频描述一个功能，学习者点击这个部分。对/错的反馈将在每个回答之后呈现。

执行程序技能

指导按钮包括两个执行过程教学活动：（4）"卸载（安装）泵"：指导语依次高亮显示每个部分，一个短视频展示如何拆卸（或安装）各个部分，显示器显示断开的部分。学习者点击鼠标，表示他们已经为下一部分的演示做好了准备。（5）"我来试一试"：学习者按拆卸或安装的顺序点击各个部分，视频显示演示，图中相应部分断开。如果这个步骤在现实世界中要直到另一个步骤完成后才可以完成，那么系统就会阻止学习者完成这个步骤。当学习者完成后，系统会显示学习者所采取的步骤，并与完成拆卸或装配的最有效的步骤序列进行比较。

[有关此模拟的更多细节，请参阅本章末尾的参考文献。]

图 6—8 应用新知中"执行实例"之模拟

运用多媒体呈现课程内容框架

学习者未必总能很好地把握课程的组织结构。在作者看来是有逻辑的东西对学习者来说却未必如此。对学习者来说，了解一门课程内容是如何组织的，以及他们如何才能逐渐深入到课程的不同部分，这一点十分重要。课程内容框架（Format）可以用来呈现相应的组织方式。图6-9是第四章所述的"创业课程"结构样式。自左向右的标签对应着课程逐渐展开讨论的五个问题，向学习者展示了不同类型创业过程所需要的一组组成技能。左侧按钮自上而下对应的是创业过程每一阶段的组成技能。这些按钮提示学习者关注所涉及的组成技能。此图示组织能帮助学习者看到相同的组成技能如何应用于不同类型的创业。该课程内容框架不仅能鼓励学习者依次研究各种创业的组成技能，同时还提供了一份内容菜单，使得学习者能够进入任一组成技能或者任一创业类型。该框架为学习者展示了课程涉及到多少问题，以及每个问题所包含的组成技能。

建议：使用框架指明课程内容的组织方式。

在创业课程（图6-9）中，左边的框面显示了组成技能的一般信息；右边的框面显示了该一般信息的具体描述。这样一种课程框架帮助学习者识别哪些是一般信息，哪些是一般信息的具体描述。彼此相邻的框面在一个显示屏上保持一般信息和具体描述同时进行，以便学习者可以轻松地将清单中的问题与这些项目的具体描述进行比较。在本书中，我们试图遵循这一原则，尽量将图示与文本解释相邻。

如果对一般信息的具体描述、对具体描述集中注意力予以指导，以及具体描述本身都是便捷可及的，不需要学习者翻页或打开另一个页面，那么对学习就大有益处。这使得学习者可以将一般信息与具体描述进行对照。如果一般信息或指导是音频形式而不是文本，那么这种同时呈现就很容易实现。当一般信息或指导是文本形式时，该文本应与图在同一显示框面上同时出现。实现一般信息和具体描述同时出现的一种方法是使用弹出信息对话框，特别是用于对具体描述作出相关指导。另一种技巧是对一般信息作出重点要点概括，并将这些重点要点具体细化为弹出信息或语音。在本书中，我们尽力保持屏显内容与音频的详细说明同时出现，另外还配以文本形式予以说明。

建议：使用框架保持讲解和展示同时出现。

对"创业课程"来说，不同的创业主题标签在框面顶部，组成技能菜单（镶嵌了内容菜单）则在左边。点击顶部主题标签和左侧技能菜单，学习者就可以进入不同的话题预览、研习或者复习。页面下方的导航栏便于学习者进入任意部分内容。课程开始时的导航指导为学习者指明了该导航功能，每个显示上的帮助按钮使学习者可以查看这些指导。本课程鼓励学习者按顺序学习，但主题和组成技能导航菜单让学习者能够浏览整个课程、细细研习课程内容，以及返回任何主题进行复习。

鼓励学习者以有意义的方式与内容互动，才能够促进学习。点击"下一步"按钮对促进学习作用不大，只会鼓励学习者坐下来翻看屏幕。要求学习者对将要发生的内容或教学活动做出决定，需要他们将注意力集中在接下来的事情上。用**内容菜单**导航需要这种相关的心智努力。这样的菜单可以镶嵌到显示的内容中，也可以作为单独的内容或交互菜单显示。不管是哪一种情况，为学习者提供如何使用这些嵌入式内容菜单来导航课程的清晰和明确的指导都是极其重要的。这些指导应该作为课程的导论提供给学习者，使用这些嵌入式内容菜单的前几个显示应该包括指导的显示，后续的显示中应该有一个简单的方法让学习者回顾这些指导。

建议：使用内容菜单在不同教学活动之间进行导航。

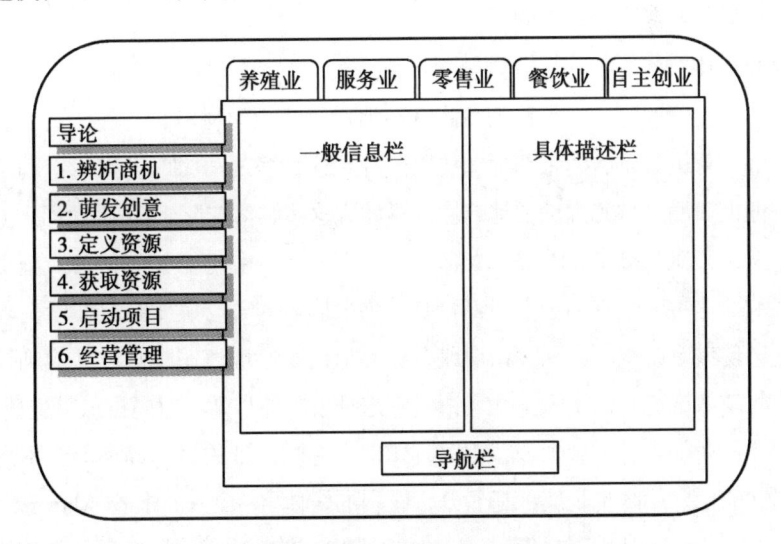

图 6-9　课程结构的内容框架——以创业课程为例

滥用多媒体

本章已经介绍和举例说明了在教学中应如何有效利用多媒体。遗憾的是，在教学内容和实施教学策略方面滥用多媒体，也会使得 e^3 的教学策略失效。本章的最后小节，我们来讨论教学中一些常见的媒体误用。

避免无关媒体

相关性是多媒体最重要的属性。相关性应积极回答这个问题："它能发挥教学功能吗？"如果多媒体教学没有发挥其应有的功能，那么它无助于学习，实际上还可能会干扰学习。对于多媒体教学产品中的每一个细节，我们都不妨问一问："这一媒体代表什么样的教学内容，或这一媒体能够推动什么样的教学活动？"

没有教学功能的图片是如此普遍，如果您检查几乎任意教学产品相关的内容，将能发现一个与教学内容相关的图片实例，既没有充分代表一个内容元素，也没有支持一个教学活动。教科书似乎也有一个规则，每两三页必须出现图示；网上教学似乎也有了一个规则，每个页面似乎都要配上一张图；许多在线课程讲座似乎仅仅是配图讲授——大量的文字搭配与主题相关的图片。仔细看看这些图，发现他们并没有实施任何教学活动，他们并未说明一个具体描述的属性，更多地只是看起来比较吸引人而已。

避免分心媒体

数字化学习的另一种常见的做法是提供媒体使教学材料更有趣。这些媒体可能是声效、背景音乐、娱乐图片和装饰图片。这种多此一举的多媒体有助于学习吗？有证据表明，与其说增加趣味性，不如说这些媒体实际上会干扰学习（Clark & Mayer, 2003, 2008; R. E. Mayer, 2001）。有一种分心媒体是每次翻页都会发出声响。这种声效有助于学习吗？有一个很恼人的分心媒体是只要学习者回答正确就出现鼓掌或欢呼，回答错误或者练习出错则出现汽笛喇叭或其他刺耳的声音。这些音效难道有助于矫正性反馈吗？这种累赘的声效绝对应该加以避免。

即使声效证实了与教学内容相关，如果声音对示证的具体描述而言不是一个区别属性的话，那么也是属于起到分心作用的媒体（参见 Clark & Mayer, 2007; R. F. Mayer, 2001）。在"雷电是如何产生的"教学中，梅耶发现，雷鸣的音效实际上妨碍了学习。音响效果，仅当有必要时才使用，即有助于对区分具体描述的属性时才使用。

背景音乐的使用几乎是习以为常的，尤其是在课程刚开始时更是如此。如果这种音乐与教学内容本身无关，它有助于学习还是分散注意力？如果音乐是学习者熟悉的，它所激活的心智模式与内容无关，是否会因此增加认知负荷，加重学习难度？这样的背景音乐有怎样的教学意义呢？背景音乐在电影和视频中用于将观众从一个场景带入到另一个场景，可以发挥很好的娱乐作用，但在教学中包含背景音乐究竟是有助于学习还是干扰学习？这些重要问题的研究目前还没有定论，但如果我们用梅耶无关声音的研究作推断，几乎常见的背景音乐很可能都会干扰学习。

避免阅读屏幕文字

在线教学的一种常见做法是使用音频（语音）阅读屏幕上的文本。让学习者阅读文本往往会干扰他们的学习过程，尤其是有图示的时候。大多数学生阅读的速度都比听快，所以这种练习经常会让学生在听完语音后再阅读，这让他们很恼火。当然，在以识字或语言习得为重点的环境中，有声朗读可以起到示范的作用，因此适合教学活动。

避免分心动画

演示软件提供了大量的动画特效。试图通过大量特效使演示更加生动有趣。这可能会使演示更加令人赏心悦目，但总是会导致对所学内容分心干扰。我最近考察了一门短课程，它使用巧妙的不同动画方式弹出关键条目。这些巧妙的动画方式可能娱乐了观众，但显然也导致了严重的分心干扰。

避免分心色彩

之前已经说过，无关色彩可能会干扰学习。无关色彩使得运用教学色彩的效果大打折扣。例如，如果色彩是用来作为集中学习者注意力的导向技术，那么多用色彩其实并无教学价值，只会对学习者引起混淆。如果一些色彩是用来集中注意力，另一些色彩只是增加趣味性，那么就等于要学习者花力气去区分哪些色彩是与教学相关，哪些色彩则是无关的。

良好的设计可能会包括彩色背景，使得一门课程外表看起来更加吸引人。有的课程可能采用彩色排印，而不仅仅是白底黑字。这里，一致性是最重要的原则。如果课程使用某一种色彩作为背景，并以另一种色彩作为文本亮色，那么重要的是，这种配色方案要在整个课程中始终如一。使用彩色背景和彩色文字，可读性也是一个重要的考虑因素。某些颜色组来阅读起来实在艰难。本书无法对色彩理论提供充分的讨论。请在互联网上搜索"有关色彩与可读性"（color＋readability）方面的内容，不少网站会给您提供有效的色彩搭配指导。

有些课程会采用背景色来让学习者知道自己在课程中的位置定位，或区分不同教学活动。不同的内容配色方案表示将有所不同的内容，例如，讲解一般信息可能会采用一种背景颜色，具体描述则采用另一种不同的颜色，以区别相关信息的不同属性。如果运用色彩本身出于教学目的，那么这种色彩运用对学习者来说应该是一目了然的；课程指导应详细解释运用这种色彩的教学目的，确保贯穿整个课程中的配色方案的连贯一致性。

本章小结

本章就如何正确使用多媒体来实施教学策略提出建议。使用适当的媒体开展教学活动，具体有：用简短的文本和语音阐述信息；提供替代表征的图示；以多媒体的特性清晰地表征一个具体描述的属性；以及用图示和语音搭配来集中注意力。当内容框架清楚地表明课程的结构和导航路线时，才能够促进学习。当教学活动具有互动性时，才能够促进学习。要避免常见的多媒体误用，包括：无关媒体、分心媒体、过多的文字、无关动画、无关色彩和在屏阅读文字。为方便您查阅，本章末尾列出了多媒体处方。

本章应用

只有当您将本章的建议（处方）应用于各种现有的教学实例时，您才会认识到应怎样有效利用多媒体。选择一些您正在学习、设计的课程，或者您可以在互联网上找到的课程。检查这些课程，看看它们如何使用多媒体来实施教学策略。这些课程是否利用多媒体来有效地实施教学活动？这些课程是否使用多媒体来指明内容的框架；是否提供了有效的导航；是否为学习者提供与教学内容和教学活动的互动？这些课程是否避免了无关的多媒体？

拓展学习

Mayer, R. E. (2020). Multimedia Learning. Cambridge: Cambridge University Press.

本书阐述了由梅耶博士开展的运用多媒体教学的一些创意研究。（译者注：盛群力、李艳、翟雪松和钟丽佳等翻译的本书中文版《多媒体学习（第3版）》将由华东师范大学出版社出版）

Clark, R. C., & Mayer, R. E. (2016). E-Learning and the Science of Instruction (4th Ed.). San Francisco: Pfeiffer.

本书阐述了由梅耶及其他人开展的研究和教学设计应用。（译者注：盛群力、李艳、冯建超等翻译的本书中文版《数字化学习原理与教学应用》（第4版）2021年由中国科学技术出版社出版）

Clark, R. C., & Lyons, C. (2011). Graphics for Learning. San Francisco: Pfeiffer.

本书展示了如何选择和开发适合不同的教学策略的图示材料。

Merrill, M. D. (1999). Instructional Transaction Theory (ITT): Instructional Design Based on Knowledge Objects. In C. M. Reigeluth (Ed.), Instructional Design Theories and Models: A New Paradigm of Instructional Theory. Mahwah, NJ: Lawrence Erlbaum Associates.

本文更加详细地讨论了水泵模拟（图6-8）。（译者注：本书中文版可以参见查尔斯·M. 赖格卢特主编，裴新宁、郑太年、赵健主译：《教学设计的理论与模型：教学理论的新范式（第2卷）》，教育科学出版社，2011年版。

运用多媒体的建议（处方）

当多媒体实施规定的教学策略时，才能够促进学习。

同步使用图示与语音（音频），以集中注意力。

使用语音（音频）来解释图示，而不要采用在屏文字。

使用由语音（音频）讲解的缩写文本来表达信息。

使用与语音（音频）同步的依次出现的文字或图示来集中注意力。

允许学习者控制文本展示的速度或重放音频信息。

使用图示提供信息的另一种表征方式。

使用能最清楚地表征一种具体描述的多媒体形式。

当单词是一个定义或排序属性时，使用文本。

当声音是一个定义或排序属性时，使用语音（音频）。

当属性可以可视化时，使用图示。

当属性需要动态显示时，使用视频或动画。

利用学习者控制教学活动。

使用媒体控制输入学习者的反应，并提供矫正性反馈。

使用语音（音频）而不是在屏幕上进行矫正性反馈，

使用内容框架来指明课程的组织

使用内容框架保持讲解和展示同时出现。

使用内容菜单导航教学活动。

误用教学媒体

避免无关媒体；避免分心媒体；避免阅读在屏文本；避免分心动画；避免分心色彩。

第七章 波纹环状教学设计模型

> **本章速览**
>
> 本章提出了一个教学设计模型，我称之为"波纹环状"。该模型包括以下设计阶段：（1）选择问题；（2）选择问题描述的样本并设计问题进阶；（3）确定教学策略；（4）设计原型；（5）评估原型。在下面的小节中，我将详细阐述（一般信息）并示证（具体描述）波纹环状教学设计模型的每个阶段，以及在每一个阶段中所涉及的步骤和条件。

关键术语

功能原型(Functional prototype)：为一个模块或一门课程创建一个功能模型，而不仅仅是写一个抽象的规范。

技能矩阵(Skills matrix)：确定解决方案所需的条件，以及在问题序列中每个实例所需要条件的步骤。

教学活动表(Instructional event table)：确定教学活动，用于教学问题序列中的每个条件和步骤。

框架(Framework)：原有知识激活后起到学习者学习新知识与技能的组织者作用。

同伴分享(Peer sharing)：一种学习互动形式，学习者从中将原有相关经验与其他学习者联系起来。

同伴讨论(Peer discussion:)：一种学习互动形式，学习者从中可以讨论范例问题的解决方案。

同伴协作(Peer collaboration)：一种学习者互动的形式，学习者以小组的形式协同努力来解决问题。

同伴评鉴(Peer critique)：一种学习者之间的互动，学习者从中评价其他学习者问题解决的活动，并提供建设性意见。

内容导航(Content navigation)：要求学习者做出内容决定，以便在模块中导航，而不仅仅是单击"下一步"按钮。

多媒体控制(Multimedia control)：一种多媒体对象，它激活脚本（计算机代码）来执行特定的功能，例如允许学习者通过复选框或单选按钮输入图示、文本或回应。

引论

图7-1说明了教学设计中"波纹环状"模型中的主要活动。隐喻是一个像池塘一样的环境，在这里将会发生教学。小石子是一个学习者需要在池塘的背景下解决的问题。这个问题就像扔进教学池塘里的小石子，是教学设计过程的触发器。教学活动的第一个波纹是选择学习者需要解决的问题。第二个波纹是定义问题实例的进阶。第三个波纹是为进阶中的每个问题实例设计 e^3 教学策略。第四个波纹正在设计教学的功能原型。第五步是对原型的评估和修正。

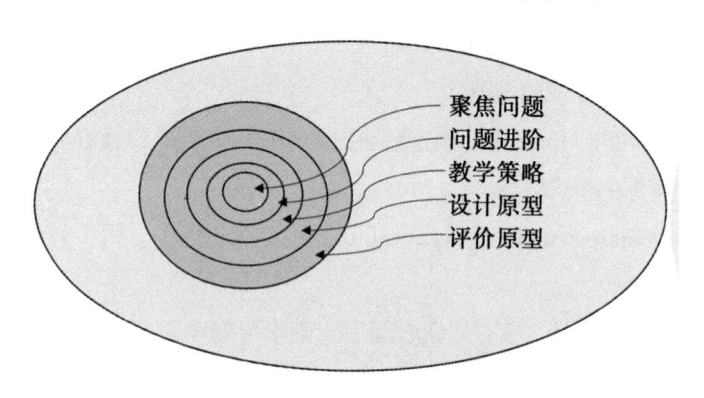

图7-1　波纹环状教学设计模型

波纹环状模型主要集中在整个教学开发过程的教学设计阶段。波纹环状模型假设在前端分析已经确定了是否存在一个问题，可以通过教学解决，而无需通过其他方法。我假设内容领域和某种形式的教学目标已经通过前端分析或其他适当的方法预先确定。作出这些决定的程序是重要的，但超出了本书的范围。

波纹环状模型产生了最终产品的功能原型。最后，课程在组织中的实施本身就是一个复杂的过程。波纹环状模型始于一个教学池塘，该池塘包含学习者在其情境中需要学习解决的问题。该模型从先前对情境、主题、学习人群和教学目标的确定开始，最终体现为课程开发、实施和总结性评估的具体要求。

选择一个问题

当学习者在现实世界的问题中获得技能时,才能够促进学习。

我喜欢给儿孙们拍照。我的孙子,凯登,曾是少年棒球联盟的球员。在其中一场比赛中我拍了一些照片。图7-2就是其中一张图片。幸运的是,这个动作在正确的时刻瞬间曝光。凯登已经准备拿去做宣传。这确实是一张很棒的运动照片,但是照片的构图还有待改进。这张照片原来采用了赛场的一个广角,包括一些分散凯登投球的元素。图7-3是我的最终照片,我相信这是一张构图比原来更好的和更令人开心的照片。

图7-2 凯登投球原图

图7-3 凯登投球修剪图

由于我想创建一门关于摄影构图的短期课程，我决定设计一个演示来展示为什么图7—3的构图看起来更棒，以及我如何将原始照片修剪为更好的构图。图7—4是我的演示幻灯片。我也想为这张照片设计应用幻灯片。图7—5为识别实例的应用幻灯片，图7—6为执行实例的应用幻灯片。这三张幻灯片定义了我想在一个关于摄影构图的短期课程中教授的问题。本课程的听众是使用数码相机的业余摄影师，并可以使用数码编辑程序，如Photoshop Elements等。本短期课程的目标是：如何识别一张构图良好的照片，帮助您使用取景框来获得吸引人的拍摄位置，如何修改照片以改善构图。

在教学设计过程开始就确定教学目标，这是一种常见的做法。这种方法的不足之处在于：教学目标是要教知识的抽象表征，而不是知识本身。通常，实际内容的具体要求被推迟到开发阶段。许多设计人员都经历过在教学设计过程一开始就编写有意义的目标感到很困难的情况。通常，在开发启动之后，在教学设计过程早期编写的目标可能会被放弃或修改了，以便与最终开发的内容更加一致。

波纹环状模型避免了这一问题，因为它从需要教授的内容（需要解决的整个问题）开始，而不是从抽象的内容表征（目标）开始。从波纹环状模型中的第一个波纹识别出一类问题，当这些问题得到解决时，将表明学习者已经完成了学习目标。

好的问题是学习者在现实世界中可能遇到的典型问题。他们往往没有一个正确答案，可以用几种不同的方式解决，得到的解决答案也可以是不同的。该教学允许学习者在真实环境或模拟环境中解决这些问题。问题是加以具体描述的（portrayals），而不仅仅是抽象说明的（descriptions）；它们是一类有多个特定实例的问题中的特定实例。问题应该是完整的。一个完整的问题至少包括三个部分：问题的条件；识别问题解决的方案或结果；一组将给已知条件转为解决方案的活动。波纹环状模型建议为从这一类问题中的一个典型、具体的问题开展示证新知和应用新知的活动。

摄影构图

使用三分构图法修剪原始照片。

让投手处于框内的适当位置。

编辑修剪过的照片，去除背景中的干扰物。

继 续

音频/动画

"非常幸运的是，这一动作在正确的时刻瞬间曝光。由于是抢拍，没有时间用取景框仔细构图。原来的照片中包括了球赛的广角，还有一些元素分散了对人物主题的注意力。琢磨一下这张照片，然后点击继续按钮继续。"[按钮在照片下面]

继续

[修剪照片指导语出现]"第一步是修剪如图所示的图片[裁切框覆盖照片；照片的其余部分变暗，最终消失，只留下增大的裁切区域］。这使我能够调整三分构图规则，我在新框面中定位投手，并将投手放置在略微靠左的适当位置。琢磨修剪过的照片。点击继续按钮继续。"

继续

"修剪后的图片仍然包含一些令人分心的元素。防护栏后面有两名球员在热身。车厢旁边有一个消防栓。一根大杆子似乎从消防栓里长出来。这些可以靠编辑软件弥补。我可以移除防护栏后面的选手，消防栓和杆子后面的选手。"

[动画显示编辑过程，修改工具慢慢取代球员与背景。画框与编辑后的照片的最终版本固定在一起。]

图 7—4 摄影构图的示证新知

摄影构图

这张照片的构图示证了三分构图法吗?

YES　NO

这张照片的构图示证了如何设计有效版式吗?

YES　NO

这张照片构图简洁吗?

YES　NO

提　交

[选择是或否,并保存答案。播放音频反馈]

三分构图法反馈

　　这是一张通过取景框拍摄的构图,没有运用三分构图法。然而,只要修剪得当,就可以将年轻的掷球手作为照片的主体,放置在剩余框图的三等分交叉点上。您将有机会修剪这张照片。

版式反馈

　　这张照片的版式可以得到以下改善:我们可以强调掷球手的动作,也就是他正要投掷的那一刻。好的横向版式会把掷球手放置在框架的左侧,这样看上去就像他正把球投掷到照片中去。同样,细心的修剪可以很大程度上改善照片的版式。您将有机会修剪这张照片。

简洁反馈

　　由于这是一张取景框选择的构图,因此上面有很多分散注意力的因素,包括照片左边的守场员,还有在防护栏后面做热身运动的队员,背景中的房屋等。这张照片的取景看起来非常杂乱无章。但是,只要修剪得当,附近的房屋可以剪掉;只要编辑得当,防护栏后面做热身运动的队员也可以从取景中删掉。您将有机会通过修剪编辑来改进。

　　点击喇叭图示可以重复听反馈。

图 7—5　摄影构图的应用新知之识别实例

［点击修剪链接激活修剪工具修剪照片，同时播放以下音频指导。］

"修剪这张照片，改进三分构图法，强化布局，同时剪掉背景中分散注意力的房屋。完成修剪后请点击提交键。[点击提交键，系统将保存修剪后的照片。]

现在，您将有机会编辑这张照片。

［点击编辑链接，运用复制工具编辑照片，同时播放以下音频指导。］

使用复制工具删除照片中的分散注意力的因素。如需得到有关复制工具的详细指导，请按帮助键［帮助键位于图片下方］。[在本课程的最终版本里，将会增加示证内容，引导学习者如何按部就班地使用复制工具］。[学习者只要合理运用编辑工具，就能够放大照片，用于编辑。]

完成编辑后请点击完成键。

［点击完成键以保存编辑后的照片。同时，我修剪和编辑过的照片和学习者的照片将会并列出现。］

将您完成的构图与我的构图进行比较。两者可能并不是一模一样的。您有没有应用三分构图法？您有没有运用布局来突出年轻男子和他将要投球的动作？您有没有将分散观众注意力的因素从照片中剪辑掉？

图 7—6 摄影构图的应用新知之执行实例

定义问题进阶

当学习者参与到聚焦问题的教学策略时,其中所教的技能体现了从简单到复杂进阶的完整问题,才能够促进学习。

收集样本问题实例

图7-7展示了几幅摄影构图技巧中被选作示例的样本照片。尽管实际选作样本照片的数量会很多,为了帮助大家理解,我这里只选了少数几幅代表性照片。当我选择照片时,考虑了决定摄影构图复杂性的多方面因素。首先,为了呈现不同主体的照片,我选择了物品(静物和动物),人物个体,人物群组和风景照。其次,我想到当摄影对象可以摆拍造型时,摄影师在构图上更容易作出取舍,所以我选择了刻意造型照和随意生活照。第三,构图中最重要环节是在取景框中勾勒取景,所以我也包含了一些已经精心构图的取景。第四,未必所有的摄影师都能够自己完美构图,我因此又选择了一些可以通过剪裁和编辑优化构图的照片。第五,我尽可能既呈现原始照片又呈现修饰后的照片。第六,对有类似主题的照片,我选择了最佳构图作品和构图较差作品。

图7-7 摄影构图样本的具体描述

在开始设计问题进阶之前,必须要有可用来形成进阶的若干具体问题。设计问题进阶的第一步是先要选择问题具体描述的一个样本。问题具体描述应该是现实生活中特定问题的实例,而不仅限于简单的解释。它应该代表相同问题类别的具体实例。**问题类别**被定义为一组需要用同类组成技能解决的问题。问题具体描述中的每一个实例不仅仅是完整问题中的一部分，而且都是可以独立存在的。这个样本应该代表一组不同的具体描述。这些具体描述应该代表问题解决方案的出色、良好、合格和不良等层级。这些问题的具体描述应该是您希望学习者能够按照教学得以解决的典型问题类型。

问题进阶

图 7—8 是一组个人照片。除了第一个实例之外，我还包括了原始照片和编辑后的照片。我制作了一个技能矩阵，其顶部代表了一系列具体描述的进阶结果，而导致结果的条件和步骤在第一列。在该矩阵中图片加粗线条下方的第一栏代表着一个良好摄影构图所需要的条件。我把一个"×"标记放在相应的单元格中，代表原来的图片已经具备了这个条件，如果觉得可以通过修剪或编辑来改善原来的图片，在单元格中有一个"?"标记。

加粗线条下方的第二栏是创造条件来改善构图的步骤。我在单元格中放的"×"标记表示这个步骤已经成功地提升了照片的质量，而"?"标记表示这个步骤可以改善一个或多个优化过程的条件。

	D	E	C	A	B
简洁		?	?	?	?
三分图	×	×	×	×	?
版式	×	×	?	×	?
布局			×		
线条					
造型	×				
取景框	×			×	
修剪		?	?		?
编辑				?	?

图 7—8　摄影构图的组成技能矩阵

比如说，第一张是我在摆弄铁路轨道模型的照片。由于造型相对固定，恰当运用取景框，所以这张照片不需要再经过修剪和编辑来改进构图了。第二张原图在前景中包含了一些会让人分散注意力（如焦点主要是拍摄摆弄火车的人）的细节成分。通过删除这些分散注意力的内容，可以使这张照片更简洁。这一目标可以使用修剪的手段来实现。在第三张原图当中，小孩的周围本来有一个很好的构图，但是大量的灌木又干扰了主体，使得主体没有落在三分构图线的交叉处，而且布局也可以稍加改变，使得主体看起来正在凝视着镜头。这样一来我们就需要通过仔细修剪和编辑主体与边框的位置来进行多处更改。比如，删除大部分灌木，更改人物主体的布局使其看上去更合适。第四张照片在取景框中的构图已经很不错了，但是原图中背景人物又让人从主体——母亲和孩子的身上分心。在这种情况下，我们可以通过对背景进行编辑来达到所需效果。第五张在球赛时拍摄的照片包含了太多的信息。这张照片需要通过删除不必要的元素来简化照片，从而使焦点专注于投手身上。这包括了同时修剪和编辑图片中让人分散注意力的部分和背景。在教授修剪的步骤时，我特意提醒自己，图片的分辨率要高一些，这样才不会导致过度的像素空隙。

图7-8仅仅展示了预设好的照片优化问题序列的一个案例，现实生活中的序列还会包括物体，人物群体和风景照等。对于这些照片而言，需要分别界定那些在拍摄时就能达到的条件和需要通过修剪或编辑来优化照片的其他条件。

问题进阶是一组问题原型，按照从较不复杂到最复杂的顺序排列。波纹环状模型指导您在设计一个好的问题进阶时需要以下几种活动：获取问题具体描述的样本；确定样本中每个具体描述所需要的技能；调整画面的顺序，形成由简单到复杂的顺序；修改、删除或添加问题具体描述，以确保教学中全部技能都没有遗漏。

一个好的进阶包括对日益复杂的问题的描述。不断增加的复杂性意味着每一个后续的具体描述都包含了一些技能的更多细节，或者比前一个具体描述包含更多的技能。对于每个后续问题的具体描述，应该只引入一两个新成分或修改过的成分。第一个具体描述是完整问题的最简单版本。最后一个具体描述代表了在现实生活中要完成问题的更复杂的版本。在进阶中的具体描述，虽然来自同一类问题，但应该代表不同问题的具体描述，这些问题的实例在现实生活中是不同的。最终任务所需的所有技能都应该包含在问题进阶中。

调整问题进阶中的排序

在为我收集问题的具体描述进行排序之后，我研究了进阶序列中的条件和步骤，看看是否还有"条件"没有兼顾到或者还有"修剪"或"编辑"的类型遗漏了。在图7－7中的个人照片样本中，我注意到构图"线条"这一条件没有专门列出来，所以我在另一张照片中找到了这一条件，这张照片有对角线或S曲线。我决定加进如图7－9所示的照片。这张照片只需要通过"修剪"来改善原始照片的构图，所以我把它放在了图7－8中照片C之后的序列中。图7－9仅显示"修剪"后的最终构图。我还检查了其他不同类别的照片，看看我想教的所有条件和步骤是否都包括在内。我还添加了一些照片和删节了一些似乎多余的照片。在这些调整之后，我觉得这些进阶序列能很好地代表人物个体摄影不同问题的具体描述。

在收集了大量的问题具体描述样本之后，您如何将它们按照从简单到复杂的顺序进行排列呢？复杂性的一个重要方面是解决特定的具体描述所需条件的数量。如果一个问题的解决方案需要更多的条件，那么它就会更加复杂。复杂性的另一个方面是实现所需条件的步骤的数量和类型。如果给定问题的具体描述的解决方案需要更多的步骤，或者更难以执行的步骤，那么它就会更复杂。**技能复杂性分析**是将具体描述从简单到复杂进行排序的过程。作为设计活动的第一步，安排一组样本具体描述，这似乎是一个很好的顺序。创建一个技能矩阵，它在顶部要标识每个问题实例的解决方案（结果），并在第一列中标识导致这些结果的条件和步骤。矩阵中的方格表示每个问题的结果需要哪些步骤和条件。请记住，问题解决任务的内容组成部分包括了导致结果或解决方案的条件，以及识别或产生这些条件的步骤。

简洁	×
三分构图法	×
版式	?
布局	×
线条	?
造型	
取景框	×
修剪	?

图7－9　我的进阶序列中再添加一幅照片

确定教学策略

当学习者观察到要学习的知识和技能的示证时，才能够促进学习。

当学习者运用新学到的知识和技能时，才能够促进学习

形成教学活动表

教学活动表指明我们什么时候示证哪一个条件或步骤，并在什么时候加以应用。首先，应检查问题进阶中每个具体描述的条件和步骤。检查的目的是要决定该条件或步骤是应该在具体描述中加以示证还是应用。在第一次讲解一个条件或步骤的时候，最好就进行示证。如果一个条件或步骤还有后续具体描述的时候，最好增加示证以厘清其不同之处。如果前后没有不同之处，学习者就可以将前面的条件或步骤应用到后续具体描述上。

图7-10是摄影构图的教学活动表。我为每一张照片添加了教学活动。我试图安排教学活动，以便应用程序遵循给定条件或步骤的示证。在第2列中演示了三分构图法，并在其余所有列中应用了**识别实例**。修剪的示证在第3列，然后在第4、5和7列中应用了**执行实例**。您可能已经注意到，对于造型或取景器的步骤和条件行有一个示证，但没有应用程序（既没有识别实例也没有执行实例）。编制教学活动表提供了一种方法来检测教学设计中是否会有遗漏。摄影构图的实际课程包含了比图7-10中所示的更多的问题，但这应该足以说明这个设计过程。这个表提供了开发原型来实现这些教学活动的具体要求。

	D 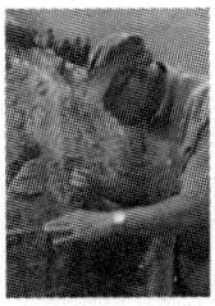	E 	C 		A 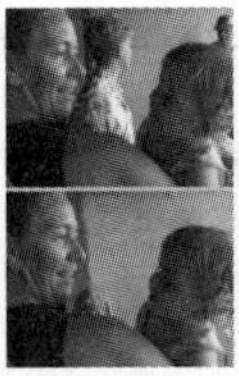	B 
简洁		讲解—示例	识别实例 执行实例		识别实例 讲解—示例	识别实例 执行实例
三分构图	讲解—示例	识别实例	识别实例 执行实例	识别实例 执行实例	识别实例	识别实例 执行实例
版式			识别实例 执行实例	识别实例 执行实例		识别实例 执行实例
布局			讲解—示例			
线条				讲解—示例		
造型	讲解—示例					
取景框	讲解—示例					
修剪		讲解—示例	执行实例	执行实例		执行实例
编辑					讲解—示例	执行实例

图 7-10 人物摄影构图教学活动表

波纹环状设计中的第三个波纹是为完成每个任务进程所需的技能设计原型教学。在设计问题进程时，有必要考虑进程中每个问题所需要的技能，以确保所有这些技能都会得到教授。问题进程的一个优点是，进程中一个问题所需的技能也是后续问题所需要的。在这种情况下，可以在第一次教授该技能时演示该技能，然后在随后的场合提供该技能的应用程序。在波纹模型的这一阶段，每一种技能都要被仔细地确定为进程中的每一个问题。然后，我们会检查这个**技能图**，以确定何时开始教授特定技能。再接下来，要求展示技能。当问题的第二个实例需要该技能时，则将该技能标记为"应用"。技能图表就变是一个**教学活动表**。这个表是本章下一节所描述的设计实际示证和应用程序的具体规范。

设计功能性教学原型
为什么需要有教学原型

教学设计做常见的产品是形成一份设计任务书（a design specification）。这份设计任务书用于指导最终产品的制作。设计任务书的主要不足在于其本身基本上属于"一般信息"（information）而不是"具体描述"（protrayal）[1]；能够说明教学产品是什么但没有直接给出实际教学产品。设计任务书的另一个不足在于确定教学目标和教学产品实际开发之间有较长时间耽搁。

教学原型（instructional prototype）有助于克服设计任务书的某些不足。首先，教学原型展示了教学设计的"实际模样"或者"具体描绘"（mockup or protrayal），不再是一个具体说明（description）了，大家都能明白这样的教学看起来像什么，学习者在教学中如何互动，学习者在教学中遵循什么样的路线；所以，教学原型是"做给我看"（show-me）而不是"讲给我听"（tell-me）。其次，教学原型有助于快速地从"沙盘推演"（prototype）向"阵地实战"（prototyping）转化。不是描述在设计和项目进展中需要作出哪些变更，而是这些变更可以立即在原型中实现，因此，原型总是代表该项设计的最新版本。最后，让学习者与原型的早期版本交互，能促进对设计进行持续评估，在设计得以完成或最终形式实现之前，为之提供有价值的调整信息。

有许多媒体工具可以用于您在课程中制作功能原型。在本章中，我选择使用PowerPoint作为我的原型工具。在PowerPoint中，插入和操作媒体非常容易，包括所有风格的文本、图示、照片、视频和音频。PowerPoint一个非常有用的功能是动画，它允许用户在幻灯片中加入交互式对象，这些对象可以出现、消失、移动、改变形状、改变颜色等。动画可以通过点击屏幕上的任何对象或文本或嵌入在音频中的书签来触发。动画也可以在特定的延时或其他活动之后进行计时。重要的是，PowerPoint包括多媒体控件（活动X对象），当点击时，触发Visual Basic脚本或宏，允许设计者设计几乎任何可能在计算机上实现的学习者交互。虽然简单的交互可以很容易地由大多数设计师编写，但对于更复杂的交互，则需要

---

[1] 即"讲道理"有余，"明示例"不足。——译者注

计算机程序员提供帮助。

　　对于我的原型而言，我选择设计一个可以用于在线教学的原型，而不是教师主导的常规教学。然而，在我的原型中所描述的教学活动几乎都可以用于面对面教学。请注意，对于其中一些教学活动，一个"媒介型实施"（a mediated implementation）可能有利于补充现场教学。我还选择为应用新知教学活动实现或指定多媒体控制对象，在应用新知教学活动中，学习者与媒体交互，媒体将他们的反应收集到一个数据库中，以便日后回顾、评价或在未来的教学活动中使用。**首要教学原理**在实施中不需要这样的媒体控制对象。以下教学建议的大部分内容也可以用更传统的形式来实现学习者的反应和互动。由于世界正在迅速地向"媒介型教学"发展，而且通常是远程教学，所以，如何使用媒介控制对象来为学习者输入和交互的似乎特别有益。① 使用这些媒体控制对象可能需要一定数量的计算机编程来实现。

实施教学活动

　　实施教学活动使用教学活动表（图 7-10）作为指南，我使用 PowerPoint 开发原型教学，用于每个问题实例的示证新知和应用新知。通过这六张照片，本教程对制作一张构图良好的照片的五种条件开展了分类概念教学，并对导致这些条件的每一种技能实施了程序指导。图 7-11 到 7-16 说明并描述了教学中如何与学习者开展动态互动。这只是整个课程中全部照片的一部分，但我选择这些例子，便于展示问题进阶的顺序，并且展示教学活动在问题实例中的具体分布。

　　对于这个序列中的每一张幻灯片，我将描述所实施的教学活动，所实施的集中学习者注意力的指导活动，所实施的帮助学习者展示他们的**识别实例**或**执行实例**技能的辅导活动，以及所提供的矫正性反馈。我还将说明实施教学活动中的多媒体处方和控制。

　　图 7-11 是三分构图法和布局条件的有关分类概念"**讲解—示例**"活动。它还为造型和取景框的步骤有关的执行过程提供了"**讲解—示例**"教学活动。教学活动是通过音频与简短的文本说明来进行的。我为三分构图法提供了图示和音频

---

① 本书是在新型冠状病毒大流行期间编写的，许多学习者自己在家里通过在线学习技术进行学习；许多大学校园里人去楼空，选择了在线教学。

讲解。针对照片中的人物布局与造型，教学中依次提供了图片与音频同步讲解。除了屏幕上的文本，教学中还使用了音频来讲解图片。学习者可以通过示证新知按钮重复音频。

摄影构图	
三分构图法：用虚线将取景沿横向和纵向三等分，然后将主要的兴趣点安排在这些交叉点上。 示证 **版式**：无论是横向还是竖式版式，构图都要尽可能地简洁，用三分构图法来放置主体的位置。 示证 **造型**：主体造型对构图的影响最大。 示证 **取景框**：使用相机的取景框，并努力形成最佳构图。如需示证，请点击此处。 示证	

音频

[点击三分构图法，照片上出现网格线，同时播放音频。]
　　请注意，三等分线的交叉点刚好落在主体的脸部，以此将观众的注意力吸引到照片上人物正十分专注地做事。这张构图是三分构图法的佳例。再次单击"示证"可以重播。
[点击构图，出现横向版式，同时播放以下音频说明。]
　　横向版式更多显示的是铁路模型，但是这样会分散观众对主体的注意力。[出现纵向版式]纵向版使观众的注意力集中在主体上，铁路模型在构图中只是一个配角。再次单击"示证"可以重播。
[点击造型示证按钮会显示三个额外的造型，并播放音频，显示其他两个造型存在的问题以及所显示的造型最佳的原因。]
[点击取景框，先是出现较广的取景，然后缩小取景范围，前后移动，最后框定图例中的照片取景，播放以下音频。]
　　通过取景框勾勒的视图展示了摄影师开始取景视角比较广，然后缩小范围到主体上，前后移动以尝试不同的构图，最后将相机设置为肖像构图，用三分构图法确定构图。再次单击"示证"可以重播。

图 7—11　照片 D (具体描述 1) 的原型示证

图7—12针对三分构图法的分类概念开展了**识别实例**教学活动。单击复选框会触发一个脚本，该脚本在复选框中放入 x，触发反馈消息，并记录学习者对数据库的响应。此教学使用图片和语音对**识别实例**教学活动进行矫正性反馈。为了理解"简洁"，采用了分类概念的**讲解—示例**教学活动，并为修剪步骤的执行过程开展了**讲解—示例**教学活动。为了理解"简洁"，本教学采用了音频配简短文本。本教学中用音频来说明修剪，同时说明该步骤如何执行。单击示证按钮再次重复示证。

摄影构图

这张照片的构图有没有示证三分构图分法？

简洁：一张好的构图没有背景或其他因素分散观众的注意力。在这张照片中，有没有分散注意力的因素呢？

示 证

反馈

［点击上面两个选择框中的一个，保存答案。在照片上划出三等分网格线，播放以下语音。］

　　这张照片的构图有没有示证三分构图法？是的，没错！看看照片上的三等分线，人物的脸部是兴趣点。三等分虚线的交叉点有没有落在拍摄人物的脸部？

［点击简洁的"示证"按钮，播放以下语音。］

　　这张照片中有没有分散注意力的因素？看看火车下方的钳工工作台和电线。这些杂乱的因素是要抢占观众的注意力吗？［突出钳工工作台和电线］您该如何简化这张照片的取景呢？大部分的图片编辑软件都可以帮助您修剪照片。修剪可以选择您想要保留的部分，同时剪掉您不想保留的那部分。请看我是如何修剪这张照片的。［动画部分开始画一条修剪线，然后慢慢调整来选择主体和火车，剪掉钳工工作台和电线。照片修剪好之后，动画部分结束播放。］这张照片还是采用三分构图法吗？注意：修剪好的照片是怎样通过删除分散注意力的元素，将观众的注意力吸引到主体，也就是人和火车上的。

图 7-12　照片 E（具体描述 2）的原型应用/示证

图7-13对三分构图法和布局中的分类概念采用了**识别实例**教学活动。教学活动采用了复选框控制对象来提供语音反馈、输入和记录学习者反应。本教学活动采用了图片加音频来提供矫正性反馈。本教学对"线条"的条件开展了**"讲解—示例"**分类概念活动，采用了音频配上简短的文本。本教学也采用了图片加音频将注意力集中在相关属性上。本教学还为"修剪"这一步骤提供了**执行实例**的教学活动，还提供了一个音频配图片讲解，提供矫正性反馈。学习者可以重复示证和反馈。

摄影构图	
这张照片的构图示证了三分构图法吗？ ☐ YES　☐ NO　🔊 这张照片的构图示证了如何有效构图吗？ ☐ YES　☐ NO　🔊 线条是一种构图方式，强调用对角线元素引导观众的视线进入照片。 [示证] 点击此处，修剪照片，改善这张构图的三分构图法和布局。	[照片] [修剪]　[提交]

点击方框按钮，记录学习者的反应，播放音频反馈

三分构图法的反馈

  这张构图有没有示证了三分构图法？根据其构图来看尚未做到。不过，您可以修剪这张照片，将妇女移动到三等分虚线的交叉点上。这张投影片最后要求您运用三分构图法来修剪照片。

版式的反馈

  版式可以通过竖向版式加以改进。竖向版式能够更好地强调照片中线条聚集的方向。这张投影片最后要求您修剪这张照片以改善其布局。

线条的反馈

  仔细观察这张照片。请注意人行道是如何慢慢地延伸到远处。［当人行道慢慢向远处延伸时，形成了一条暗线］请注意石头的线条和窗户的线条是如何和人行道聚集在一起的。［有一些线条随着灰泥和窗户聚集到人行道的线条上］对角线引导观众进入画面，照片的构图看上去既有趣又有吸引力。

  ［点击"修剪"按钮将显示照片周围的修剪框和语音］点击、按住和滑动修剪框，以改进格式，并更精准实现三分构图法和布局。当您完成修剪图片时，点击"提交"按钮。再次单击"修剪"以重复指导语。

  ［点击"提交"按钮保存学习者修剪的图片，在学习者修剪的图片旁边用三分构图法覆盖的网格显示我修剪的图片，并播放以下音频。"我把这张照片修剪成一种肖像格式，以强调随着距离逐渐退去的对角线。通过使用肖像格式，更容易将女性，也就是照片的主体放置在三分构图交叉点附近。垂直格式也消除了周围的一些蝴蝶，这往往会分散注意力，冲淡主题。点击语音按钮重复反馈；点击示证按钮重复。再次单击示证按钮重复示证。

图 7—13　照片 F（具体描述 4）的原型应用/示证

图 7-14 实施了三分构图法、布局和简洁等分类概念的**识别实例**活动。本教学活动使用复选框控制对象来触发音频反馈、输入和记录学习者的反馈。三分构图法的反馈采用音频和图片结合。音频反馈用于版式和简洁。为了理解"布局"这一分类概念，采用了"**讲解—示例**"教学活动，采用音频**讲解**简短文本。本教学活动采用了一个**执行实例**的程序，用于调整布局和照片中的三分构图法。本教学活动采用音频讲解图片，提供了矫正性反馈。学习者可以重复示证和反馈。

摄影构图

这张照片的构图示证了三分构图法吗？

- YES　- NO

这张照片的构图示证了如何设置有效版式吗？

- YES　- NO

这张照片的构图简洁吗？

- YES　- NO

布局是构图的一种形式。它采用照片中的一些元素来形成主体周围的布局。

示证

修剪照片，以改进其构图简洁、三分构图法、版式和布局。

示证

提交

[点击选择框中的是或否，记录学习者的反应，播放相关的音频反馈]

三分构图法音频："由于这是一张通过取景框拍摄的构图，照片没有体现三分构图法"。[网格线出现在照片上] "请注意孩子是照片的主体，但出现在了取景的中间部分。当然，这是可以通过修剪来纠正的。您会有机会修剪这张照片。"

版式音频："使用横向版式没有问题，但是如果我们运用三分构图法修剪照片，那就更好了。您将有机会修剪这张照片。"

简洁音频："这张照片取景太杂乱无章了。那么多的树枝和树叶，分散了观众的注意力，还遮住了孩子。您在修剪这张照片的时候，还可以纠正构图上的这一问题。"

布局示证音频："请注意：灌木丛的大树枝如何在孩子的脸部周围形成了布局。布局是一种将观众注意力聚焦到拍摄主体的构图方式。当您修剪这张照片时，应该尝试强化孩子脸部周围的自然布局。"

[点击"修剪"按钮显示修剪框面，播放以下音频]现在可以修剪照片了。请用鼠标勾勒出您想保留的区域。尝试用三分构图法、版式和布局来改进构图特征。当您对修剪满意时，请点击提交键。[提交按钮出现在照片下面。点击提交按钮保存学习者修剪的照片，并将我修剪的照片以三分构图法的网格覆盖显示在学生照片的旁边，并播放以下音频]您的照片现在符合三分构图法了吗？树叶现在在孩子的脸上形成了一个布局吗？

图7—14　照片C（具体描述3）的原型应用新知/示证新知

图 7-15 对三分构图法和构图简洁的分类概念进行了识别程序（DOid）。它使用复选框控制对象来触发语音反馈、输入和记录学习者的反应。本教学活动对通过"复制印章"（clone stamp）编辑照片的执行过程进行了"讲解—示例"。本教学活动使用简短的文本和音频来解释编辑过程。本教学活动采用音频而不是屏幕文本来解释动画图示，显示如何使用"复制印章"。学习者可以重复示证和反馈。

摄影构图

这张照片的构图示证了三分构图法吗?

☐ YES ☐ NO 🔊

这张照片的构图简洁吗?

☐ YES ☐ NO 🔊

当一张照片里面出现分散注意力的因素时,我们可以通过编辑删除这些因素,使之构图简洁。

[示 证]

[点击选择框中的是或否,记录学习者的反应,播放相关的音频。]

三分构图法音频:"这是一张通过取景框拍摄的构图,运用了三分构图法。设想一下虚线的位置。您有没有注意到照片上妇女的脸部位于其中一个交叉点上?孩子的脸部在阴影处,因此妇女成为这张照片中的最重要的兴趣点。"

简洁音频:"请注意背景中的男人和女人。这两个人分散了观众对妇女和孩子的注意力。构图简洁是指要尽量避免或者排除照片中分散注意力的因素。"

示证音频:"这张照片的构图不错。但是背景中的男人和女人分散了观众对妇女和孩子的注意力。我们可以用编辑软件来弥补这个缺陷。使用'图像处理软件'(Photoshop)中的复制印章工具,我能够复制一些背景来替换那些人物。请看编辑过程的动画。"[动画显示编辑过程:选择了一小块背景,然后启用这个背景来替换人物的一部分。动画继续播放,直到两个人物都被替换掉]编辑好的照片有一个简洁的布局,观众的注意力也能够集中在妇女和孩子身上。

图 7—15 照片 A 的原型应用新知/示证新知

图 7-16 代表了这个摄影构图的问题进阶的最终**识别实例**和**执行实例**。本教学有一个用于三分构图法、版式和简洁的分类概念**识别实例**活动。本教学使用复选框控件来触发音频反馈、输入和记录学习者的反应。在修剪和编辑步骤中有一个**执行实例**活动。这两个活动有按钮控件对象。"修剪"按钮的脚本在照片上会显示活动的修剪框图。"编辑"按钮的脚本会显示"复制印章"供学习者使用,用来删除照片中不需要的元素。本教学为这些活动提供了详细的音频配图片反馈。点击小音箱会重新播放相应问题的反馈信息,但学习者不能改变答案。点击"提交"按钮前面的"修剪"或"编辑"按钮会重复音频指导语,并允许学习者重新进行修剪或编辑。

摄影构图	
这张照片的构图示证了三分构图法吗？ ▢ YES ▢ NO 🔊 这张照片的构图示证了如何设置有效版式吗？ ▢ YES ▢ NO 🔊 这张照片构图简洁吗？ ▢ YES ▢ NO 🔊 [示 证] [编 辑]	(照片) [提 交]

[点击选择框中的是或否，记录学习者的反应，播放相关的音频。]

三分构图法音频："这是一张通过取景框拍摄的构图，没有运用三分构图法。您如何修剪这张照片以便符合三分构图法的要求？您将有机会修剪这张照片。"

版式音频："这张照片的布局可以得到以下改善：我们可以强调掷球手的动作，也就是他正要投掷的那一刻。您如何调整这张照片的版式，以便突出动作主体的要求？您将有机会修剪这张照片。"

简洁音频："由于这是一张取景框选择的构图，因此上面有很多分散注意力的因素，包括照片左边的守场员，还有在防护栏后面做热身运动的队员，背景中的房屋等。这张照片的布局看起来非常杂乱无章。您如何修剪这张照片以便消除这些分心因素？您将有机会通过修剪和编辑来加以改进。"

[点击修剪按钮显示修剪框面，同时播放以下音频指导]修剪这张照片，改进三分构图法，强化版式，同时去掉背景中分散注意力的房屋。完成修剪后请点击提交键。[点击一键修剪后的照片将被保存。]

[点击编辑按钮，运用仿制图章工具编辑照片，同时播放以下音频指导]使用复制印章工具删除照片中的分散注意力的因素。完成编辑后请点击提交键。[点击提交键，编辑后的照片将被保存，我修剪和编辑的照片将出现在边上以供对照。]

将您完成的构图与我的构图进行比较。两者可能并不是一模一样的。您有没有应用三分构图法？您有没有运用版式来突出这个年轻男子和他将要投球进入照片的动作？您有没有将分散观众注意力的因素从照片中去掉？

图 7－16　照片 B 的摄影构图之应用新知

为激活新知设计结构化框架

当学习者激活原有知识与技能的心智模式作为新学习的基础时，才能够促进学习。

当学习者回忆或获得一个框架或者组织新知识的结构时，当这个结构作为示证时指导、作为应用时辅导、作为整合时反思的基础，才能够促进学习。

图 7-17 提供了一个问题的结构化框架，帮助我们识别和构建一个有效的摄影构图。一张构图良好的照片展示在我们眼前。投影片底部的眼睛/漏斗示意图一开始并没有呈现出来。我们首先听到的是一个音频说明，通过反问的形式吸引读者关注这张照片。然后，音频说明直接将隐喻中的一个元素进行比较，物体通过漏斗被导向一个特定的位置，在一张照片中，视线通过构图被导向照片中特定的元素。音频讲解的简缩文本是依次出现的。引导学习者注意力的另一种方式是图片，它也作为一个框架体现好作文的整体概念。点击小喇叭学习者能够重复示证。

一个结构化框架就是一种激活旧知的形式；它激活了学习者在以往的经历中，对于某些事物创建的心智模式。构建一个结构化框架的第一个教学活动就是：将通过隐喻表征的已有心智模式和标的内容相比较。这一比较，应该作为一个将要解决的问题的示例，以及对解决方案所涉及的条件进行简要说明，与隐喻的表征或者学习者已有的心智模式进行比较。

摄影构图

好的摄影构图将观众的视线引导到照片中。

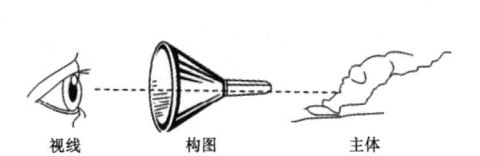

视线　　构图　　主体

音频:"请看这张照片。您最先看到的是什么?这张照片里发生了什么事情?这张照片是在讲述一个故事吗?"

"好的构图就像一个漏斗,引导观众的视线。好的构图将观众的视线导入这张图片。您有没有发现自己的视线如何跟随河流关注喷泉?好的构图引导观众的视线关注照片的主体。您有没有注意到您的视线不由自主地落到喷泉上,关注喷涌而出的水流?好的构图吸引观众的目光关注图片中正在发生的活动。您有没有注意到水流是如何喷涌而出,高度甚至超过前景中的几棵高大的松树?好的构图将观众的注意力完全吸引到照片中来。"

[眼睛/漏斗示意图和文字信息出现在屏幕上。]

"也许漏斗是一个很好的隐喻,满足符合一个好的摄影构图的各个条件。"

"当我看着这张照片的时候,我的目光一下子就被河流旁喷涌而出的水柱吸引了。我的视线跟随河流最后落在喷泉上。这些树木突出了喷泉的高度和水柱喷涌而出的水势。这张照片是有效摄影构图的一个例证。"

图7—17　摄影构图的结构化框架

基于结构化框架设计指导

有效的指导能够帮助学习者将一般信息中的属性与例子中属性的具体描述联系起来。图 7-18 展示的是摄影构图中的**线条**。投影片展示的是**线条**的书面定义，而照片中展示的构图说明线条是摄影构图中最重要的组成部分。音频/动画指导我们了解这个示证，与漏斗引导观众视线的隐喻如出一辙。图片用来对线条属性聚焦注意力，投影片采用了音频配简短文本。

摄影构图
线条是一种构图方式，它能引导观众的视线进入照片。 　　[示 证]

音频

　　"您看到这张照片首先注意到的是什么？这张照片的构图会如何聚集您的视线？我们的视线很快会注意到被高涨的洪水卡在公路桥下面的这座小桥。请注意，小桥的对角线是如何引导您的视线关注这张照片的。[小桥的栏杆形成了一条深色对角线] 公路桥形成了与之相对的对角线，引导您的视线进入照片中的活动和故事——小桥被洪水冲到了公路桥的下面。[公路桥形成了另一条暗线] 这是在摄影构图中有效运用对角线的一个很好的例证。"

图 7—18　基于结构化框架的示证指导

基于结构化框架设计辅导

　　辅导是一种教学互动，是给学习者在"**练习**"的教学活动上提供帮助。当我们为学习者提供一个结构化框架时，这个框架就能够为辅导提供依据。图7—19就是对于摄影构图这个模块教学的一种应用（**执行实例**）。学习者的任务是如何编辑这张照片，改进其构图。我们为学习者提供了一个修剪工具和一个编辑工具来修改这张照片。通过帮助按钮，根据漏斗的结构框架为学习者提供指导。当学习者完成修剪并点击提交按钮时，修剪和编辑过的照片就会显示出来，并伴有音频反馈信息。"修剪"和"编辑"控制按钮执行一个脚本，使学习者能够修剪和编辑幻灯片中的照片。提交控件按钮将学习者修剪和编辑的照片存储在数据库中。

摄影构图

编辑这张照片改进构图。

［点击"帮助"按钮播放以下音频。］
［点击"修剪"按钮，修剪框面会出现在图片周围。］
［点击"编辑"按钮，复制印章工具会出现。］

帮助音频："这张照片取景比较杂乱；眼前的一大片前景——稠密的灌木丛和杂乱的背景非常容易分散观众的注意力。要搞清楚这张照片的主题是什么？现在照片上的元素太多了，我们几乎都看不清楚这只鸟了。在您修剪完照片之后，仍然会有一些让人分心的元素。您可以使用复制印章工具来消除这些干扰吗？我们的挑战在于如何把观众的视线引向这张照片中的鸟。"

"使用修剪工具或编辑工具来修改这张照片，以改善构图。完成后单击'提交'按钮。"［学生编辑过的照片将被保存，我编辑过的照片出现在学生编辑过的照片旁边。］

矫正性反馈："我想让观众的视线转向鸟。我知道，观众的视线往往会导向漏斗状的位置，在那里想象的线将照片分成三份。我将鸟放置在离边框三分之一的位置上，然后留出空间，让鸟自然地走入画面。观众的视线会首先关注鸟，然后关注它行走的姿态。在修剪照片之后，我发现照片左上角的岩石是照片中不必要的因素，同时还会分散观众的注意力，所以我就使用仿制工具，用更多的灌木替换了岩石。这样一来，背景就简化了，观众的视线会直接关注这只鸟，而不会被其他因素分散了注意力。修改过的图片与我的相比，是不是达到了同样的效果？"

图 7—19 基于框架的应用辅导

设计同伴间互动

当学习者通过同伴合作和同伴评鉴来反思、讨论或辩护新知识或新技能，从而将新知识融入到日常生活中时，才能促进学习。

设计反思

反思是一种教学活动，要求学习者深思已经学过的技能，同时还要将这些技能应用到其他方面。反思帮助学习者调适从已经学习过的问题中获得的心智模式，并且尝试扩展到新的领域。反思是要求学习者超越所学的技能。图7-20就是鼓励学习者对他们已经学习的摄影构图技能进行反思。投影片里显示了三张照片，这些照片的构图法在本模块中并没有介绍过。

反思是一种教学活动，需要学习者考虑他们已经获得的技能，并试图推断出这些技能之外的其他应用。反思帮助学习者调整他们刚刚学会解决的问题的思维模式，并尝试将这个模式扩展到新的领域。反思是鼓励学习者超越所学知识的一种尝试。图7-20是一张幻灯片，鼓励学习者反思学过的摄影构图的知识。它展示了三张照片（我的几个孙女），它们代表了一种不同于本模块中所教的构图条件的构图。点击扬声器按钮播放音频指导。一个文本框控件可以让学习者输入他们对问题的反应。提交按钮在数据库中保存学习者的反应，以便其他成员查看和讨论。

摄影构图

是哪些因素影响了这些照片的构图？请发表您的看法并提交。

提交

[请点击小喇叭播放以下音频]

"您已经学习过一张好摄影构图有哪些重要特征了，比如布局、三分构图法、线条、简洁等。这并不是全部的特征。还有其他一些特征也可以促成有效构图。已经学过的这些特征告诉您，布局就像漏斗一样，将观众的视线引导到照片中的特殊位置。请仔细观察三张照片中三位年轻的女孩。您认为这三张照片的构图好不好？您学过的有效构图的哪些特征可能也适用于这些照片，但是这些照片还显示了一些有效构图的其他特征。这些照片使用了哪些新的特征来引导观众的视线？请把您的想法写下来点击提交按钮。"

图 7—20 同伴反思

同伴分享

作为这门短期课程的第一个教学活动，我要求学生拍几张照片，并与他人分享，作为衡量构图学习效果的基础。图7-21是该模块的早期教学活动。这张幻灯片为学习者提供了一个机会，让他们上传自己最好的三张照片与其他同学分享。点击图像控制帧执行一个脚本，使学习者可以将照片输入到课程模块中。将光标插入到文本控制框中，就会生成一个脚本，允许学习者输入与照片有关的问题的答案。这些文本框是上下移动的，所以学习者写多长都没有限制。然后点击提交按钮将这些照片和文本存储在数据库中，以后学习者将有更多的机会相互交流。

同伴分享是一种教学活动，在这种活动中，学习者相互分享与主题内容相关的经验。作为第一种同伴互动，我决定将图7-21中的教学活动作为课程导入。我将学习者分配到由三个人组成的同伴互动小组中，并创建一个小组网站。组员的照片将出现在班级网站上，供小组成员和班上其他成员查看。这项活动要求学习者研究小组其他成员提交的照片。这项任务实现了良好的群体互动特性。小组规模小，方向明确，每个学习者都有具体的行动要完成，每个学习者都需要评阅小组其他成员的工作。

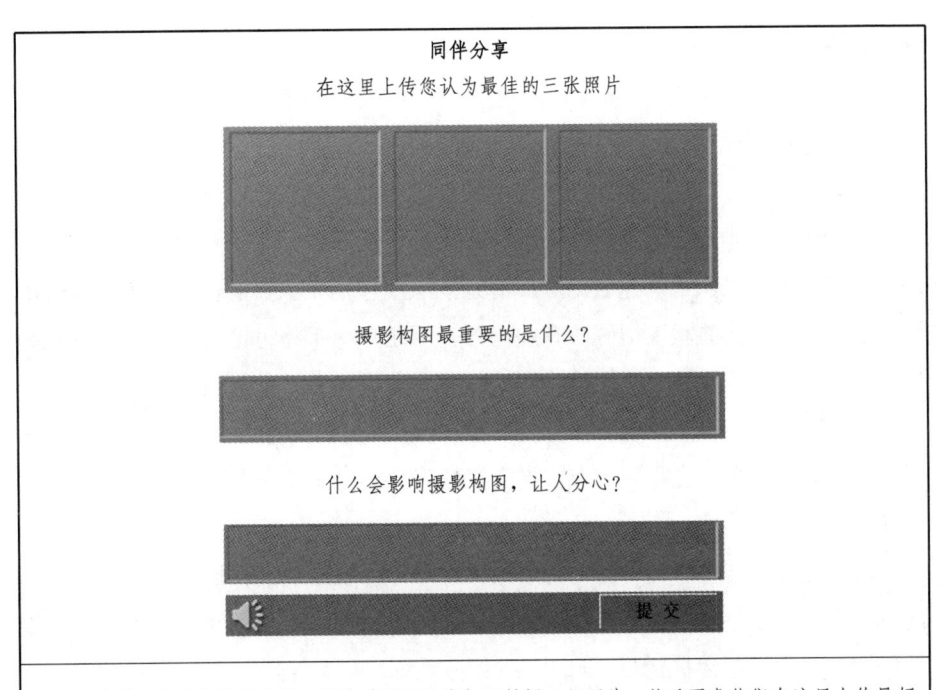

要求学习者用他们目前所知道的并调用已有知识拍摄一组照片。然后要求他们在这里上传最好的三张照片，与小组成员和班上的其他成员分享。学习者所在的小组至少有两名其他班级成员。

音频

"请把您们最好的三张照片放到这张幻灯片上。"

"简要描述一下每一张照片的构图。简要描述一下每张照片的构图中哪些地方分散了大家的注意力。完成后，请点击'提交'按钮。您的照片和评论将会被发布到班级网站上。请研究您们小组其他成员提交的照片。对于每一张照片，与您的小组成员和班里其他成员讨论以下问题：这张照片的构成有哪些特点？是什么特征破坏了这张照片的构图？"

图 7—21　同伴分享

同伴讨论

在完成示证和应用学习活动后，图7－22中的教学活动让学习者有机会与小组成员讨论所学到的知识。这个教学活动为每一个条件提供了额外的识别实例，以便能够得到一个好的摄影构图。这个教学活动也为学习者提供了讨论和辩护所学知识的机会。学习者和他们三人小组的成员一起观看这张幻灯片。按下一个控制按钮将显示一张照片。这张幻灯片的系列照片包括个人、团体、物体和风景的照片。这些照片有些构图很好，有些构图有问题。小组将讨论列出的每一种成分属性，并就每一张照片中实现这种属性的程度达成一致。他们可以自主翻看这一组照片，可以根据李克特量表调整自己的反应，直到满意为止并同意自己的评级。当他们达成一致意见时，点击提交按钮将他们对每一张照片的反应保存在数据库中。

同伴讨论是一种学习者互动的形式，学习者可以通过这种形式讨论范例问题的解决方案。在参与了为本课程设计的示证和应用程序之后，作为一个结构化框架的增强，学习者会看到图7－22中的评分系统，并参与同伴讨论活动。

第七章 波纹环状教学设计模型

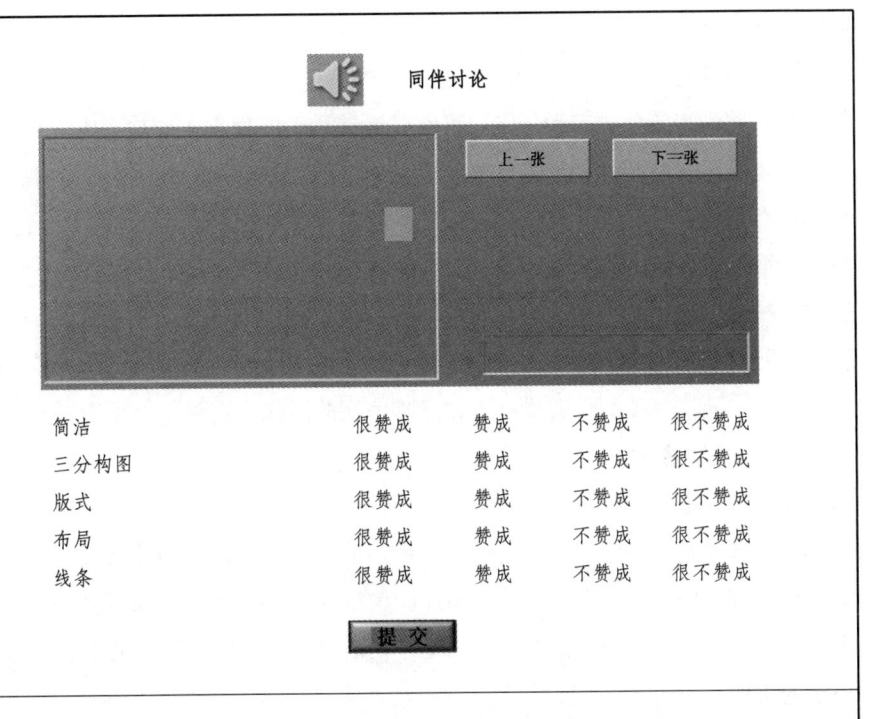

简洁	很赞成	赞成	不赞成	很不赞成
三分构图	很赞成	赞成	不赞成	很不赞成
版式	很赞成	赞成	不赞成	很不赞成
布局	很赞成	赞成	不赞成	很不赞成
线条	很赞成	赞成	不赞成	很不赞成

〔当学生点击"下一张"按钮时，个人、团体、物体和风景的照片样本将逐一呈现。这些照片在落实好的构图原则方面各不相同。每组三名学生必须面对面或通过会议软件进行讨论与评阅照片。〕

音频：点击"下一张"按钮查看每张照片。小组集体讨论每一张照片与好的构图相关的每一个条件：简洁，三分构图法，版式、布局和线条。请试着对量规中的每个组成元素的评分达成一致意见。使用单选按钮来判断每张照片的属性。点击提交按钮发布您的评分。

在您为每一张照片提交了您的评价之后，您可以再次使用"下一张"按钮来比较您的评分和老师的评分。您对每张照片的评分仍将显示，我对每张照片的评分将以绿色显示。如果您同我的评价不一致，那就开展讨论，看看您能否找出原因。

图 7—22　同伴讨论

同伴协作和评鉴

同伴协作是一种合作活动，帮助学习者获得与他人合作的经验。本教学活动的目的是将学习者分成三人一组。我发现这类活动的理想人数是三人。小组人再多几个也可以开展活动，但通常情况下，如果超过了三个小组成员，会有一个人被排除在讨论之外，实际的协作将由小组的其余成员完成。有效的团队合作的第二个标准是致力于问题解决。我试过各种办法。让整个团队一起解决一个问题，通常意味着团队中的一个成员会说服其他成员去解决问题，而其他成员则不会体验让团队成员批评各自的个人工作。最好的安排是让小组的每个成员各自完成自己的工作，而让其他两个成员讨论和评鉴他们的工作，直到小组所有成员都认为解决方案是每个成员能做的最好的。

图 7-23 是一个幻灯片，每个成员可以提交自己四张最好的照片，可以与其他成员合作，以确保自己提交的作品是最好的。小喇叭按钮播放音频指导。点击图像输入控制框，学习者可以输入照片。点击提交按钮将照片保存到一个数据库中，这些照片稍后将用于同伴评鉴活动，在活动中，他们小组将有机会评鉴其他小组的工作。

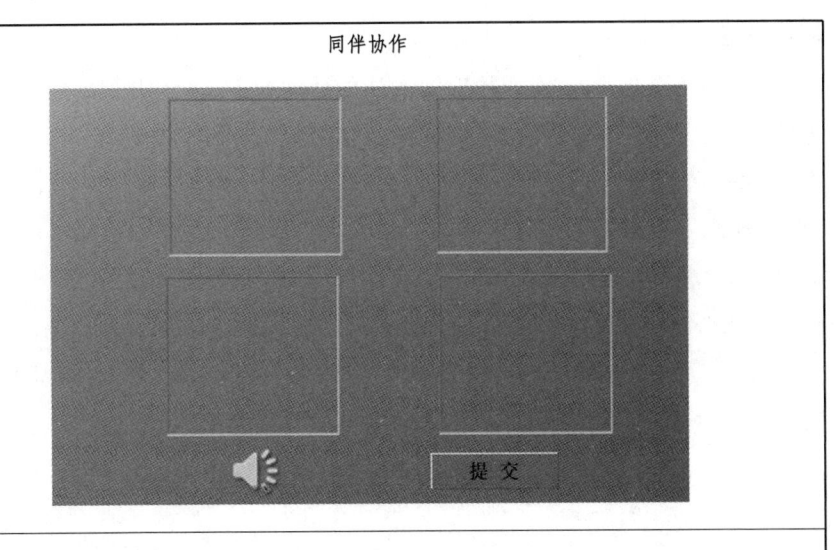

音频

　　"拍摄并编辑一组展示有效构图的照片。从个人、团体、物体和风景等四种类别中分别发布两张照片到小组网站上。作为一个团队一起评鉴和编辑各自的照片。小组中的每个人都应该同意所有的照片都代表了最好的构图。"

　　"在这里贴出每个类别中您认为最好的照片，让您的同伴和老师进行评鉴和评估。您在这次活动中的得分将会是小组所有照片的平均分。"

图 7-23　同伴协作

同伴评鉴

　　同伴评鉴是指学习者对同伴问题解决的活动进行评价，并提出建设性改进意见的教学活动。作为最后的整合活动，要求每一组学习者参与图7-24中所描述的同伴评鉴活动。学习者与小组中的其他两名成员一起参与这个学习活动。另外两组的照片将通过按下一个控制按钮依次呈现。该小组的成员互相协商，直到他们对每一张照片的属性评级达成一致。他们可以反反复复，直到达成一致。按下提交按钮将他们的反应保存到数据库中。然后，他们有机会通过"上一张"和"下一张"控制按钮再次查看这些照片以及对每张照片的评分。要求他们对看过的照片授予金奖、银奖和铜奖。

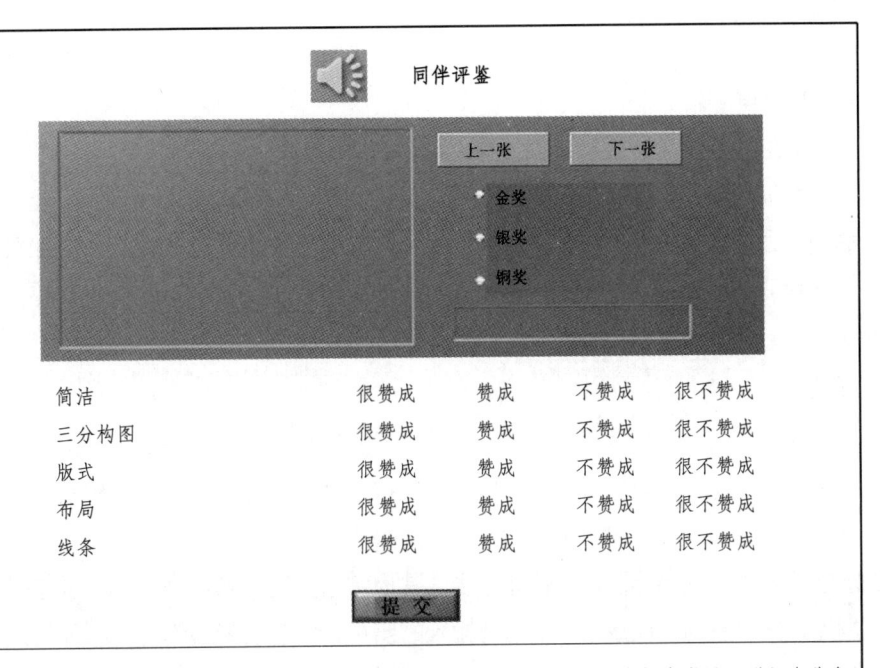

```
┌─────────────────────────────────────────────────────────────┐
│                    🔊  同伴评鉴                              │
│  ┌───────────────────────┐   ┌─上一张─┐  ┌─下一张─┐         │
│  │                       │                                  │
│  │                       │      • 金奖                      │
│  │                       │      • 银奖                      │
│  │                       │      • 铜奖                      │
│  │                       │   ┌──────────────┐               │
│  └───────────────────────┘   └──────────────┘               │
│                                                             │
│   简洁         很赞成    赞成    不赞成    很不赞成          │
│   三分构图     很赞成    赞成    不赞成    很不赞成          │
│   版式         很赞成    赞成    不赞成    很不赞成          │
│   布局         很赞成    赞成    不赞成    很不赞成          │
│   线条         很赞成    赞成    不赞成    很不赞成          │
│                                                             │
│                      ┌─提 交─┐                              │
└─────────────────────────────────────────────────────────────┘
```

[点击"下一张"按钮后，图片窗口会逐一显示每个群组的照片，文字框中会显示群组名称和照片标识。每一张图片的评论都可以修改，直到点击提交按钮。]

音频

作为一个小组成员，您将评论其他两个小组成员的照片。点击"下一张"查看第一张照片。点击按钮，评论每一张照片是否达到好的构图的条件。如果给定的条件不适用，则不单击所有按钮。直到您已经评论了所有的团体照片再点击提交按钮。您可以使用"上一张"或"下一张"按钮返回到以前的照片，直到您对每一张照片的评价感到满意为止。当小组成员对您对每一张照片的评论表示满意时，点击提交按钮提交您的评论。

在您完成每一张照片的评论并点击提交按钮后，点击"下一张"或"上一张"按钮将会逐一显示这些照片，并显示您的评论。您现在可以颁发金奖、银奖和铜奖。在分配奖项期间，您可以单击上一张和下一张按钮再次查看照片来变更奖项。每个奖项只可分配一张照片。当您对奖项感到满意时，点击提交按钮提交您的奖项。

图 7—24 同伴评鉴

定型原型

在您为整个课程评估提交原型之前,您应该考虑以下事项:(1)为您的原型提供数据收集,包括收集聚焦任务的时间,应用学习活动上的表现,以及对课程的交互和内容的态度。(2)确保版式吸引人,易于使用并且一致。(3)如果是在线课程或独立课程,一定要检查所有的导航系统,确保整个课程的指导语清晰一致。(4)提供课程程序和内容的概览。

标题页

课程需要一个标题页。图7-25是我的摄影构图短期课程的标题页,像大多数标题页一样,它提供了标题,作者和版权日期。然而,创建这个标题页面最重要的原因是为用户创建一个数据库。注册账户控制按钮执行一个脚本,该脚本请求学习者的课程名称及课程作者想要的其他信息。这个脚本执行后会创建一个数据库,学习者的表现数据、学习者输入的照片、作者或者编辑的内容都可以保存起来供教师评阅,并在课程的后面部分使用。点击注册控制按钮也会启动学习者开始课程时的日期和时间。它还启动了一个计时器,记录学习者完成模块中每一张幻灯片上的教学活动所需的时间。一个适当的 Visual Basic 脚本与每个幻灯片或一组幻灯片这些数据可以计算和记录在学习者的数据库中,这一数据有助于来评估确定整个课程的效率或学习活动或个人的学习效率。

摄影构图
美化您的照片

点击这里注册

首要教学原理示证模块
戴维·梅里尔，2020

[点击注册按钮]打开一个文本框，要求学生输入名字，组号和日期。请求该信息的对话框还包括一个提交按钮，该按钮执行一个脚本，该脚本设置将该学生的信息输入到一个数据库中，该学生的表现数据、反应、编辑过的照片，而输入到本程序的原始照片将被存储起来，以备在本程序的其他学习活动中使用。

图 7—25 标题页

内容 vs 导航菜单

图 7-26 是一个图片菜单，展示了照片构图的短期课程的组织结构。代表问题进阶的照片缩略图在上方显示。这些图片也是按钮，可以用来导航到在本课程中使用的每一个主要的照片。良好构图的条件表现在图左侧的第一组项中；创建或修改照片以产生这些条件所需的步骤列在术语列表的底部。在进阶中的每一张照片下面的按钮链接到课程中特定位置，在那里**讲解—示例**每个条件或步骤。这张图有两个功能：第一，显示课程的基本组织和范围；第二，提供一个菜单，供学习者链接到特定的条件或步骤进行复习。虽然学习者可以随意使用这个图片菜单学习课程，但鼓励他们以从左到右的线性方式展开，至少在他们第一次浏览材料时应该这样。

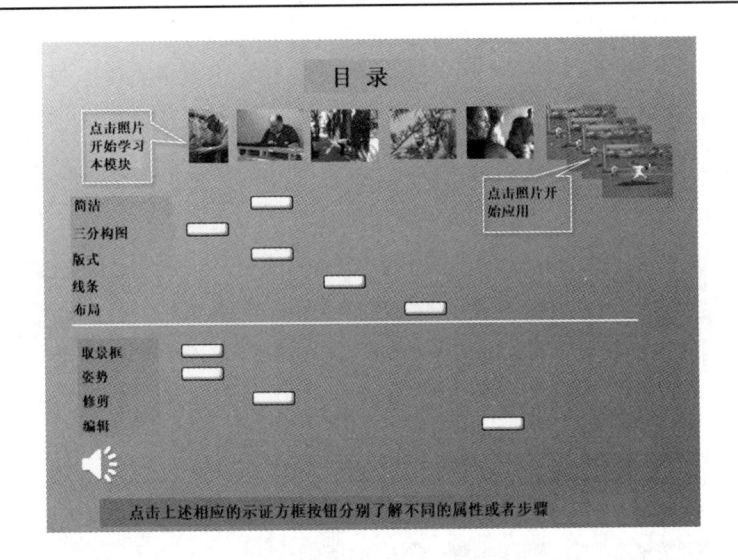

音频

在这个模块里您将学习摄影构图。摄影构图是对照片主体和其他要素作出安排以创造出有趣而有吸引力的照片。

在这个模块中您将学习一组照片的构图及优良构图的特性。虽然优良的摄影构图有很多特性，本模块主要集中五个特性：简洁、三分构图、版式、线条和布局。此外，本模块还将展示两项修改照片改进构图的技巧：修剪和编辑。[当讲到这些特性时，这个单词会高亮显示。]

这张目录投影片显示了本模块的结构。本模块采用的照片以缩略图显示。优良构图的五个特性列在左边。使用取景框和修改照片的两种技巧：修剪和编辑，列在这些特性的下面。在每张照片下面的按钮表示在本课程中讲到哪个特性或哪种技巧时呈现了这个例子。

我们希望您按照从左往右的顺序学习照片构图特性和编辑技巧。在您学完了这个模块之后，可以继续回到这个菜单，点击任意的按钮复习指定的特性或技巧。

点击第一张照片，开始本模块的学习。

图 7—26　图片内容菜单

收集态度数据

图7—27是一份简短的调查问卷，内容是关于学习者的态度，关于他们是否认为这一短期课程提高了识别和改进照片构图的能力。我在这里放了这张幻灯片作为您如何收集态度数据来评估课程的例子。您可能想要包括额外的或不同的问题来解决以下关于学习者如何理解课程的信息。学习者在课程结束时是否对课程内容持积极态度？他们是否对课程中使用的媒体或技术持积极态度？该问卷使用单选按钮控件来应用李克特量表。问卷还使用了一个文本框控件，让学习者描述他们感觉本课程的内容如何帮助他们美化了照片。点击提交按钮记录学习者对其数据文件的反应。

您已经完成了这个关于摄影构图的短期课程。谢谢您的参与。为了帮助我们改进教学，我们将非常感谢您的意见。请您点击与以下陈述对应的按钮。
通过这门课的学习，我的照片的构图有了很大的提高。

　　　很不同意　　　不同意　　　同意　　　很同意

您能描述一下哪些有效构图属性对您的帮助最大吗？请在下面的方框中输入您的答复。

[提 交]

〔单选按钮记录学生的反应。单选按钮一次只允许选择一个按钮。在点击提交按钮之前，学习者可以更改他们的意见。文本框可以让学习者描述他们在自己的摄影中使用的构图条件。这是一个滚动的文本框，所发表意见长度不受限制。〕

图7—27　态度问卷

退出按钮记录完成任务的时间

我发现学习者喜欢知道他们什么时候完成了课程。有一张幻灯片表明这是本模块的结束，这是很有帮助的。图 7—28 是我为这个简短的模块创建的一个结束说明活动。此退出按钮的脚本还记录学习者完成模块时的日期和时间。

图 7—28　退出 PPT 的结束页

完整的 PPT 缩略图

图 7-29 展示了最终 PowerPoint 演示文稿中每张幻灯片的缩略图。为了本书的目的，这是一个非常浓缩的课程模块。我将这个课程模块限制为人物照片。在扩展模块中，不仅包括了人物个体摄影，还包括人物群组摄影，以及物体和风景摄影。

标题页用于学习者注册，用于建立一个数据库，学习者可以记录回应和提交的照片。第二个学习活动为班级和教师查看学生在摄影构图方面的原有基础，这些信息将有助于评估学习者在获得这种解决问题能力上的进步。第三个教学事件是一个内容菜单，提供了内容的概述，便于导航和回顾。接下来的五张幻灯片包括讲解、展示和识别实例等学习事件，以满足良好的构图条件（三分法、简洁、版式、线条和布局等），以及用于修剪和编辑技能的执行实例学习事件。第 9 张幻灯片是关于前几张幻灯片中所讲的条件和技能的识别实例和执行实例。第 10 张幻灯片提供了所有组成条件额外的识别实例练习。第 11 和 12 张幻灯片提供了解决问题的练习，需要调用所有的识别实例和执行实例技能，在这个简短的模块中通过学习者的协作和评鉴得以强化。第 13 和 14 张幻灯片提供了一些学习者对课程学习参与度以及对课程本身价值的看法。尽管本课程模块是比较简略的内容，但它展示了**首要教学原理**推荐的大多数教学活动类型，并举例说明了实施多媒体教学的若干方式。我想提醒您的是，使用媒体控制来输入和记录学习者的反应和照片仅仅是为了展示这些教学事件如何得以在网上实施。这些同样的教学活动也可以通过更传统的做法来实施，不需要过于依赖技术手段。

图 7-29　摄影构图的课程安排——模块 1

评估原型

什么是评估？

评估是确定学习者知道什么或能够做什么的过程。评估是一个过程，通过评估可以确定您所设计的教学是否真的效果好、效率高和参与度大。如果它是有效果的，那么教学的结果是，学习者能够解决在教学之前无法解决的一类问题。效率是获得一套问题解决的技能所需要的时间以及解决一个问题所需的时间。如果学习者能在比上课前更少的时间内解决一个问题的实例，那么教学就是有效率的。如果从一种教学策略中学习所需要的时间比从另一种教学策略中学习所需要的时间少，并且所产生的问题解决的技能是相同的，那么教学就是有效率的。如果学习者有动机完成教学，坚持问题解决，并寻求其他机会参与到类似的教学中，那么教学就是参与度大的。评估的目的是收集可以用来确定您的教学产品的效果好、效率高和参与度大的数据。

这个简短的摄影构图模块合并了一些机会来收集数据相关的评估。在顶层，学习者在模块开始前提交样本照片，并在模块结束时提交将应用所学到的有关构图技巧的其他照片。这为其他班级成员和老师提供了一个机会来判断他们的构图是否有改进，有利于评估课程的整体效果。此外，有机会收集学习者参与教学活动的模块**识别实例**和**执行实例**的数据。这些信息有助于评估教学活动的有效性。该模块还支持收集学习者完成特定幻灯片上每组学习活动所需时间的时间数据。幻灯片 13 和 14 可以评估学习者对课程内容的参与程度。

何时评估工作表现

您需要在三个不同的时期收集数据来确定教学效果好、效率高和参与度大：在教学开始之前，在教学中和教学结束后观察改变学习者知道或能够做什么，需要比较的前与后的评估数据。幻灯片 2 收集了学习者在教学前创作的照片；幻灯片 11 收集了学习者创作的照片，与其他学习者讨论，并在教学后得到改进。对比这些前后的照片，可以很好地说明这一教学对创造和识别好的摄影构图的技能的贡献。要确定教学不同部分的效果和效率，需要在教学过程中收集评估数据。在第 4、5、6、7 和 8 页的教学中评估每个构图条件。当学习者通过模块时，我们希望看到这些识别实例技能逐步得到提高。每一项提高构图的技能也会在幻灯片 6、

7 和 9 的教学中进行评估。如果没有其他的比较处理方法，这些教学活动的效率很难用这里演示的模块来评估。然而，在模块内对不同类型的学习活动进行比较并不困难，特别是在包含大量照片的较长模块中。确定参与度需要将教学前收集的数据与教学期间和执行教学时收集的数据进行比较。第 10、13 和 14 张幻灯片试图直接获取一些态度的数据。观察小组与幻灯片 10、11 和 12 所要求的教学活动的互动，也可以提供关于单个学习者参与水平的数据。是否有教学活动使您能够收集表现数据？应用教学活动应该有机会收集反映学习者表现的数据。评估必须有效、可靠、客观。一个测量是有效的，如果它测量了它声称要测量的东西。在这本书中应用的处方被设计来增加有效应用的可能性，因此是有效的评估。诸如使用未遇到的示例、对识别实例进行分类概念以及执行实例等都是为检验应用效果而设计的。如果一种测量方法每次都得到相同的分数，那么它就是可靠的。提高可靠性的一种方法是增加对给定结果的评估次数。最后，客观的衡量标准是每次都以相同的方式得分。

修改原型

开发功能原型的优点之一是，课程的调整可以是一个持续的过程。在快速原型制作方法中，您不应该等到课程几乎完成才进行形成性评估和调整。您应该在整个过程中进行形成性评估。当您完成了课程的一部分时，明智的做法是让一两个学习者一起尝试。您可以使用一张观察清单，每次只放几张幻灯片，也可以使用整个课程。使用这种随用随评的方法可以让您及早发现方向、导航和格式方面的问题，这样您就可以在课程开发过程中把这些变化合并到后面的章节中。来自一个或两个学习者的表现数据，甚至一小部分的课程，可以帮助您识别明显的问题、不足或不完整的演示、糟糕的结构或混乱的应用程序、不充分或不必要的指导、不充分或过多的辅导。尽早识别这些问题可以帮助您设计后续的示证和应用。如果您采用了随用随评的方法，那么在完成设计时，您应该已经有了相当可靠的功能原型。在这一点上，可能明智的做法是对整个课程进行更正式的形成性评估，把它交给另一小群潜在的学习者。如果一切进展顺利，您就已经准备好了，但如果仍有一些问题，这给了您最后一次机会在课程进入最终制作和发行之前修改完善。

本章小结

"波纹环状模式"的教学开发包括五个阶段：（1）选择一类完整的现实问题作为教学的重点；（2）选取一个问题实例样本，按照从最不复杂到最复杂的顺序排列；（3）确定教学策略，选择适当的学习活动（讲解—展示、识别实例、执行实例）示证或应用序列中的每个问题的具体描述；（4）设计一个实现这些教学活动的功能原型；（5）评估和修改原型，以确保效果好、效率高和参与度大的教学。

本章应用

运用波纹环状模型来设计一个模块或短期课程。在开发过程中，通过开发和评估功能原型，可以使用快速原型设计方法。对于一个更有挑战性的应用程序，设计一些与您可能熟悉的学习活动类似的替代类型，这些类型不同于首要教学原理所规定的学习活动类型。您可以在给定的模块或短期课程中包括这些备选方案，也可以开发两个不同的模块。使用适当的研究设计，您可以比较两种替代方法的比较效果、效率和参与度。

第八章　依据波纹环状教学设计模式实施首要教学原理

> **本章速览**
>
> 把别人的话或想法说成是自己的，这是严重违反道德的行为。"印第安纳大学预防学术不端教程和测试"是一门在世界各地广泛使用的在线课程，要求高中和大学的学生证明理解学术不端是什么以及如何予以避免。在弗里克（Frick）博士和他的同事的指导下，本课程最初是基于常用教学系统开发（ISD）程序设计的。与此同时，弗里克和他的同事还实施并发表了一项研究，证明了与实施其他设计模型的教学相比，实施**首要教学原理**具有较高的有效性和参与度。由于预防学术不端课程变得越来越流行，加上关于**首要教学原理**应用的有效性令人鼓舞，设计者决定彻底改革预防学术不端课程。本章所描述的最终课程，是对**首要教学原理**一个很好的应用，并持续证明了这种设计方法的效率和效果以及它所提供的参与度。虽然我热情地关注着他们的工作，但我既没有提供咨询，也没有加入印第安纳大学这一研发团队。
>
> 预防学术不端课程非常成功地帮助成千上万已经完成或正在注册这门课程的学生实现了目标。由于学生注册数量多，所以有非常强大的数据支持首要教学原理的效果。最后，这门课程是免费的，您不用花钱就可以选修或获得证书。在设计者的允许下，我在本书的最后一章介绍这门课程。

关键术语

时间模式分析(APT)：通过教学程序比较不同路径的分析工具。

学习者控制(Learner control)：学习者可以选择接下来要查看的教学活动类型。

教学活动表(Instructional event table)：确定用于教学问题序列中教授每个条件和步骤的教学活动。

技能矩阵(Skills matrix)：确定解决方案所需的条件，以及问题序列中能够实现每个实例所需每个条件的步骤。

弗里克等（Frick, Dagli, Kvon & Tomita, 2018）讲述了印第安纳大学预防学术不端教程和测试（IPTAT）的开发故事。"关于如何识别学术不端的教程和测试最初是为印地安那大学教学系统技术系（IST）的学生开发的，从 2002 年 9 月开始。"当学校的其他教师听说了这个教程，他们开始要求自己的学生也这样做。很快，来自其他大学的教师也要求学生选修这门教程。从 2003 年到 2016 年，这个项目的线上请求数量从每年几百个增加到 2016 年超过 14000 人。我从弗里克博士那里了解到，2020 年第一季度期间本教程的用户将近 150000 人。

随着这门课程越来越受欢迎，由弗里克领导的开发团队继续进行完善。认证考试越来越多地作为高中和大学生的一项要求。考试的答案出现在互联网上，证书的有效性受到威胁，因为学生可以作弊。这样需要花费大量的努力以确保其认证测试的安全性和有效性。他们开发了数千个可以用于测试的抄袭案例。他们开发了一个计算机生成的系统，每次要求测试时都能创编一个不同的测验。他们还修改了计算机程序本身，这样学习者就不能使用浏览器上的后退按钮或其他计算机命令来重复或修改答案。这种努力的结果现在非常安全，实际上不可能有机会作弊，而且有足够的数据来证明由系统生成的不同的测试在评估获得的能力和纠正抄袭方面功能是相等的。

弗里克和他的团队对在大学课程中实施**首要教学原理**的有效性进行了大量研究（Frick, et al, 2009；Frick, et al, 2010）。随着教程越来越受欢迎，他们决定在 2016 年基于首要教学原理彻底修改教程。现在呈现的就是修订版。在学习本课程的以下讨论时，我们鼓励您打开并关注实际线上的教程。本课程的网址是：http://plagiarism.iu.edu。

选择问题

当学习者在现实问题情境中获得技能时，才能够促进问题学习。

本课程以一段短片（见图 8-1）导入，提醒学生什么是大家都经历过的共同活动。观看视频之后将讨论以下问题。"为什么杜绝抄袭如此重要？""学习教程并参加测验需要多少时间？"每个问题都可以链接到讨论的相关答案。接下来，本课程提供了教程安排的大纲，包括其他资源的链接，常见问题网站地图，以及对本课程的许多贡献者的致谢。然后指导学习者如何在本教程中导航。导航栏让学习者可以跳过教程或测试的任何部分。这样学习者就可以在上辅导课之前先自测一下，这是许多学生所采用的策略。正如我后面讨论的那样，他们很少通过测试，除非他们已经学习了教程中的部分内容。

第八章　依据波纹环状教学设计模式实施首要教学原理　223

如需为聋哑/HOH学习者使用编辑字母版，请参阅：https://kb.iu.eduld/adadDr.
莱福特维奇和格瑞斯（Leftwich & Grace）见面，点评格瑞斯的学期论文。

格瑞斯：老师，我可以进来吗？

莱福特维奇：请进。我正在看你的论文。

格瑞斯：论文怎么样？

莱福特维奇：总的来说不错。但我有一些疑问。第一个是这里"引用"（指着电脑上的论文），您直接从别人那里得到这个词。当你使用别人的文字时，需要确保自己直接使用了引号，同时在括号里写上作者姓名和年份。另一件事是"释义"。你不要总是直接引用，你看这里到处是引号。相反，你可以采用"释义"的方法，用自己的话来综述作者的意思。这种情况下你依然在引用别人的东西，但是文章会更加流畅一些。

格瑞斯：好的，我懂了。

莱福特维奇：我想你如果做了这些改进，文章会有很大的进步。

格瑞斯：我也希望如此，我会努力的。谢谢老师！

图8-1　导入视频——激活旧知

目标页面（见图8—2）说明了目标，并链接到有关抄袭的讨论及其重要性。这个目标符合我们对于真实问题的标准，那是即将发生在学生学习中的问题。这是一个非良构的问题，它有很多变化，可能有无数个可能的例子。这是非常适合运用**首要教学原理**的一门课程。

概览：我们的目标

依据我们与许多作者多年的合作经验，发现两种普遍的抄袭现象：

- 逐字逐句抄袭
- 改写转述

若想避免踩雷，您需要能够识别这些抄袭。您还需要能够在抄袭发生之前就辨识出来。

这是本教程的主要重点。拿到原始的来源材料和学生的写作样本，您应该能够正确地识别学生的版本是逐字抄袭、转述抄袭或不是抄袭。

但首先：您应该做什么，不该做什么，为什么，是什么……？
- □ 您应该做什么来避免抄袭？
- □ 别人抓不住我的！
- □ 您上当了吗？
- □ 带有象征性标志的滑坡效应
- □ 抄袭案例及其后果

图8—2 印第安纳大学预防学术不端教程和测试的教学目标

定义任务进阶

当学习者参与聚焦问题的教学策略，一组真实世界的完整任务按照由易到难的进阶排列时，才能够促进学习。

遵照波纹环状模型中的处方，作者鉴别了一系列的抄袭实例。如图8－3所示，他们确定了难度的五个级别。进程是由所涉及的条件决定的。每一层都添加了需要考虑的条件。这个关卡列表是提供给学习者的，并且作为基于内容的导航菜单，帮助他们进入到自己想要的关卡。

点击或触摸下面的基础水平，然后进入到不同难度的水平。

基础水平：认识"避免抄袭"与"实施抄袭"的基本区别。

新手水平：当引用某一文献时，要分辨出引用是否合适——对他人文字的恰当引用，以及提供适当的引用出处和参考文献。

中级水平：当引用某一文献时，能够鉴别正确的释义——对别人的话的正确释义，并提供适当的引用出处和参考文献。

高级水平：当引用某一文献时，识别出下列不同组合——适当/不适当的释义以及适当/不适当的引用。

专家水平：把所有要素整合在一起。当引用两种或两种以上的文献时，要识别各种组合——适当/不适当的释义以及适当/不适当的引用。

图8－3　技能矩阵

图 8—4 在课程中可以用于教程中练习测试的提示。然而，在我们看来，这组提示也是一个技能矩阵，它指出了解决抄袭问题时需要考虑的所有条件。新手水平只要求逐字逐句引用七字以上且不加引号、引证、参考文献的条件。中级水平只考虑引文和参考文献的释义条件。当涉及单一文献来源时，高级水平同时考虑这两种技能。当涉及多个来源时，专家水平才能同时考虑这两种技能。

提示

学生版本：

如果出现以下情况，就属于"逐字抄袭"

1. 从原始材料中借鉴观点。

2. 从原文中依次选取**七个或七个以上**的单词。

3. 缺少以下任何一项：

• 使用引号标注引用的词语；

• 全文引用带有作者姓名、日期，并且必须包括引用来源的具体位置（例如，页码）；

• 标注参考文献。

如果出现以下情况，就属于"释义抄袭"

1. 从原始材料中借鉴观点，并且……

2. 不是逐字抄袭，并且……

3. 缺少以下任何一项：

• 文中引用注明作者和日期（不要求规定具体位置）；

• 标注参考文献。

如果包含以下情况，就不算抄袭

1. 没有逐字抄袭，并且……

2. 没有释义抄袭，并且……

3. 没有其他形式的抄袭行为，如在不注明出处的情况下借用说明性材料（如照片、图纸、图表等）。

图 8—4 抄袭的具体组成技能（也可看作是一种"辅导"形式）

确定教学策略

当学习者观察将要学习的知识和技能的示证时,才能够促进学习。

当学习者应用新获得的知识和技能时,才能够促进学习。

在每个教学策略水平的开始,都列出了我们在波纹环状模型中确定的教学活动表。在本教程中,这个教学活动表是另一个基于内容的菜单,它可以让学习者导航到教程中给定部分的任何教学活动。该课程鼓励学生按顺序学习所有这些活动,但学生也可以选择只学习他们觉得有必要的那些活动。这是学习者控制教学活动的一种形式,在第 6 章中已经讨论过了。在这门课程中许多学生并没有充分利用这种便利。

基础水平的教学

观看 1 个视频案例 (1 分钟),阅读印第安纳大学对抄袭的定义。

观看两个非抄袭的例子。

观看两个证明抄袭的例子。

一次回答一个练习问题,并得到即时反馈。

反思自己学到了什么。

请详细回答四道基础水平练习测试的问题,每个回答都得到详细反馈。

图 8—5　基础水平的教学活动

专家水平的教学

观看 3 个视频案例 (共 3 分钟)。

观看两个证明抄袭的例子,以及如何予以改正。

一次回答一个练习问题,并得到即时反馈。

反思自己所学到了什么。

在专家水平的练习测试中回答 10 个问题,并对每个答案给出详细的反馈。

图 8—6　专家水平的教学活动

设计教学活动

激活新知——导入视频

　　当学习者激活之前的知识和技能的心智模式作为新技能的基础，才能够促进学习。

　　本课程的每一项辅导都以一段学生参与讨论抄袭的短片开始，许多学生都有过这样的经历（见图8－7）。这样做的目的是使后续教学具有针对性，并激活学习者可能已经经历过的任何与将要说明和讨论的抄袭类型相关的内容。

如需采用为聋哑/HOH 学生编辑的字母版，请参阅：https://kb.iu.eduld/adad.

格瑞斯和吉娜（Grace & Gina）讨论吉娜的博客上有关无人机的新闻。

格瑞斯：嗨，您在写什么？

吉娜：我读了这篇关于无人机的有趣文章，所以我想我应该在我的博客上写一下。

格瑞斯：好。我很期待能读到它。

格瑞斯（3 天后）：我真的很钦佩您的写作。实际上，这只是一篇剑桥大学教授写的新闻文章的副本——看起来不像是您抄的，而是您写的。这就是抄袭，对吧？

吉娜：我只是把它抄下来放在我的博客上，这样大家就可以看了。

格瑞斯：但是您必须要肯定前人的工作，否则这是违反行为规则的。

吉娜：哦，真的吗？

图 8-7　基础水平导论视频——激活旧知

当您阅读这一章的材料时，有很多方法来回顾实际的在线课程。一种方法是翻到每一个教程并回放每个激活旧知的视频。另一种方法是，在进入下一个教程之前，回顾针对每种抄袭类型所有的教学活动。这是为准备认证考试的学生推荐的程序。这也是我在本章中遵循的步骤。

示证新知——讲解/概览

这些教程使用"概览"一词来展示与某一特定水平的抄袭相关的信息。这是一个真正的**讲解信息**教学活动。图8—8是本课程中第一个**讲解信息**学习活动。在本章中，我只有第一个**讲解**教学活动，但由于您可以访问整个课程，我鼓励您研究每一个**讲解信息**（概览）的教学活动。您可以选择一个接一个地回顾，看看不同抄袭水平之间的差异，或者您可以在进入下一阶段之前，查看每个水平的所有教学活动。因为您可以访问实际的在线课程，所以在本章中，每一种类型的教学活动我只举了一个例子。

"不算抄袭"和"抄袭"的基本区别是什么？

如果您写出或说出您自己的想法或常识，**这不是抄袭**。

如果您直接复制或总结别人的文字或想法而不说明来源，**这就是抄袭**。

您自己的想法是什么？只有您能回答这个问题。问问您自己：这些想法从何而来？这些是您自己的想法和文字，而不是别人的吗？

什么是常识？常识通常是由众所周知的事实组成的。另一种回答这个问题的方式是：很难确定一个特定的来源，因为有许多权威的来源包含这些众所周知的事实或想法。例如，乔治·华盛顿（George Washington）是美国第一任总统。巴拉克·奥巴马（Barack Obama）是第一位非洲裔美国总统。水在华氏32度（或摄氏零度）结冰。

另一方面，"不要问您的国家能为您做些什么，而要问您能为您的国家做些什么"是约翰·F. 肯尼迪（John F. Kennedy）1961年1月20日就职演说的一部分。肯尼迪这些话（引号内的文字，"……"），不是我们说的话，也不是您说的。为了避免抄袭，您必须清楚地知道是谁最先说的或写的这些话。

$E=mc^2$ 是爱因斯坦提出的一个著名方程。这不是我们最初的想法，也不是您的。爱因斯坦因逻辑地推导出这个方程而闻名，这是他的物理学相对论的一部分，尽管他不是第一个提出能量和物质关系的人。

因此，您应该注明来源，以避免抄袭，特别是如果您的文章或演讲让它看起来是您的想法而不是别人的。

图 8—8　基础水平概览——讲解

示证新知——展示实例

当学习者观察到对新知识技能的示证时,才能够促进学习。

本课程中的每个例子都要求学习者学习文本,既要学习源文本,也要学习作者的文本,作者引用了源文本中实际的单词或观点(见图 8-9 和图 8-10)。因为所讨论的对象是文本,所以写关于文本的文本确实会令人困惑。让学习者阅读文本,然后把注意力转向讨论中的文本,这可能会让人非常困惑。因此,这门课程的设计者选择使用音频来讨论源文本或作者的文本,这样学习者可以保持他或她的注意力集中在讨论的内容上。设计者还通过突出现实的图示让学生聚焦讨论部分。

弗里克博士针对这门课的所有例子写了一篇文章。他可以很容易地操纵给定例子所说明的抄袭,由此创作自己的文章。在第一个操作指南中,他还比较了正例和反例。当您研究被讨论的各个层次的抄袭样例时,您将看出不同层次之间的区别。教师鼓励学生在在线课程中学习更多的样例。正如您所做的,您可能想随时翻看第六章的多媒体处方,看看在这些例子和教学活动应用测试中实施了哪些处方。

样例1——因为作者使用了自己的语言和经历,所以不算抄袭

情感、学习和优质教学

西奥多·弗里克(Theodore Frick)

2015. 12. 26

引言

我在学校的课上一直在问自己:"为什么我需要学习这些东西?这太无聊了。我希望做点别的事。"

偶尔我很幸运地参加了一个很棒的课程。我的老师很棒。我完全投入,全情沉浸其中。我怎么学都不够!这种学习对我来说非常重要。

那些无聊的课和那些很棒的课有什么不同?在这篇文章中,我解释了为什么我们在某些情况下会学到更多。

音频

"我已经开始写一篇关于情感、学习和优质教学的论文。我已经写了一些,想在这里指出一些东西。如果我们看看文章的这一部分,这不是抄袭。为什么?我在讲自己的经历,不是在说别人的想法,我是在引用他们的话,或者总结他们的话。这是我自己的话,所以这不是抄袭。"

图 8-9 基础水平非抄袭样例——展示

样例 1　作者总结了他人的观点变成了抄袭

梅里尔回顾了大量的教学设计理论和模型（Dijkstra, Seel, Schott, & Tennyson, 1997; Gagne, 1985; Glaser, 1992; Marzano, Pickering, & Pollock, 2001; McCarthy, 1996; Reigeluth, 1983, 1987, 1999; Tennyson, Schott, Seel, & Dijkstra, 1997; van Merrienboer, 1997）。他试图鉴别大多数乃至全部模型中通用的根本性处方原理。他得出的结论是，确实存在通用的原理，而且各种模型的原理没有"本质差别"（Merrill, 2002; 2002b; 2006a; 2006b; 2007; 出版中，出版中 b）。

以任务为中心的教学方法是当学习者参与以任务为中心的学习方法时，包括展示和应用组成技能，可以促进学习。以任务为中心的方法在学习者参与一系列完整的任务时得以强化。

激活旧知——当引导学习者回忆、描述或展示相关的先前知识或经验，从而激活相关的认知结构时，才能够促进学习。当学习者回忆或获得组织新知识的结构时，激活旧知得以增强。

示证新知——当学习者观察将要学习的技能示证（与所教内容类型相一致）时，才能够促进学习。当学习者接受的指导能够将实例与概括联系起来时，示证新知得以增强。当学习者观察与内容相关的媒体时，示证新知才得以增强。

哪些教学策略有助于促进学生的学习？换句话说，优质教学背后的原理是什么？

1. 学习任务对学生来说应该是有意义的。换句话说，学生可以看到学习新事物的价值，因为任务是真实的，学到的东西可以用在实际生活中。

2. 学生可以通过观看和聆听将要学习的内容的相关示证来获益。他们需要看到与正在学习的内容相关的各种样例。

3. 学生需要足够的机会去亲自尝试这些任务。他们也需要得到反馈，了解自己做得怎么样。

4. 学生应该能够把他们所学到的知识融入到自己的生活中。他们可以向别人展示并讲解学到的东西。

音频

我一直在读这本关于**首要教学原理**的那一章，这些原理看起来很不错，得到了很多研究的支持。[随着作者指向本文的不同部分，文章中的文本可以一直滚动显示]您可以看到有一个以任务为中心的方法，激活旧知、示证新知、应用新知，继续往下包括融会贯通。所以，我想在文章[作者的文本出现]中讨论这个问题。

在这里，我用自己的话总结了这五个原则，阐述了我的观点。那么，这有什么问题吗？嗯，总结是可以的，我没有完全复制其他作者的文字，但我没有给出任何标注。因为我没有认可其他作者的功劳，这就变成抄袭了。[在他解释抄袭原因时，文本高亮显示]这一部分，从 1 开始一直到 4，都是抄袭的，需要修改。

图 8-10　基础水平的抄袭样例——展示

应用新知——练习测试

当学习者应用新获得的知识和技能时，才能够促进学习。

本课程的应用新知教学活动包括**识别实例**，这主要是要求学习者判断给定的文本是否属于抄袭。有两种情况会导致抄袭，一字不差地引用别人的作品，另一种是释义。作者必须采取几个步骤，以避免抄袭，逐字引用要加引号，包括在文本中引用，并标注参考的原始来源。本课程的应用新知部分要求学习者鉴别这些情况，并识别是否采取了适当的步骤来预防抄袭他人的作品。在自己的课外写作中，学习者为避免抄袭而采取的步骤是他们能够**执行实例**的技能，这是一种教学成果。

图8-11是抄袭基础水平的练习测试之一。随着学习者进阶到更高水平，测试变得越来越难。因为在实际课程的背景下学习比在本书中描述的情形要有效得多，我鼓励您看看每个级别的练习测试。您可能想要逐个查看每个级别的测试以进行比较。

辅导课中的练习测试和认证测试的区别在于，在认证测试中学生无法收到任何反馈，也没有提示或辅导。在教程的引导下，学生可以回到适当的辅导部分，回顾他们在测试中做错的题目，这些题目的答案在认证测试中是无法获得的。正如前面提到的，许多学生首先参加书上的测试，当他们未通过测试时，再返回到推荐的教程，然后再次参加测试。

练习 3（一共四个练习）：基础水平

通过点击或触摸您的选择来回答下面的问题。如果您的答案是错误的，请点击触摸"评估我的答案"按钮，以获得详细的反馈。

问题 3

下面的例子中，提供了原始资料连同一份学生作业样本。通过点击单选按钮来确定其抄袭的类型。

原始文献	学生版本
鉴于技能学习通常在睡眠中得到加强，我们可以期望看到突触强度也随之增加。然而，在许多研究中，睡眠实际上会降低突触的强度。这导致了一种观点，即睡眠是为了减少突触连接的数量，从而增强大脑的信息存储能力。 参考文献 Euston, D. R., Steenland, H. W. (2014). Memories—getting wired during sleep. *Science*, 344 (6188): 1087-8.	这支持了一种观点，即睡眠是为了减少突触连接的数量，从而增强大脑的信息存储能力。 参考文献 Euston, D. R., Steenland, H. W. (2014). Memories—getting wired during sleep. *Science*, 344 (6188): 1087-8.

关于学生版本，以下哪一项评判是正确的？

☐ 该文本属于抄袭。

■ 该文本不是抄袭。

提示

评估我的答案

图 8—11　基础水平的应用新知——识别实例

在教程中包含的每个练习测试中，每个测试项都有自己的相关矫正性反馈。图 8—11 测试项反馈结果如图 8—12 所示。使用高亮显示图示让学习者的注意力集中在相关文本的解释上。

练习的结果：基础水平

练习 3（一共四个练习）反馈

问题 3 的答案不正确，请看一下反馈。

原始文献	学生版本
鉴于技能学习通常在睡眠中得到加强，我们可以期望看到突触强度也随之增加。然而，在许多研究中，睡眠实际上会降低突触的强度。这导致了一种观点，即睡眠是为了减少突触连接的数量，从而增强大脑的信息存储能力。 参考文献 Euston, D. R.（2014）. Steenland, H. W. Memories-getting wired during sleep. Science, 2014, 344（6188）: 1087—8.	这支持了一种观点，即睡眠是为了减少突触连接的数量，从而增强大脑的信息存储能力。 参考文献 Euston, D. R., Steenland, H. W.（2014）. Memories-getting wired during sleep. Science, 2014, 344（6188）: 1087—8.

说明：学生版本是抄袭的，因为学生版本在没有正确确认来源的情况下确实从原始材料中提取了观点。事实上，学生版已经逐字逐句复制了大部分的句子（用阴影灰条标注）。

在阅读了上面关于您做错的项目相应解释后，点击浏览器上的"后退"按钮，这样您就可以改正错误，然后重新评估您的答案。

图 8—12 基础水平识别实例之反馈

每一组练习测试项目都有一个"提示"按钮。单击该按钮，显示如图8－13所示。当我用这个表格来说明设计师能够鉴别作为一种技能矩阵的特定技能时，您已经看到了图8－4所示的场景。这个提示确定了与学生试图回答的问题相关的特定条件或步骤。

提示

学生版本是：

如果出现以下情况，就是逐字抄袭：

1. 从原始材料中借鉴观点，且，
2. 从原文中依次选取七个或七个以上的单词，且，
3. 缺少以下任何一种：

・引用的语词加了引号；

・全文引用的作者姓名、日期，必须包括源文献的具体位置（例如，页码等），也就是原文出处；

・参考书目。

如果出现以下情况，就是释义抄袭：

1. 从原始材料中借鉴观点，且，
2. 但并不是一字不差的抄袭，且，
3. 缺少以下任何一项条件：

・带有作者姓名和日期的正文引用（不要求规定具体位置）；

・参考书目。

如果包含了以下条件，就不算抄袭：

1. 没有逐字抄袭，且，
2. 没有释义抄袭，且，
3. 没有其他形式的抄袭行为，如在不注明出处的情况下借用说明性材料（如照片、图纸、图表等）。

图8－13　辅导

融会贯通—反思

当学习者将新知识融入他们的日常生活,并且反思这些新技能时才能够促进学习。

在对一个问题开展练习之后,和在尝试额外的练习测试题之前,要求学习者反思刚刚学到的关于给定水平的抄袭(见图 8—14)。这些反思性问题与每一层次的抄袭直接相关。您可能需要浏览本教程,将这些反思问题进行比较。学习者对这些反思问题的回答被保存在数据库中,设计者可以根据这些学习者的回答对课程进行修改。

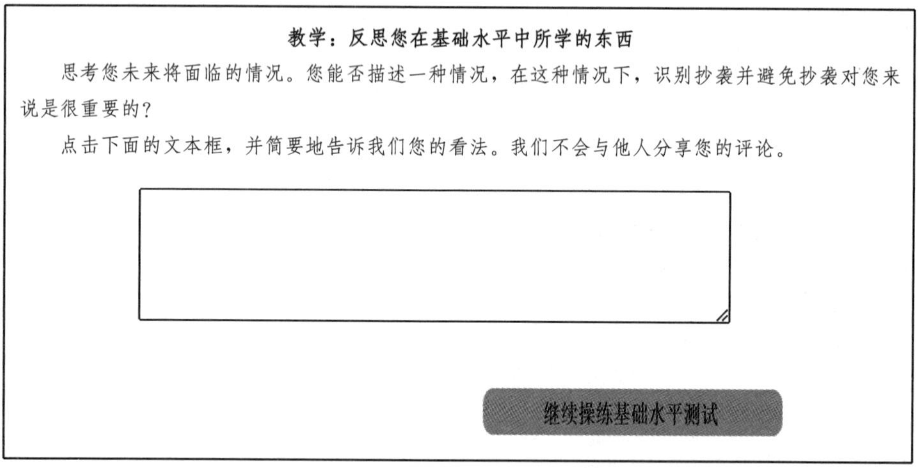

教学:反思您在基础水平中所学的东西

思考您未来将面临的情况。您能否描述一种情况,在这种情况下,识别抄袭并避免抄袭对您来说是很重要的?

点击下面的文本框,并简要地告诉我们您的看法。我们不会与他人分享您的评论。

[文本框]

[继续操练基础水平测试]

图 8—14　基础水平的反思——融会贯通

评估教学

IPTAT 实现了学习者控制，学习者可以通过导航菜单选择他们想要学习的学习活动。时间模式分析（APT）是一种分析技术，记录学生学习教学材料的路径。换句话说，指定学生的模式表明了他们观看了哪些学习活动，持续了多长时间，以及以什么顺序。网站分析记录保留了学生在 IPTAT 过程中的每一次击键，由于该程序中嵌入了信息，这些数据表明了所查看的页面类型。通过对这个超大的数据库的适当查询，可以比较不同学生学习教学活动的路径，这些活动是本课程的重要组成部分。重要的评价问题是：应用**首要教学原理**的学习活动是否有助于学生通过认证测试？以及不同类型的学习活动对成功的测试表现有什么相对贡献？

弗里克和他的同事开发了适当的技术来查询为 IPTAT 课程收集的网站分析数据。这是一项正在进行的调查，但在本章中，我将报告 2019 年第一季度（2019 年 1 月 1 日至 2019 年 3 月 31 日）的调查结果。成功通过认证考试的学生的学习路径与没有成功完成认证考试的学生进行了比较，他们的研究结果基于 146374 次学习旅程，表明相比那些没有通过认证测试的学生，通过认证测试的学生学习**首要教学原理**的学习活动意愿要高出 4 到 5 倍。迄今为止的数据并没有显示一种**首要教学原理**学习活动比另一种学习活动贡献更大，这可能是因为当学生决定查看教程时，他们倾向于查看所有的学习活动。调查人员得出结论："大约 83% 的注册者确实通过了一项认证考试。当（比较）注册了 IPTAT 的成功学生和不成功学生时，成功的学生选择以**首要教学原理**设计的 IPTAT 页面的可能性要高出 4 到 5 倍。"在撰写本章时，该分析仍在进行中，基于全球 205 个国家的 27.5 万案例，可以得出为 2019 年其他几个季度和 2020 年第 1 季度的结果数据。弗里克及其同事正在准备写作一本书，书中描述了他们的分析方法，以及更多基于**首要教学原理**的 IPTAT 研究的数据。

本章小结

本章简要地展示了印第安纳大学预防抄袭教程和测试的在线课程。世界各地目前有数以万计的学生在网上免费获取使用此课程。本书将此课程作为应用**首要**

教学原理的一个成功案例。如果您已经领悟了书中的这一点可能想报名参加一门课程，以进一步理解**首要教学原理**。请联系作者或访问 mdavidmerrill.com 获取机会。

拓展学习

Frick, T. W., Dagli, C., Kwon, K. & Tomita, K. (2018). Indiana University plagiarism tutorials and tests: 14 years of worldwide learning online. In B. Hokanson, et al. (Eds.), Educational technology and narrative: Story and instructional design, (Chapter16, pp. 191—205). Cham, Switzerland: Springer. https://link.springer.com/chapter/10.1007/978-3-319-69914-1_16

结　语

我作为访问教授离开学校一年之后，刚刚回到学校。那是我职业生涯的早期，也是我在这所大学的第二年。我还没有确立一个研究项目。一天下午，一个高大英俊的年轻人鲍勃·坦尼森（Bob Tennyson）来到我的办公室。从他嘴里说出的第一句话是："我来这所大学是为了和您们一起工作。您愿意主持我的博士论文答辩会吗？"

"为什么？"我有点疑惑地问道。我以前只主持过两名博士生答辩会，其中一人完成学位之前我就离开了那所大学。

"我已经和系主任和院长谈过了。他们告诉我您是一个非常活跃的研究人员，这就是您被聘用的原因。我想做研究，我想做您的助理。我想帮助您完成您的研究计划。"这是他的理由。

"但是，"我抗拒道，"我没有研究经费，我不能聘您做研究助理。"

"那没有关系。没有报酬我也想干。我想要得到做研究的经验。"

我怎么能拒绝呢？鲍勃感谢了我，他对我的研究很感兴趣，自愿当我的研究助理，不要我支付任何费用。

"您有研究计划吗？"我问。"还没有，但我确信我能搞出来。"他自信地回答道。

我一直在做有关概念教学研究的建议，收集了一些研究报告，概述了一些想法，写了一些零星段落，并绘制了一个研究设计的图表。我从文件抽屉里取出材料，把它们放在我俩之间的桌子上。

"这是我正在研究的一些想法。"我回顾了我的笔记，讨论了一个项目的若干想法。

鲍勃表示他非常感兴趣。他说这是他能发现非常有趣东西的研究类型。这与他自己的想法一致。"事实上，"他说，"我之所以回到学校，就是为了从事这类研究。"我们简要地讨论了研究计划的要求。他拿了材料，说过几天就反馈意见回来。

我当时对他的工作并不太乐观。其他学生也都曾表示愿意免费工作，但后来我发现，活动、课程的压力以及为家人提供服务的需要，使他们无法投入足够的时间。

三天后，鲍勃来到我的办公室，手里拿着一份写好的研究计划草稿，真是让我大吃一惊。这是可怕的。显然，他以前从来没有写过研究计划。但现在这份计划不是敷衍之物。我们俩人进一步共同讨论了这份研究计划。由于他似乎真的有兴趣学习应该做什么，随着谈话的进行，我的批评和建议变得更加坦率和详细了。在一个多小时的讨论后，他拿走了材料和笔记，并表示将在一两天内再回来找我。

两天后，鲍勃又来了。研究计划有了很大的改进，但仍有许多不足之处。我们又进行了一次比以前更加开诚布公的讨论。在这次谈话中，他开始越来越多地表达自己的观点。我对他的推理印象深刻。我们修改了研究计划，并调整了我原来的想法，以便两人能够更加志趣相投。

讨论—争论—修改的循环重复了四五次，直到我们双方都对这个研究计划感到满意。此后就将这个研究计划提交给了资助机构。几个月后，研究计划获得了资助，这笔钱支持了鲍勃的整个研究生生涯。他是少数几个有自己秘书的研究生之一。在接下来的三年里，我和鲍勃密切合作，做了几项概念研究，这些研究由他获得的研究基金提供资金。我们写作并出版了一本关于概念教学的书（Merrill & Tennyson, 1977）。鲍勃获得了博士学位。他继续进行更多的概念教学研究，并成为这一研究领域的权威和卓有成效的学者。

* * * * * * * *

我最喜欢的喜剧演员之一是乔纳森·温特斯（Jonathan Winters）。我最喜欢乔纳森·温特斯的动作是观众中有人递给他一些东西，然后，他会继续以各种各样的方式使用这个东西，其中大多数情况下变着变着就不是原来的样子了。

在讲课时，我经常使用乔纳森·温特斯的这个套路。当研究生提出一个问题时，我很乐意探索这个问题的尽可能多的分支。这些讨论有些很奇怪，有些很有启发。有时，在这样的讨论之后，我对讨论产生的难以置信的洞察力兴奋不已。在与优秀学习者的互动中，我产生了一些最好的想法。

在一次这样的讨论之后，我认为查尔斯·赖格卢特（Charlie Reigeluth）的解释非常有见地，他找到了我。

"您的讲稿定了吗？"他问道。为了保持我作为一个学者的信誉，我试图解释说，有些观点只是我们之间研讨碰撞与交流的结果，不必细究。

"好吧，"他接着说，"如果我去尝试解读这些想法，您会生气吗？"

我总是乐于鼓励热心的年轻人，我爽快地同意他不妨继续推进。我怀疑，已经经过了一番努力，再加上其他课程的压力，这次尝试可能会受挫。令我吃惊的是，三天后，一份精心写作的手稿出现在我的信箱里。这篇论文抓住了我们讨论的要点。然而，更重要的是，有重要的证据表明，在我们的讨论之外，还有相当多的想法。这篇论文提出了一些挑战性的问题。我立即要求与查尔斯交流。因此，开始了我职业生涯中最富有成果的出版文集之一，查尔斯和我合作，在未来一两年写了几篇论文。他继续作为我的研究生，直到他完成了博士学位。这些论文经常以同样的方式开始。

"您发表这些想法了吗？"还没有发表的时候，他很快开始了另一项合作，并最终形成了一份合作论文。

查尔斯从第一次合作中获得了灵感，并发表了一系列重要的论文来支持"精细加工理论"（Elaboration Theory），这是一种分析教学内容的新方法。他持续着辉煌的学术生涯，并一直是一位非常多产的学者，现在被认为是我们领域的领军人物之一。

还有一种情况是，学生提出一个问题，或讲座后的讨论，也会让我的学生做出卓有成效的工作。没有什么比看到我的学生从讨论或讲座中精细加工或扩展一个想法，或由我们的讨论触发他们自己的想法更有益的事情了。在我职业生涯的大部分时间里，我用"请问我一个问题"的指令结束了一些更有趣或更具挑战性的演讲或讨论。有一个学期，我没有以这个指令结束我的课，而是以"请问我一个问题"开始上课。我停顿了似乎很长一段时间，也许有一两分钟，但没有人提问。同学们面面相视，却没有人问问题。我第二次恳求道："请问我一个问题！"大家还是很紧张，仍然没有提问。在第三次尝试后，还是同样的效果。我告诉大家说："如果没有问题，我们下周见。"我离开教室后回到了办公室。大约10分钟后，一位学生来到我的办公室，问我："您还会来上课吗？"

"当然，"我回答说，"下星期。"

到了下星期上课时，有很多很多的问题。

因为我几乎每堂课都以同样的邀请结束："请问我一个问题！"所以，我在这本书的结语中提出了同样的要求。也许您的问题会推动您在教学设计方法、模型或理论方面做出下一个进步。

请向我提一个问题！
professordavemerrill@gmail.com

要联系漫画家戴夫·斯奈德（Dave Snyder），请给他发电子邮件：spider-dave7@hotmail.com。

附录

首要教学原理的研究支持

Merrill（2002a），这是关于**首要教学原理**的初始论文。在本文中，我引用了许多推导出这些原理的理论。

Mayer（2020），梅耶可能是教学原理方面最多产的研究者。他的著作描述了许多对这些原理的研究支持。克拉克（Clark）和梅耶（2016）两人合作，以一种更容易理解的方式向教学设计人员展示其研究。在我 2007 年的论文（Merrill，2007a）中，我交叉引用了梅耶支持的原理，以及克拉克对我首要教学原理作出的评论。这些资源是对间接支持**首要教学原理**研究的最全面的回顾。

Thompson（2002），这是一个早期的研究，由一家在线教授计算机应用程序的公司进行。我的学生开发了一个 Excel 培训课程，使用**首要教学原理**来教授相同的材料（目前仍在售的在线课程）。他对这些课程进行了比较，对象是他们的一些客户——学习者。采用首要教学原理开展教学的学习者，在包括构建三个电子表格的表现测试中获得了 30% 的高分，完成教学和测试的时间比现有的电子学习课程少 41%。

Gardner（2011），加德纳对教学设计理论进行了回顾，以验证我所声称的许多理论支持**首要教学原理**的真实性。他确定了有 22 个理论符合他提出的教学设计理论的标准。这些理论全部都体现了应用新知原理；示证新知原理（21）；聚焦问题原理（18）；激活旧知原理（12）；融会贯通原理（18）。

Margaryan, Bianco & Littlejohn（2015），使用基于**首要教学原理**的评分量表评估了 76 门慕课课程。他们发现大多数人没有使用任何原理。只有 8 门涉及了聚焦问题原理；只有 3 门包括适当的示证新知原理；31 门涉及某种形式的应用新知原理，但只有其中 13 门涉及适当的应用新知原理；7 门涉及了激活旧知原理；5 门涉及了某种形式的融会贯通原理。在 76 门慕课中，有 67 门没有包含任何原理。

Frick 等人（2009，2010），设计了一份学习者评价问卷，让学习者表明正在评估的课程是否包括**首要教学原理**。**首要教学原理**被纳入课程的程度与学习者对教师素质的评价和他们对课程满意度的评价是相关的。当课程依据**首要教学原理**

时，学习者会将更多的时间用在任务上，并被老师认为取得了更大的学习进步。

Frick 等人（2018），正在对印第安纳大学预防学术不端教程和测试进行评估。如本书第八章所述，选修教程的学习者通过认证测试的可能性要高出 4 到 5 倍。

以下是最近的一些研究，这些研究在许多不同的学科内容和几个不同的国家实施了**首要教学原理**。

Emamiyan 等人（2016）。德黑兰阿德比尔医科大学的护生分为实验组和对照组，实验组在回忆和应用方面均优于对照组（2016）。伊朗德黑兰某中一门实施了**首要教学原理**的生物课与一门采用"传统教学方法"的生物课进行比较，结果表明，实验组学习者在创造力四项指标上的得分高于对照组学习者。

Jghamou 等人（2019）。卡萨布兰卡哈桑第二大学。ELECTRE1 是在各种培训方案中选取的一种方法。在这种方法中，**首要教学原理**的推论是应用于每一对训练备选方案的标准，以确定它们是否相等或是否某一个更为出色。然后，这个决策工具被用来为两家大公司选择最佳的培训方案。

Lo & Hew（2017）。香港大学。**首要教学原理**被用来设计两堂翻转的数学课。两组都有显著的学习收获。

Lo, Lie, & Hew（2018）。香港大学。翻转课堂采用**首要教学原理**设计，学习者在语文、数学和物理方面的成绩有所提高。

Nelson（2015）。杨百翰大学。对博物馆教育者的三个基本阅读文本进行了审查，在一定程度上，它们包括了首要教学原理。

Truong, Elen & Clarebout（2019）。越南河内大学。开发了一个编码方案，用来回顾课程在多大程度上实现了首要教学原理。他们把这种工具用于分析英语强化课程。

Tu & Snyder（2017）。圣莫尼卡学院和诺瓦东南大学。以**首要教学原理**为指导，设计了一门混合大学水平的统计课程。这门课程促进了对概念的理解，包括读写能力、推理能力和统计思维能力。

Yorganci（2020）。阿塔土尔克大学，土耳其。数学课程的三个版本（电子学习、混合学习和翻转学习）是使用**首要教学原理**设计的。翻转学习小组成绩得分高于其他组。

我很希望你自己能对首要教学原理进行评估，并与其他方法设计的教学相比较。到时候，我很想知道你发现了什么。

参 考 文 献

Andre, T. (1997). Selected micro-instructional methods to facilitate knowledge construction: Implications for instructional design. In R. D. Tennyson, F. Schott, N. Seel, & S. Dijkstra (Eds.), *Instructional design: International perspective: Theory, research, and models* (Vol. 1)(pp. 243-267). Mahwah, NJ: Lawrence Erlbaum Associates.

Bunderson, C. V. (2006). Developing a domain theory. In M. L. Garner, G. Englehard Jr., W. P. Fisher Jr., & M. Wilson(Eds.), *Advances in Rasch Measurement* (vol. 1). Greenwich, CT: JAI Press.

Burton, R. R., & Brown, J. S. (1979). An investigation of computer coaching for informal learning activities. *International Journal of Man-Machine Studies, 11*, 5-24.

Clark, R. C. (2008). *Building expertise: Cognitive methods for training and performance improvement* (3rd ed.). San Francisco: Pfeiffer.

Clark, R. C., & Lyons, C. (2011). *Grapbic for Learning* (2nd ed.). San Francisco: Pfeiffer.

Clark, R. C. & Mayer, R. E. (2016)*e-Learning and the science of instruction* (4th. ed). Hoboken: John Wiley & Sons.

Crouch, C. H., & Mazur, E. (2001). Peer instruction: Ten years of experience and results. *American Journal of Physics, 9*, 970-977.

Emamiyan Kheshti, M., Ghasemi, M., Mehraj, N., Kazem Banihashem, S. and Badali, M. (2016). The effect of integrating of Merrill's First Principles of Instruction with team based learning on the achievement of recall and application of nursing students. *Journal of Nursing Education, 5, 1*(15), 62-71.

Francom, G., Bybee, D., Wolfersberger, M., Mendenhall, A., & Merrill, M. D. (2009a). A task-centered approach to freshman-level general biology. Bioscene, *Journal of College Biology Teaching, 35*(1), 66-73.

Francom, G., Wolfersberger, M., & Merrill, M. D. (2009b). A task-centered, peer-interactive redesign. *TechTrends, 53*(3), 35-100.

Frick, T. W., Dagli, C., Kwon, K., & Tomita, K. (2018). Indiana University plagiarism tutorials and tests: 14 years of worldwide learning online. In B. Hokanson, & et al(Eds.), *Educational Technology and Narrative: Story and Instructional Design* (pp. Chapter 16, 191-205). Cham, Switzerland: Springer.

Frick, T. W., Chadha, R., Watson, C., Wang, Y., & Green, P. (2009). College student perceptions of teaching and learning quality. *Educational Technology Research and Development, 57*, 705-720.

Frick, T. W., Chadha, R., Watson, C., & Zlatkovska. E. (2010). Improving course evaluations to improve instruction and complex learning in higher education. *Educational Technology Research and Development, 58*, 115-136.

Gardner, J. (2011). Investigating theoretical support for first principles of instruction: A systematic review. *Midwest Journal of Educational Communication and Technology.* (5) 1pp. 8-17.

Hake, R. (1998). Interactive-engagement vs. traditional methods: A six-thousand student survey of mechanics test data for introductory physics courses. *American Journal of Physics*, 66, 64-74.

Jalilehvand, Merdad(2016). Study the Impact of Merrill's First Principles of Instruction on Students' Creativity. Mediterranean *Journal of Social Sciences* 7(2), 313-317.

Jghamou A, Maziri, A., Mallil. E. H, and Echaabi, J. (2019). Comparison of training methods with ELECTRE I and Merrill's principles. *European Journal of Training and Development.* 43(5/6), pp. 592-618.

King, A. (1992). Facilitating elaborative learning through guided student-generated questioning. *Educational Psychologist*, 27, 111-126.

King, A., Staffieri, A., & Douglas, A. (1998). Mutual peer tutoring: Effects of structuring tutorial interaction to scaffold peer learning. *Journal of Educational Psychology*, pp. 134-152.

Kirschner, P. A., Sweller, J., & Clark, R. E. (2006). Why minimal guidance during instruction does not work: An analysis of the failure of constructivist, discovery, problem-based, experiential, and inquiry-based teaching. *Educational Psychologist*, 41(2), 75-86.

Lo, C. K., & Hew, K. F. (2017). Using "first principles of instruction" to design secondary school mathematics lipped classroom: The findings of two exploratory studies. *Journal of Educational Technology Society*, 20(1), 222-236.

Lo, C. K., Lie, C. W., & Hew, K. F. (2018). Applying "First Principles of Instruction" as a design theory of the flipped classroom: Findings from a collective study of four secondary school subjects. *Computers s Education*, 118, 150-165.

Margaryan, A., Bianco, MI., & Littlejohn, A. (2015). Instructional quality of massive open online courses(MOOCs). *Computers and Education*, 80, 77-83.

Marzano, R. J., Pickering, D. J., & Pollock, J. E. (2001). *Classroom instruction that works: Research-based strategies for increasing student achievement.* Alexandria, VA: Association for Supervision and Curriculum Development.

Mayer, R. E. (1992). *Thinking, problem solving, cognition*(2nd ed.). New York: Freeman.

Mayer, R. E. (1998). Cognitive, metacognitive, and motivational aspects of problem solving. *Instructional Science*, 26, 49-63.

Mayer, R. E. (2020). *Multimedia learning* (3rd ed.). Cambridge: Cambridge University Press.

Mayer, R. E. (2003a). *Learning and instruction.* Upper Saddle River, NJ: Pearson Education.

Mazur, E. (1997). *Peer instruction: A user's manual.* Upper Saddle River, NJ: Prentice Hall.

Mendenhall, A., Buhanan, C. W., Suhaka, M., Mills, G., Gibson, G. V., & Merrill, M. D. (2006). A task-centered approach to entrepreneurship. *TechTrends*, 50(4), 84-89.

Merrill, M. D. (1994). *Instructional design theory.* Englewood Cliffs, NJ: Educational Technology Publications.

Merrill, MI. D. (1999). Instructional transaction theory(ITT): instructional design based on knowledge objects. In C. M. Reigeluth(Ed.), *Instructional Design Theories and Models：A New Paradigm of Instructional Theory* (Vol. II, pp. 397-424). Mahwah：Lawrence Erlbaum Associates.

Merrill, M. D. (2002a). First principles of instruction. *Educational Technology Research and Development*, 50(3), 43-59.

Merrill, M. D. (2002b). A Pebble-in-the-Pond model for instructional design. *Performance Improvement*, 41(7), 39-44.

Merrill, M. D. (2006a). Hypothesized performance on complex tasks as a function of scaled instructional strategies. In J. Elen, & R. E. Clark(Eds.), *Handling Complexity in Learning Environments：Theory and Research*(pp. 265-281). Amsterdam：Elsevier.

Merrill, M. D. (2006b). Levels of instructional strategy. *Educational Technology*, 46(4), 5-10.

Merrill, M. D. (2007a). First principles of instruction：A synthesis. In R. A. Reiser & J. V. Dempsey(Eds.), *Trends and issues in instructional design and technology*(2nd ed.)(Vol. 2)(pp. 62-71). Upper Saddle River, NJ：Merrill/Prentice Hall.

Merrill, M. D. (2007b). A task-centered instructional strategy. *Journal of Research on Technology in Education*, 40(1), 33-50.

Merrill, M. D. (2009a). First principles of instruction. In C. M. Reigeluth & A. Carr(Eds.), *Instructional-design theories and models：Building a common knowledge base*(Vol. 3). New York：Routledge Publishers.

Merrill, M. D. (2009b). Finding e^3 (effective, efficient, and engaging) instruction. *Educational Technology*, 49(3), 15-26.

Merrill, M. D. (2013). First Principles of Instruction：*Identifying and Designing Effective, Efficient, and Engaging Instruction*. San Francisco：Pfeiffer.

Merrill, M. D. (2017). A 50+ year search for effective, efficient, and engaging instruction. (S. Tobias, J. D. Fletcher, & D. C. Berliner, Eds.) *Educational Review：Acquired Wisdom：a publication series to preserve and transmit the knowledge and skills of distinguished educational researchers.*, 24, pp. 1-31. Retrieved from edrev. asu. edu.

Merrill, M. D. (2020). Write Your Dissertation First and Other Essays on a Graduate Education. Bloomington IN, Association for Educational Communications and Technology.

Merrill, M. D., Schneider, E. W., & Fletcher, K. A. (1980). *TICCIT*. Englewood Cliffs NJ.：Educational Technology Publications.

Merrill, M. D., & Tennyson, R. D. (1977). *Teaching concepts：An instructional design guide*. Englewood Cliffs, NJ：Educational Technology Publications.

Nelson, K. R. (2015). Application of Merrill's first principles of instruction in a museum education context. *Journal of Museum Education*. 40(3), 304-313.

Reigeluth, C. M. (Ed.). (1983). *Instructional-design theories and models：An overview of their current status*. Mahwah, Hillsdale：Lawrence Erlbaum Associates.

Reigeluth, C. M. (Ed.). (1999). *Instructional-design theories and models：A new paradigm of instructional theory*(Vol. 2). Mahwah, NJ：Lawrence Erlbaum Associates.

Reigeluth, C. M., & Carr-Chellman, A. (2009). *Instructional-design theories and models*, *volume III*: *Building a common knowledge base*. Florence, New York: Routledge/Taylor & Francis.

Rosenshine, B. (1997). Advances in research on instruction. In E. J. Lloyd, E. J. Kameanui, & D. Chard(Eds.), *Issues in educating students with disabilities* (pp. 197-221). Mahwah, NJ: Lawrence Erlbaum Associates.

Slavin, R. E. (1995). Cooperative learning. Boston: Allyn & Bacon.

Thompson Inc.. (2002). Thompson job impact study: The next generation of learning. Naperville IL: NETG.

Truong, M. T, Elen, J., & Clarebout, G. (2019). Implementing Merril's First Principles of Instruction: Practice and identification. *Journal of educational and instructional studies in the world*, 9(2)14-28.

Tu, W., & Snyder, M. M. (2017). Developing conceptual understanding in a statistics course: Merrill's First Principles and real data at work. *Educational Technology Research and Development*, 65(3), 579-595.

van Merriënboer, J. J. G., & Kirschner, P. A. (2018). *Ten steps to complex learning* (3rd ed.) Mahwah, New York: Routledge.

Yorganci, S. (2020). Implementing flipped learning approach based on "first principles of instruction" in mathematics courses. *Journal of Computer Assisted Learning*. 36(5) pp. 763-779.

术 语 表

简缩文本(Abbreviated text)：文本语词或者简短句子用语音方式呈现。

激活旧知原理(Activation principle)：当学习者激活原有知识与技能的心智模式作为新学习的基础时，才能够促进学习。

APT 方法(Analysis of Patterns in Times, APT)：通过一种教学程序比较不同路径的分析方法。

应用新知原理(Application principle)：当学习者参与到运用新近掌握的本领（与所教的知识与技能相一致）时，才能够促进学习。

答问信息(Ask imformation)：要求学习者记住或者回忆信息内容要素。

辅导(Coaching)：一种应用学习方式。当学习者接受辅导并且这种辅导在每一个后续问题中逐渐撤除时，才能增强效果。

理解过程(Comprehend process)：从一组条件中确定一个后果。

分类概念(Claasify concepts)：运用属性（properties）来确定某一个具体细节（portrayal）的类别成员。

辅导(Coaching)：当学习者得到辅导并且这种辅导在后续的问题序列中逐渐撤除时，从应用新知中学习才得以增强。

条件(Condition)：引导一个问题得以解决的特征、对象或活动。

结果(Consequence)：源于一组条件的某个问题的一种解决方案。

一致性/紧扣目标(Consistent)：当学习者观察与所教的知识与技能类型相一致的知识和技能的示证，才能够促进学习。

内容元素(Content element)：教材内容能够向学习者讲解与展示的题项与或者学习者能够通过识别实例或执行层程序确定或操纵的。

内容导航(Content navigation)：要求学习者作出内容的决定，导航采用模块化方式而不是采用点击下一页按钮。

示证新知原理(Demonstration principle)：当学习者观察某一个将要学习的知识与技能（与所教的技能类型相一致）时，才能够促进学习。

干扰动画(Distracting Animation)：没有教学功能并干扰学习的动画。

干扰色彩(Distracting color)：没有教学功能并干扰其他相关色彩应用的色彩。

分心媒体(Distracting multimedia)：没有教学功能并干扰学习的媒体。

执行步骤(DOex)：要求学习者执行某个程序。

识别实例(DOid)：要求学习者确定先前没有遇到过的事例。

执行程序(Execute procedure)：执行导

向某个条件的步骤。

反馈(Feedback)：只有当学习者接受内部反馈或矫正性反馈时，从应用新知中学习才是富有成效的。

框架(Framework)：原有知识激活后起到学习者学习新知识与技能的组织者作用。

功能原型(Functional prototype)：编制模块或者课程的功能性组成部分，而不是仅仅是提出抽象的要求。

指导(Guidance)：当学习者得到指导将一般信息与具体实例联系起来时，从示证新知中学习才得以增强。

识别部分(Identify parts)：寻找、命名和记住某一个对象、活动或过程的部分，了解其功能。

一般信息(Information)：应用于许多案例或情境的一般内容要素。

教学活动表(Instructional events table)：确定若干教学活动，用来教一个问题序列中的每一个条件和步骤。

教学活动(Instructional events)：学习者于学习内容之间的互动：讲解信息，展示细节，提出问题，将一般信息应用到细节。

教学策略(Instructional strategy)：引导获得特定能力的一组教学活动。

融会贯通原理(Integration principle)：当要求学习者反思、讨论、或者辩护其新掌握的知识与技能，将新知识整合到日常生活中时，才能促进学习。

无关媒体(Irrelevant multimedia)：无法发挥教学功能的媒体。

学习者控制(Learning control)：学习者能选择下一项教学活动的类型。

多媒体控制(Multimedia control)：一种多媒体对象，能激活一个脚本（计算机代码）来完成某个具体功能，如要求学习者输入图片、文本、或者核对箱的反应卡和收音开关等。

多媒体(Multimedia)：语音、文本、图示、动画以及通常由一个数字装置实施的控制。

同伴协作(Peer-collaboration)：一种学习互动方式。学习者在一个小组内共同解决问题。

同伴评鉴(Peer-critique)：一种学习互动方式。学习者评价同伴的问题解决活动并提供建设性改进建议。

同伴讨论(Peer-discussion)：一种学习者互动方式，要求学习者认真商议所提出的问题解决方案是否合理可行。

同伴分享(Peer-sharing)：一种学习者互动方式，使得学习者彼此分享与特定教学内容有关的原有经验。

同伴讲解(Peer-telling)：一种低效的学习者互动方式，他们彼此之间能够互相复习和呈现信息。

具体描述(Portrayal)：呈现一种具体的活动、人或者事情，是表示一种情况或者一种情境的内容要素。

聚焦问题原理(Problem-centered principle)：当学习者在现实世界问题或者任务中通过问题解决策略掌握知识和技能时，才能够促进学习。

问题进阶（Problem-progression）：当学习者获得技能去解决一组不断增加复杂的问题事例时，问题解决得以增强。

问题解决的活动（Problem-solving event）：一个恰当的步骤，导致一个恰当的条件以及步骤的特征和相应条件的特征。

问题解决策略（Problem-solving strategy）：一组问题解决活动，带来问题的解决和结果。

善用媒体（Relevant media）：当多媒体实施了规定的教学活动时，才能够促进学习。

记忆联想（Remember association）：回忆与一个客体、活动或者过程相联系的特定信息。

展示具体描述（Show portrayal）：向学习者呈现具体对象或者活动的事例。

技能矩阵（Skill matrix）：确定一个解决方案所要求的条件以及在问题序列中每一个事例的条件之具体步骤。

步骤（Step）：学习者采取的行动，一个条件导致一个后果。

依次出现（Successive disclosure）：在一个呈现中展示文本和图示。

同步图示叠加（Synchronized graphic overlay）：图示与音频（语音）同步以聚焦注意力。

讲解信息（Tell information）：向学习者提供信息内容要素。

主题中心教学排序（Topic-centered instructional sequence）：依次教每一个技能，通常不考虑最终的完整问题。

教学活动的类型（Types instructional events）：讲解一般信息（Tell information）、展示具体描述（Show portrayal）、识别实例（DOid）、执行实例（DOex）、预测结果（DOcq）和发现条件（DOcd）。

技能类型（types of skill）：记忆联想（remember associations）、识别部分（identify parts）、分类概念（classify concepts）、执行程序（execute procedures）和理解过程（comprehend processes）。

译 后 记

戴维·梅里尔（1937— ）是犹他州立大学荣休教授，当代教学设计研究的领军人物和顶尖专家。1964 年他在伊利诺伊大学完成博士学位以来，到现在已经 60 年有余，他一直心心念念的是致力于探索效果好、效率高和参与度大的教学。

大约在 20 世纪 80 年代初，他就提出了"成分呈现理论"（Component Display Theory, CDT, 1983），主张将学习内容和学业水平组成一个二维矩阵（内容维度由事实、概念、程序和原理组成；学业维度由记忆水平、应用水平和发现水平组成），这是多么了不起的贡献（20 年以后，布卢姆教育目标修订版才进阶到知识类型和能力水平的二维矩阵）。成分呈现理论可以用于设计认知领域任何层次的教学，它为基于计算机学习系统中的课时设计（lesson design）提供了基础。1994 年，梅里尔对原有的成分呈现理论进行了修正，将研究重点转向了更宏观的视角，从课时转向一般课程结构（from lesson to general course structure），从教学方式转向教学交易（from forms to instructional transactions）。

梅里尔早期出版的著作有《概念教学：教学设计指南》（*Teaching Concepts: an Instructional Design Guide*，1977，1992）；后来他出版了代表作《教学设计理论》（*Instructional Design Theory*，1994）；再后来，他出版了另一本代表作《首要教学原理》（*First Principles of Instruction*，2013，Pfeiffer）。

首要教学原理最早是在 2002 年以单篇论文形式发表的（*First principles of instruction*，Merrill，2002）。这一年，梅里尔还发表了《波纹环状教学设计模式》（*A pebble-in-the-pond model for instructional design*，2002）；前一年，梅里尔发表了《为教学设计提供理论工具的教学成分》（*Components of instruction toward a theoretical tool for instructional design*，2001），就是说，在大约两年时间里，梅里尔将首要教学原理初步落地了。之后，梅里尔指导开发了"创业课程"（线下多媒体课程），他的同事开发了"预防学术不端课程与测试"（线上注册自学课程与认证）。最近十几年来，同时以首要教学原理为题或者相关论题发表的重要论文和书的章节还有以下这些：

◇ *First principles of instruction: a synthesis*, 2007.

◇$First\ Principles\ of\ Instruction$（书中章节），2009.

◇$Converting\ e^3\ learning\ to\ e^3\ learning:\ an\ alternative\ instructional\ design\ method$，2008.

◇$A\ task-centered\ instructional\ strategy$，2007.

◇$Why\ basic\ principles\ of\ instruction\ must\ be\ present\ in\ the\ learning\ landscape$，2008.

◇$Finding\ e^3\ (effective,\ efficient\ and\ engaging)\ Instruction$，2009.

◇$Prescriptive\ principles\ for\ instructional\ design$（书中章节），2008.

◇$Hypothesized\ performance\ on\ complex\ tasks\ as\ a\ function\ of\ scaled\ instructional\ strategies$，2006.

◇$Levels\ of\ instructional\ strategy$，2006.

◇$Using\ the\ first\ principles\ of\ instruction\ to\ make\ instruction\ effective,\ efficient,\ and\ engaging$，2017.

以上所列不是为了讨论梅里尔的学术发展历程，而是想说明即使在最近若干年内，梅里尔教授为 e^3 教学能够真正落地，为广大教师所接受和运用，付出了诸多努力。

学术无止尽，探索永向前。在《首要教学原理》出版后，梅里尔教授又通过视频和普及论文进行宣讲，其中最重要的论文（也包括配套视频）就是这次作为首要教学原理修订版中文版代序言的《教学内容尊为王，教学设计贵为后》。这篇论文用相对简短的篇幅来说明首要教学原理，可以说是一堂微课，所以，经梅里尔教授同意，我们将这篇论文作为修订版中文版代前言，起到一种全书导读的作用；请读者先读这一篇论文，以窥全貌。

从首要教学原理第一篇论文到著作出版，十年磨一剑；从《首要教学原理》到《首要教学原理（修订版）》，又花费了八年。两本书，有什么不一样呢？梅里尔在修订版后记中说，修订版看起来似乎修改了10%的内容，其实不然。梅里尔在前言结束时说到：现在这个修订版是完全重写的，对第一版作出了重大修改。确实，在我们看来，《首要教学原理》和《首要教学原理（修订版）》是大不一样的两本书，甚至我们认为可以将修订版书名改为《五星教学原理》！

两本书有一些什么差别呢？首先，篇幅大为删节。《首要教学原理》英文版528页，全书共22章；《首要教学原理（修订版）》英文版267页，全书共8章。

从篇幅上讲，修订版几乎腰斩了一半；从章节上看，修订版几乎砍掉了三分之二。其次，就内容而言，原来是五星教学过程和波纹环状设计两条线索并列展开，以波纹环状设计为主；现在转变为以夯实五星教学原理为主，简单提及波纹环状设计。

即使《首要教学原理（修订版）》中保留下来的内容大部分也经过了改写和重新编排，本章速览修改了，关键术语修改了，本章小结修改了，本章应用修改了，全书参考文献更新了（即使是原本篇幅不多的参考文献，在修订版中又删节了不少），术语表删节和修改了，更重要的是相对完整保留了几个案例（好总统——教概念；家具促销和电子表格——教程序/过程；摄影曝光和构图——教程序/过程和问题进阶）都重新编排了，连续的表格页面拆分为单页呈现的接续表格，书的左边页面说道理和讲方法，右边页面讲课例和说故事；左右对照，一目了然，印象自然深刻了，道理明显好懂了。

《首要教学原理（修订版）》同第一版一样，继续由浙江大学教育学院教学设计专业团队集体翻译。具体分工如下：序言、前言、致谢、第一章、第二章、第六章、第七章、结语、附录、术语表由盛群力负责，作者简介由盛群力拟稿；第三章、第五章由刘徽负责；第四章、第八章由钟丽佳负责；中文版代序言由盛群力、陈伦菊翻译；全书由盛群力统稿。

我们特别要记录参加 2013 年版《首要教学原理》翻译的其他团队成员，他们是何珊云、郑国强、向佐军、方向、魏戈、温蕴、金旭球、屠莉娅、毛伟、郑颖、白文倩、李宋昊、戴黎鹂、曹晓明、付海燕、王文智。他们参加翻译的第一版部分内容保留或者整合到了修订版，谨此特别向以上团队成员表示衷心感谢！

衷心感谢梅里尔教授在 2020 年 12 月修订版刚出版的第一时间接受我们的请求，同意我们继续翻译修订版，并且着手安排版权业务；衷心感谢福建教育出版社出版本书，感谢成知辛、丁毅、姜丹等提供的帮助和支持；衷心感谢广大读者和朋友持续给予我们鞭策与鼓励，帮助我们改进不足，提高译著的质量。

《首要教学原理（修订版）》更加面向各级各类学校教师、校长、教学研究人员和培训行业人员的实际需要。如果说第一版像是教学设计理论书，那么，修订版更像是一本教学设计高级烹饪书（有学习科学和教学科学证据）。第一版和修订版不是替代的关系，更像是互补的协同。修订版是精华版/浓缩版，也是普及版；第一版是拓展版/提高版，更像理论版。已经读了第一版的朋友，当然不要错过修订版；尚未阅读第一版的朋友，读完了修订版可以再回过去进阶第一版。我们相信，《首要教学原理（修订版）》将会有更好的社会效益和市场反响，有助于我们在各级各类学校和培训机构实现更高质量的教学，培养新时代人才所需要的高阶能力和综合素养。

2021 年 6 月于浙江大学教育学院
课程与学习科学系

"当代前沿教学设计译丛"已出版书目

第一辑
（盛群力 主编）

《教出有智慧的学生》［美］罗伯特·斯滕伯格 著，杜娟、郑丹丹、顾苗丰 译

　　本书指向智慧、智力和创造力三者的综合以达到学习、事业与生活成功的目的。本书聚焦于理论的课堂实际运用，提供了在研究中开发与收集的各种实例，有助于读者更好理解斯滕伯格的成功智力理论、创造力和智慧平衡理论在学校中的具体应用。

《目标本位教学设计：编写教案指南》［美］斯蒂芬·耶伦 著，白文倩、任露铭 译

　　目标本位教学设计是当代教学设计理论与模式的精粹。写好教案的秘诀是什么，目标本位教学的一般环节有哪些，如何针对不同知识类型来编写教案，本书娓娓道来，既简明扼要，又通俗易懂，是一本优秀的教学设计入门书。

《自然学习设计》［美］伯尼斯·麦卡锡 著，陈彩虹、庄承婷 译

　　"自然学习设计"要求教师确立相应的教学目标，创设有益于尊重多样性的课堂环境，提出促进学习者获得关键概念的基本问题，形成伴有多种评价方式的完整学习循环圈，是一种遵循自然、别有创意与自成一体的新学习模式。

《首要教学原理》［美］M.戴维·梅里尔 著，盛群力、钟丽佳 等译

　　《首要教学原理》代表了当前国际教学设计理论面向完整任务、聚焦解决问题、贯彻意义学习和坚持生本中心的改革潮流。《首要教学原

理》以概念、程序与原理三个代表性认知学习结果为核心案例，理论阐述与案例说明紧密结合，易懂易用，一册在手，大有裨益！

《综合学习设计——四元素十步骤系统方法》［荷兰］杰伦·范梅里恩伯尔、保罗·基尔希纳　著，盛群力、陈丽、王文智　等译

　　本书是教学设计理论实现转型的标志性著作，其特点是提出了学习任务、相关智能、支持程序，以及专项操练的四个元素和十个步骤，为确保达到学习迁移创造了前提。

《综合学习设计——四元素十步骤系统方法》（第二版）［荷兰］杰伦·范梅里恩伯尔、保罗·基尔希纳　著，盛群力、陈丽、王文智　等译

　　面向完整任务，实现从扶到放，体现教学设计系统方法的十个步骤。教学设计理论与模式转型的首选书，经修订后更加完善与精彩。

《教学的艺术与科学——有效教学的综合框架》［美］罗伯特·J. 马扎诺　著，盛群力、唐玉霞　等译

　　围绕着教学设计中的目标、策略（包括管理）与评估的十个问题，通过单元设计的样例整合和课堂实际应用的情境描述，马扎诺演绎了有效教学的最关键要素。任务情境、基础研究与行动步骤的三结合，使得本书成为一本绝佳的教学设计入门书。

《培育智慧才能——学习的维度教师手册》［美］罗伯特·J. 马扎诺　著，盛群力、何晔、张慧　译

　　本书重点推出12种思维的技能，用步骤和图示表征相结合，可以落实在各个学科教学中。"学习的维度"以培育智慧才能为宗旨，构成了一个以培养认知能力为核心，同时由情意和思维习惯作保障的环状学习结构，确保"想要学、能学懂与会学习"三位一体，协力共举。

《重塑学校——吹响破冰的号角》［美］赖格卢特　等著，方向　译

　　工业革命的教育范式有几个象征性的东西——年级、分数、课程、班级、教室和课时等——在重塑学校的号角中几乎都改变了。本书讨论如何使得21世纪新教育"找寻长板"这一本质特征真正落地，从教育范式变革的结果和途径两个方面作出了回答。

《掌握综合认知能力——面向专业技术培训的四元教学设计模式》［荷兰］杰伦·范梅里恩伯尔　著，盛群力、陆琦、钟丽佳　等译

　　如果说在教学设计理论实现转型，教育心理学与教学理论紧密结合的图书中选择一本，本书绝对是精品之作。戴维·梅里尔教授曾经对本书的评论是："二十世纪八十年代以前加涅是领军人物，二十世纪九十年代以后范梅里恩伯尔则是勇立潮头。"

第二辑
（盛群力　刘　徽　主编）

《教师教学设计——改进课堂教学实践》［美］艾丽森·A.卡尔切尔曼　著，方向、李忆凡　译

　　面向教师使用的教学设计步骤如何与不同的教学理论及模式结合起来，本书提供了思路，这也是在美国将教学设计直接用于指导教师教学的一种尝试。

《扶放有度实施优质教学》［美］道格拉斯·费希尔、南希·弗雷　著，徐佳燕、张强　译

　　教是为了不教。怎样从扶到放，先扶后放，有扶有放，扶放有度，本书提供了一个操作模型，这一模型适合于各个学科的教学。

《理解为先模式——单元教学设计指南（一）》［美］格兰特·威金斯、

杰伊·麦克泰　著，盛群力、沈祖芸、柳丰、吴新静　译

　　本书系单元教学设计理论的最佳教材。理解为先模式（UbD）遵循逆向设计原理，以终为始，将教学置于掌握新知、理解意义和实现迁移的三重境界中。

《新教学艺术与科学》［美］罗伯特·J. 马扎诺　著，盛群力、蒋慧、陆琦、金琦钦　译

　　本书总结了马扎诺50年中小学课堂教学研究之精华——有效教学十个方面，43个效能考察点和330个微教学策略。

《聚焦素养——重构学习与教学》［美］亚瑟·L. 科斯塔　著，滕梅芳、陆琦、沈宁　译

　　国际著名专家科斯塔在本书中回答了如何定义素养以及如何在课程、教学与学习中贯彻素养。

《提高教师教学效能》［美］洛林·W. 安德森　著，杜丹丹　译

　　本书原系联合国教科文组织出版，国际著名教育目标分类学专家和教师教育专家安德森在本书中提出了一个有效教学的模型，并据此展开论述，以期为教育行政和管理部门提供参考。

《教学是一门设计科学——构建学习与技术的教学范式》［英］劳里劳德　著，金琦钦、洪一鸣、梁文倩　译

　　本书讨论了获取型学习、探究型学习、协作型学习、实践型学习和讨论型学习的方式和特点，分析了学习机制和教学机制，提出了学习的互动会话框架。

《思维可视化图示设计指南（第2版）》［瑞士］马丁·E. 埃普乐、罗兰德·A. 菲斯特　著，陈燕　译

本书不仅有如何绘制图示的实际步骤指导，同时安排了40余种常用的思维可视化图示设计模板，给出了具体的应用目的、场景、对象、特点及各种模板之间的联系。更重要的是，本书还特别设计了应用练习，指导读者尝试动手绘制图示。

《设计与运用表现性任务——促进学生学习和评估》［美］特蕾西·K. 希尔　著，杜丹丹、杭秀　译

本书是一本实践指导手册，它教教学人员如何根据学生的学习任务做出教学决策；了解各种不同特性的任务以及每种任务的优点；如何将表现性任务融合进学习过程计划中；如何使用表现性任务这一工具，来教会、监督和拓展学生的学习。

《学习成果的分层和认定——21世纪应用探讨》［南非］詹姆斯·柯维、［法国］伯恩·查克劳　著，孙爱萍、韦欢欢、刘作芬　译

面向21世纪，为了实现人终身学习和可持续发展的目标，如何对不同国家和地区，不同学习体制中所获得的学习成果进行科学分层和合理认定，联合国教科文组织出版的这本著作给予了回答。

第三辑
（盛群力　刘徽　主编）

《聚焦学习目标：帮助学生看见每天学习的意义》［美］康妮·M. 莫斯、苏珊·M. 布鲁克哈特　著，沈祖芸　译

学生成绩的提高和学习成就的达成具有偶发性，但是当教师聚焦到整体课程或者整个单元的完整学习轨迹后，并基于此设计出明确的学习目标，最后同学生商议后续步骤，将带领学生完成学习任务，顺利提升学习成绩。

《人工智能时代的知识与评估》 ［美］查尔斯·菲德尔、玛雅·比亚利克　等著，舒越、金琦钦　等译

　　本书主体是美国课程再设计中心发布的三个新报告。课程再设计中心发布了一个面向21世纪新人的四维教育框架（知识、技能、品格和元学习），已经被翻译成多种语言，并成为一种全球思考与共识。本书收入的报告是其后续细化研究，分别是人工智能时代的知识报告、个性化学习报告和素养评估报告。

《理解为先模式——单元教学设计指南（二）》 ［美］格兰特·威金斯、杰伊·麦克泰　著，沈祖芸、陈金慧、张强　译

　　本书是一本提升单元设计能力的书，旨在帮助个人或团队在《理解为先模式——单元教学设计指南（一）》的基础上进一步精进单元教学设计水平。相较于《指南（一）》，本书更加侧重于单元设计的改进。

《引领现代学习——学校变革的蓝图》 ［美］杰伊·麦克泰、格雷格·柯蒂斯　著，张恩铭、李宇航　译

　　本书围绕"引导性问题"展开，着重介绍"投入—产出—影响"和"理解为先教学模式"两个框架，对于推动学校教学变革，促进教师专业发展等均有益处。

《培育问题解决能力——直面复杂挑战》 ［美］罗纳德·A.贝盖托　著，陈文吉　译

　　本书鼓励教师走出死记硬背的教学任务，并尝试在课堂中进行各种复杂且富有创造力的挑战，从而帮助学生获得解决复杂问题的能力。

《数字化学习方法论：课程设计与开发指南》 ［意］碧翠斯·吉拉尔迪尼、亚斯米娜·蒂索维奇　著，盛群力、钟丽佳、李雨欣　等译

　　本书旨在为参与设计和开发数字化学习项目及产品的专业人士提供指导。在书中，作者以成熟的ADDIE教学与培训设计模型作为理论基础，并结合联合国粮农组织在研发数字化学习课程方面的经验，分析阐释在当今数字化网络化学习的背景下课程设计与开发的具体步骤。

《综合学习设计——四元素十步骤系统方法》(第三版) [荷兰] 杰伦·J.G. 范梅里恩伯尔、保罗·A. 基尔希纳 著，盛群力、钟丽佳、陈丽等译

本书聚焦综合学习，以学习理论为厚实基础，采用高度灵活的设计方法，提供了一条从教育问题到解决方案的途径。相较于前两版，本书更成熟、更精致、更具可读性。

《投入为先教学——创建学生茁壮成长的学习环境》[美] 道格拉斯·费希尔、南希·弗雷、拉塞尔·J. 夸格利亚 等著，张强 译

本书强调要创建信任、尊重、乐观和刻意的学习环境，教师要知道学生应该学习什么，知道学生如何学习，知道如何向学生清晰地揭示他们将要学什么，知道如何确立成功标准。本书主要从走心课堂、师生关系、清晰施教、任务挑战和全情投入五个方面探讨了教师和学生怎样才能确保设计一个走心、舒心和用心的学习环境，帮助学生在这样一个学习环境中茁壮成长，全面发展。

《首要教学原理（修订版）》[美] 戴维·梅里尔 著，钟丽佳 等译

本书为修订版，相较于第一版做了重大改进。在本书中，作者尝试提出教学设计理论，同时对在实践中如何应用这一理论提出指导。"首要教学原理"已被广泛应用于世界上许多不同教育环境的教学设计工作中。本书写作十分出色，清晰明白，给出了多个实例，用来说明如何应用首要教学原理，并借助核对清单评估教学效果。

概念教学系列

（盛群力 主编 王晓芳 副主编）

《中学概念教学工具——为深度学习设计教学和评估》[美] 朱莉·斯特恩、克里斯塔·费拉欧、朱丽叶·莫肯 著，钟惊雷 译

本书将教学从传统模式转向基于概念的模式，既改进了教学方法，又更加重视学生的表现。本书将有助于教师理解基于概念的课程和教学。